東アジアの地域協力と経済・通貨統合

塩見英治・中條誠一・田中素香 編著

中央大学経済研究所
研究叢書 52

中央大学出版部

序　文

　1997年のアジア通貨危機を経験して以来，10数年になるが，その間世界のいたるところで危機が発生してきた。アジア通貨危機直後のロシア，ブラジル，アルゼンチンへの通貨危機の連鎖，2007年頃からの国際市況商品市場での資源価格の高騰・急落，アメリカ発の世界金融危機，さらに近年はドバイ・ショックやヨーロッパのギリシャ，アイルランドにおける財政問題からのユーロ不安等々枚挙に暇がなく，東アジアもその影響から無関係というわけにはいかなくなっている。こうした不安定な国際金融情勢を受けて，東アジアでは地域をあげての通貨・金融協力の必要性が痛感され，アジア通貨危機を契機に着実な進展をみている。

　しかし，同時に東アジアでは地域全体の調和的な通貨システム構築に向けた協力は，遅々として進まず，東アジア各国の為替相場は大きく変動し，それぞれの国の貿易さらには国内経済にまで多大な影響を及ぼしている。とりわけ，基軸通貨国・アメリカ発の世界金融危機を経験し，ドルに対する信認が後退している。ドル一極の国際通貨体制維持への懸念が浮上し，ドルの傘の下にある東アジアでも，その不安を解消すべく一段と通貨・金融協力を推進し，その先に共通通貨による通貨統合を最終ゴールとする独自の通貨圏を構築する構想が浮上しつつある。はるかかなたの星の光ほどではあるが，東アジア地域にも「壮大な夢」ともいうべき通貨統合が語られはじめたといえる。

　一方で，東アジアは新興国の代表的存在である中国を筆頭に，再び世界の成長センターとしての存在感を増し，かつ地域全体での経済依存関係を着実に深化させつつある。特に，東アジアの場合は，いわゆる「市場誘導型」と呼ばれるように，域内の直接投資によって重層な生産ネットワークが形成され，その拠点間での調達・生産・販売のロジスティックスが複雑に錯綜することによっ

て，マクロ的な貿易・経済依存関係が進展してきたといえる。しかし，さらに一段と東アジア経済のダイナミズムを高め，地域全体でそのメリットを享受しあうために，「制度誘導型」で経済依存関係を進展させるべく，2015年を目標とするASEANの地域統合へ向けての取り組み，さらには東アジア諸国間でのFTA，EPAの締結が進展している。とはいえ，最近では，さらに進んで広域FTAの取り組みがみられ，APEC加盟国・地域すべてを対象としたアジア太平洋自由化貿易圏（FTAAP）や，環太平洋経済連携協定（TPP）が検討されているが，主導する日中韓3カ国の間では，一体的統合化に向けての認識とアプローチが必ずしも一致していない。実現の過程で重視されるASEANとの連携へのアプローチも，ASEAN＋6，ASEAN＋3といったように同一ではなく，日中韓3カ国相互間でFTA自体の締結も実現していない。

　そうした東アジアの通貨・金融面および経済・通商面での一体的統合化の動きの中で，日本の鳩山前首相が「アジア共同体」構想を提唱したことは象徴的出来事であったといえる。もし，これが東アジア諸国に共通した合意となれば，東アジアは通貨統合を最終目標としながらヨーロッパの経済・通貨同盟（EMU）に倣って，実物経済面と金融経済面の双方において，一体的統合への歩みが促進されるからである。現実には，東アジアでの公式なコンセンサスとまでは至っていないものの，東アジア各国において，経済・通貨統合という「壮大な夢」の実現に向けた議論が醸成されつつあることは否定しえない。

　本書は，以上のような国際経済・金融情勢下で，東アジアの直面する課題を克服し，経済・通貨統合を目指す戦略を検討するため，2007年4月から2010年3月までの3カ年にわたってなされた日中韓3カ国での「東アジアの市場・通貨統合連携モデルの研究」をテーマとする国際プロジェクト研究（研究代表者：中央大学・塩見英治）の成果である。本プロジェクトは，日本私学共済事業団・学術研究振興資金の資金援助をうけて，中央大学経済研究所の主催により実施された。

　このプロジェクトを立ち上げるに当たって，我々は上記の国際経済・金融情勢および東アジアの実情を勘案したうえで，2つの意味を「連携モデル」とい

うタイトルに込めた．1つは，東アジアが究極のゴールを目指す過程では，実物経済と金融経済という両面での統合戦略を調和的に推進する必要があるとの認識に立ったことである．そのため，プロジェクト・チームは「経済・通商」班と「金融・通貨」班という2グループにより構成され，逐次両者の連携をとることに努めた．もう1つは，東アジアでの経済・通貨統合をリードすべきと思われる日本，中国，韓国の戦略を明確にし，その連携・調和を図る必要性を認識したことである．そのため，日本だけでなく，中国の復旦大学，吉林大学，韓国の建国大学に研究拠点を設置し，連携しながら共同研究を推進することとした．

実際に，国際シンポジウム・フォーラム，国際ワークショップ，および公開研究会を日中韓の連携により開催してきた．このうち，主要な国際シンポジウムは，上海，北京，ソウル，東京での開催に代表される．そこでの報告論文と討論の内容を収めた『Economic and Monetary Cooperation in East Asia』と『East Asian Monetary and Economic Integration』を，すでに本プロジェクトの成果として刊行することができた．そのうえでさらに，本書はこれまでの研究経過とプロジェクト期間中に生じた世界金融危機とその後の状況を踏まえて，改めてテーマを設定し取りまとめものである．共同プロジェクトには，図書を刊行することにも目的がありここにそれを実現できた次第である．

本書は，以上の問題の所在と経過をとらえ，1つの章を除く他のすべての章がプロジェクト・メンバーによって執筆されており，時宜にかなった分析の成果となっている．全体は，第1編の「通貨・金融協力と通貨統合」と，第2編の「経済協力と経済統合」の2つの編から構成されている．第1編は第1章から第5章までを収め，第2編では，第6章から第9章までを収めている．それぞれの章の目的に沿った概要は，以下のようになっている．

第1章は，1997年のアジア通貨危機の原因と教訓を回顧しつつ，これを踏まえて実行されている通貨・金融協力を整理し，それとの比較で，今回の世界金融危機を契機とする東アジア通貨・金融協力の方向性と課題について分析を行っている．世界金融危機の原因を究明・整理し，改めてそこから得られる教

訓を勘案したうえで，進行中の東アジアの通貨・金融協力の在り方について再検討している。分析によって，東アジアは従来からの地域金融システムの強化のための協力を一層促進するとともに，新たな課題を抱えたことを明らかにしている。すなわち，ドルから脱却した東アジア独自の通貨圏構築へ向け1歩を踏み出すべきこと，実物経済についても強靭性と域内依存を深化させることの必要性，金融協力と実物経済の面で並行的に協力を進める必要性，東アジアの実情を踏まえた金融システム構築の必要性を導きだしている。

第2章は，ASEAN＋3のプロセスでの通貨・金融協力を対象として，現状と経過について整理したうえで，今後さらに推進するに当たっての制約要因と問題点について検討している。併せて，日本と中国の立場，人民元国際化の動きと地域協力についての検討を踏まえ，今後の在り方について言及している。今後の実物経済の一体的統合の深化に対応して，通貨安定のニーズが次第に高まり，アジア通貨制度（AMS）設立の条件が成熟していく可能性があり，前段階として一部の域内国による共通通貨バスケット・ペッグ制の採用に意義があるとの認識を示している。

第3章は，東アジア域内の経済関係の緊密化，それに伴う貿易依存度の高まりとともに，アジア各国通貨間における域内為替相場変動が，実物経済に与える影響が拡大しつつあるとの認識に基づいて，東アジア通貨間の域内為替相場の変動の経過と影響について分析し，そのうえで，為替リスク上の課題に対するアジア共通通貨バスケットについて検討を行っている。対ドルの二国間為替相場のみならず貿易相手国通貨全般に対する為替相場を注視する必要性，東アジア通貨間の域内為替相場の動きを示すAMU（アジア通貨単位）とAMU乖離指標の役割の意義を強調している。

第4章は，今回の世界金融危機に対し中国政府によって打ち出された人民元国際化，地域通貨協力，国際通貨システム改革といった3段階の戦略的措置のロジック，この観点による現段階の「ドル体制」の持続可能性と東アジア通貨協力について再検討を行っている。併せて，人民元国際化に関する中国の学会での主要な論争についての紹介をもとに，今後の人民元国際化の進展と趨勢を

展望している。人民元国際化戦略の実施は，基本的に国際金融リスクに対応するもので受動的，長期的な戦略的プロセスであること，周辺化，地域化，国際化の経過で展開すべき方向性を示している。

第5章は，最近の国際金融市場不安と為替変動幅の拡大傾向の中にあって，東アジアの通貨統合の実現可能性と有効性について検討を行っている。金融協力と通貨統合についての概念整理に次いで現況と問題点を整理したうえで，通貨統合のモデル分析により，韓国・日本・中国の社会的厚生効果について比較分析を行い，併せて，通貨統合の可能性を導きだしている。3カ国の利害等を捉えたうえで，ACUペッグが最も現実性が高い方策になる可能性を指摘している。

第6章は，近年における日本の積極的なFTA締結を日本の貿易政策の大きな転換ととらえ，その戦略について，推移と特徴，動機に関する分析を行い，それに続いて，締結にあたっての障害と問題点，貿易および直接投資への影響についての多角的な検討を行っている。最後に，今後のFTA戦略を推進していくうえでの課題と戦略の在り方を提示している。農業従事者を中心とする労働者の失業対策，農業分野の競争力の強化のための政策について検討がなされている。

第7章は，東アジアのなかで，FTAを広範囲に，かつ極めて積極的に推進している韓国のFTAを対象に，成果と問題点を整理したうえで，韓国の立場から見た日韓中における経済統合の可能性と制約，課題について，多角的な検討を行っている。東アジアの地域統合に先立って，日韓中の経済統合に関する環境整備についての具体的な検討が求められると結論づけている。韓国の立場から見た地域統合に向けての日本，中国との関係深化の制約と課題について考察し，興味深い指摘を行っている。

第8章は，FTAについて，東アジアでの展開の特徴と推進するうえでの制約条件について整理したうえで，日本の取り組みについて，実態面に焦点を定めながら運営上の問題点に関する多角的な分析を行っている。日本企業がFTAの効果による利益を十分に享受していないこと，中小企業の間での認知度が低い

ことなどの問題点が明らかにされ，改善方向の指摘がなされている。今後の課題と東アジアの地域統合に向けての課題と展望について検討している。

第9章は，東アジアの中にあって唯一，経済共同体の2015年の創設に向けて行動計画を実施しているASENを対象とし，これをハブとする東アジアのFTAの現状と評価，経済共同体としての進捗状況を検討している。さらに，ASEANのFTA戦略と東アジア経済連携，包括的なFTAでもあるTPPの可能性について言及し，ASEANのTPPへの参加によって，TPPがアジア太平洋のFTAとして他の構想に代わって実現する可能性が高いことが示唆されている。

本書の章の多くは，それぞれの領域において，第一線で活躍する研究者によって執筆されている。最近の世界金融危機の状況を踏まえての，日韓中の研究者の国際的な連携による研究の成果としても意義あるものと考える。本書が，東アジアにおける経済と通貨・金融に関心のある読者諸氏の勉学・研究のお役に立つことができれば幸いである。忌憚のないご批判，ご意見を期待したい。

最後になったが，本プロジェクトで共同研究を共にした編者・著者以外のメンバーの方々，海外で協力していただいた関係者の方々に心より感謝を申し上げたい。さらに，事務局体制のなかで共同研究を支えてくれた中央大学研究所の事務スタッフの方々，アルバイトの支援学生諸君にもお礼を申し上げる次第である。

2011年3月

編　者
塩見英治
中條誠一
田中素香

目　次

序　文

第1部　通貨・金融協力と通貨統合

第1章　通貨危機と世界金融危機を踏まえたアジアの通貨・金融協力……………中條誠一… 3
はじめに……………………………………………………………… 3
1. アジア通貨危機と通貨・金融協力のあり方……………………… 4
2. 世界金融危機の基本的背景……………………………………… 11
3. アメリカでの金融危機発生の直接的原因……………………… 17
4. 世界金融危機からの教訓と対応策の概要……………………… 20
5. アジアの通貨・金融協力への教訓……………………………… 24
おわりに……………………………………………………………… 40

第2章　アジアの通貨・金融協力の現状と課題………村瀬哲司… 45
はじめに……………………………………………………………… 45
1. 通貨・金融協力の現状…………………………………………… 46
2. ASEAN＋3の第一共同宣言から第二共同宣言へ……………… 59
3. ASEAN＋3の通貨協力を阻む要因……………………………… 64
4. 人民元の国際化の動きと地域協力……………………………… 74
5. アジア通貨制度は段階的実現を………………………………… 81

第 3 章　アジアの通貨システムの構築に向けて
　　　　　　　　　　　　　　　　　………………小 川 英 治・清 水 順 子… 87
　はじめに………………………………………………………………………… 87
　1. 世界金融危機とアジア通貨………………………………………………… 88
　2. アジアの共通通貨バスケット提案とその動向………………………… 92
　3. アジアにおける段階的な通貨システム改革…………………………… 104
　4. おわりに…………………………………………………………………… 107

第 4 章　中国人民元の通貨戦略……………………………李　　　暁… 111
　はじめに………………………………………………………………………… 111
　1. グローバル金融危機と「ドル体制」の持続可能性……………………… 113
　2. 東アジア通貨協力の進展，回顧と見通し……………………………… 120
　3. 人民元の国際化戦略……………………………………………………… 132
　おわりに………………………………………………………………………… 163

第 5 章　東アジア通貨統合は実現可能なのか
　　　　──韓国・日本・中国の社会的厚生効果を中心に──
　　　　　　　　　　　　　　　　　………………宋　　熹永・柳　　在元… 167
　はじめに………………………………………………………………………… 167
　1. 金融協力と通貨協力の概念と事例……………………………………… 169
　2. 東アジア金融・通貨協力の現況と問題点……………………………… 175
　3. 東アジア通貨統合の社会的厚生効果…………………………………… 182
　おわりに………………………………………………………………………… 190

第2部　経済協力と経済統合

第6章　日本の新しい貿易政策
　　　　——GATT・WTO から FTA へ—— ………………… 浦田秀次郎… 201

　はじめに …………………………………………………………………… 201
　1. 日本の FTA の進展と特徴 …………………………………………… 202
　2. 日本の FTA 戦略 ……………………………………………………… 204
　3. FTA 促進に向けての障害 …………………………………………… 214
　4. 日本の FTA の評価 …………………………………………………… 217
　おわりに——FTA 推進に向けて ………………………………………… 222

第7章　韓国の立場からみた韓日中における経済統合の可能性
　　　　………………………………………… 李　良 變・姜　鎮 旭… 227

　はじめに …………………………………………………………………… 227
　1. 韓国における FTA 戦略と現状 ……………………………………… 228
　2. 韓日中における機能的経済統合の深化 …………………………… 234
　3. 韓日中における制度的経済統合の可能性 ………………………… 238
　おわりに …………………………………………………………………… 245

第8章　東アジアにおける FTA を基軸とする地域主義の進展
　　　　——日本の FTA 政策の評価と課題を中心として——
　　　　…………………………………………… 高橋克秀・塩見英治… 249

　はじめに …………………………………………………………………… 249
　1. 東アジアにおける FTA による地域主義の進展と制約 …………… 251
　2. 日本の FTA 政策とアジア …………………………………………… 254
　3. FTA 利用の実態 ……………………………………………………… 257
　4. 大規模アンケート調査 ……………………………………………… 259

5. FTA 利用の決定要因 ……………………………………… 264
おわりに——課題と展望 ………………………………… 266

第9章　ASEAN の経済統合と東アジア経済連携 ……石川幸一… 271

はじめに ……………………………………………………… 271
1. 完成した ASEAN とその評価 …………………………… 272
2. 経済共同体を目指す ASEAN …………………………… 278
3. 実現した「ASEAN プラス 1」FTA ネットワーク ……… 287
4. 東アジアの経済連携と ASEAN ………………………… 300

第1部

通貨・金融協力と通貨統合

第 1 章

通貨危機と世界金融危機を踏まえた アジアの通貨・金融協力

はじめに

1997年のアジア通貨危機を踏まえて，ASEAN＋3（ASEAN10カ国と日本，中国，韓国），東アジア・オセアニア中央銀行役員会議（EMEAP）を舞台に，アジアでの地域的な通貨・金融協力の機運が盛り上がり，セーフティー・ネットとしての「チェンマイ・イニシアティブ」，危機の予防等のための「経済サーベイランス」，ダブル・ミスマッチの解消を目指した「アジア債券市場育成イニシアティブ」「アジア債券基金」といった取り組みが推進され，一定の成果をあげつつある[1]。これらの通貨・金融協力は，2度と通貨危機を引き起こさないこと，あるいは再度危機に直面しても深刻化させないための対応であるが，それはアジア通貨危機の原因を十分に検討したうえで，論理的根拠を持って遂行されているものであることはいうまでもない。

そこで本章では，まずアジア通貨危機の原因と教訓，それを踏まえて実行されている通貨・金融協力を簡潔に整理，再論することから始めたい。それとの

---

[1] 具体的なアジアの通貨・金融協力の現状と課題については，本書の第2章で詳述されているので参照願いたい。

比較で，世界金融危機の勃発を踏まえたうえでのアジアの通貨・金融協力は，いかなる変更が迫られているのか，新たに何が求められているのかを明らかにするのが，本章の最大の課題であるからである。

2007年8月，フランス大手銀行グループBNPパリバが，参加のヘッジ・ファンドの解約・募集を凍結したことを機に，それまでも燻っていたサブプライム・ローン問題が白日の下に晒された。さらに，2008年9月のリーマン・ショックを経て，アメリカを震源地とした金融危機の大津波が世界を襲い，その後も世界同時不況の深刻化へと発展した。今日では，金融的混乱は沈静化したものの，依然として金融市場に爪あとが残り，世界の景気回復もはかばかしくない。

アジア各国は金融機関への金融危機による直接的ショックは軽微であったものの，世界的な株価下落や輸出減退，景気後退といった影響から無縁ではなかった。いわゆるDooley et al（2003）に代表される「復活したブレトン・ウッズ（BW II）」論で，センター国とされているアメリカ発の金融ショックはグローバル化し易く，貿易勘定諸国が多いアジアでも深刻な影響を受けざるを得なかった[2]。それを受け，従来からのアジアの通貨・金融協力もいくつかの点で，再考を余儀なくされているといわざるをえない。今回の世界金融危機の原因を整理し，そこから得られる教訓を勘案したうえで，すでに進行中のアジアの通貨・金融協力のあり方を再検討することにしたい。

1. アジア通貨危機と通貨・金融協力のあり方

アジア通貨危機の原因については，すでに幾多の研究がなされ，一定のコンセンサスも得られている。ここでは，具体的なアジアの通貨・金融協力の背景となっている原因に絞って，整理をしておきたい。

まず第1に，後ほど詳述するように，今や世界はグローバル金融資本主義というに相応しいほど巨額の国際資本が瞬時に国境を越えて移動する中で，アジア各国が性急な金融の自由化・国際化を実施してしまい，過剰な短期国際資本

---

[2] BW II 論については，Dooley et al（2003）を参照。

（主に短期ドル資金）の流入を招き，それがあるきっかけで，一挙に逆流をきたし，国際流動性不足に陥ったことが指摘される。「21世紀型通貨危機」と称されたように，従来型の「経常収支危機」ではなく，「資本収支危機」であるといわれる所以である。最も深刻な危機に陥ったタイ，インドネシア，韓国の3カ国においては，「世界の成長センター」との評価を背景に危機直前の1996年には，543億ドルもの資金流入があったものが，一転して97年には252億ドルの流出を記録。実に，795億ドルものスイングがあったということであり，外国為替市場への衝撃は容易に想像がつくであろう。

　第2は，アジア各国が上記の過剰な短期ドル資金の取り入れによって，いわゆる「ダブル・ミスマッチ」（短期借入れ・長期運用：期間のミスマッチ，外貨借入れ・自国通貨運用：通貨のミスマッチ）という脆弱な金融構造に陥っていたことが危機を深刻化させたことである。巨額な短期ドル資金の流入は，アジア経済への成長期待が高まっていた中で，アジア各国が短期の資本取引の自由化を性急に実施したこと，さらにアジア各国が実質ドル・ペッグ政策を採用していたことによって，投資家である欧米商業銀行にも，調達者であるアジアの銀行または事業会社側にも為替リスクに対する認識が希薄化していたことによる。

　アジア各国に対する投資家の信認が維持される限り，問題はないが，何らかの不安が発生した場合，たちまち資金回収が起こり，アジアの資金調達者は資金ショートをきたすだけでなく，アジアの通貨が暴落すれば，債務が膨張し，返済不能や倒産に至るという危険性を孕んでいた。そして，それが実際に現実のものになったということである。

　第3に，上記のように国際資本の流れが一挙に逆転したわけであるが，その原因として，海外投資家のアジアに対するパーセプションの悪化があったといえる。なぜアジアに対する投資評価が低下したかを巡っては，ファンダメンタルズ論とパニック論が戦わされたが，アジアのほとんどの国では決定的なファンダメンタルズの悪化は認められないとはいえ，震源地タイでは実物経済面での経常収支悪化，金融面での脆弱性や構造上の問題も含めたファンダメンタルズの悪化があり，それをきっかけにパニックが輪をかけたと理解すべきである。

周辺国への伝染は，投資家の連想や情報の偏在による特定の投資家の行動への追随等，心理的，パニック的要素が強いと理解できる。小田（2000）における「タイの通貨危機はファンダメンタルズの将来的な悪化を予想した投機家の合理的な判断にもとづく投機的攻撃が引き金となって発生したと考えられるが，マレーシア，インドネシアに飛び火した通貨危機および他の ASEAN 諸国の通貨への投機攻撃は，ファンダメンタルズの類似性などを考慮に入れた合理的は投機家の判断による側面とタイ通貨危機発生による市場心理の急速なシフトが生み出した非合理的な市場の行動によって拡大したのではなかろうか」との判断が，ほぼ当を得ていると思料している[3]。

その海外投資家の投資評価の悪化の要因という点では，1つは少なくとも震源地タイが，「外資導入による輸出指導型工業化」の優等生とも評された国であり，経済発展のエンジンともいうべき輸出が減退し，経常収支の赤字が GDP の 8％（1995-96 年）にも拡大したことを無視できないであろう。「輸出」がキーワードともいえる国でのこの動向は，海外投資家心理に悪影響を与えなかったとはいい難い。つまり，経常収支そのものの悪化による外貨枯渇で危機に至る「経常収支危機」ではないが，それが海外投資家の投資評価を低下させ，資金回収を促したことが「資本収支危機」の一因になったと考えられる。

その輸出減退，経常収支悪化の原因として，一部の実証研究では軽視されているが，1994 年の中国の人民元の大幅切り下げと実質ドル・ペッグ政策下での

---

[3] 小田（2000）では，タイの通貨危機発生メカニズムと3つの伝播原因を明示しているが，結論である132ページを引用。

ファンダメンタルズ論は Krugman（1979）の第1世代モデル，パニック論は Obstefeld（1994）の第2世代モデルおよび特にアジア通貨危機の場合は Chang and Velasco（2000）等の「双子の危機」を説明した第3世代モデルを理論的背景に持っているとみられる。しかし，自己実現的行動によってパニックが起こりうるといっても，投資家が付け入る何らかのファンダメンタルズ上の理由がなければ，市場を揺り動かすことは不可能であり，近年の通貨危機には双方の要素があると考えられる。

「伝染効果」には，いくつかのチャンネルが提示されており，貿易依存関係，経済の同質性，金融チャンネル，とりわけ「共通の貸し手」の存在とその行動に着目するものなどがある。矢野（2008），国宗（2006）のサーベイが参考になる。

95年からのドル独歩高があった[4]。このことは，タイの対外貿易関係がアメリカ一辺倒でなく，多様性を有しているにもかかわらず，実質ドル・ペッグ政策をとるという為替政策の失敗を犯したことにより，実力にそぐわない実効為替レートの上昇を招いたということを意味する。

　もう1つの要因として，過剰な短期のドル資金の流入によってもたらされたバブルの発生・崩壊とその後の金融不安を看過することはできない。例えば，資本取引の自由化の一環として創設されたバンコク・オフショア・センター(BIBF)を通じて流入した資金の相当額が金融機関を通じて，不動産関連に投下されたという。すなわち，96年末には，商業銀行，ファイナンス・カンパニーの総貸付残高のうち，不動産融資のシェアはそれぞれ8.8％，24.4％にものぼり，BIBF融資残高としては，そのうち直接不動産部門へ4.9％，ファイナンス・カンパニーを通じたものを合わせると約8.5％が不動産向けであった。

　外貨資金の異常な流入を不胎化政策により適正にコントロールしえなかったため，インフレ，さらには不動産や株式バブルを招来してしまった。特に，不動産バブルの崩壊は金融機関に多大な不良債権の発生というダメージを与え，金融不安を招くことになった。そこには，単に金融政策の失敗というマクロ政策上の問題だけでなく，アジア各国の金融機関のガバナビリティの欠如や金融システムの前近代性があったが故に，バブル崩壊のショックに対処しきれず，傷を大きくしたという事実が存在した。金融システムの脆弱性が，金融不安を増幅し，パニック的ともいえる資本収支のスイングをもたらしたということである。

　アジア各国は，こうした実情を認識することによって，次のような教訓を得たといえる。まず第1に，グローバル金融資本主義の世界で，海外に向けて金融の窓口を開いてしまった限り，国際資本移動の津波に襲われる危険性があり，

---

[4] Ohno（1999），吉富（2003）では，実質ドル・ペッグ政策による実効為替レートの上昇の輸出減退への影響は軽微であったとしているが，少なくとも品質や機能以上に価格競争力が重視される品目の多いタイでは主要市場での競争力の不利化が見られ，等閑視することはできない。

図 1–1　アジアの対外経済依存と為替政策・制度

【アジアにとっての日本, 米国, EU】

(億ドル)

	日本		米国		EU	
貿易	3,045	16%	3,347	17%	2,664	14%
対内直接投資	183	15%	162	14%	240	20%
与信残高	1,825	31%	292	5%	2927	49%
二国間支援	47	69%	1	2%	16	24%

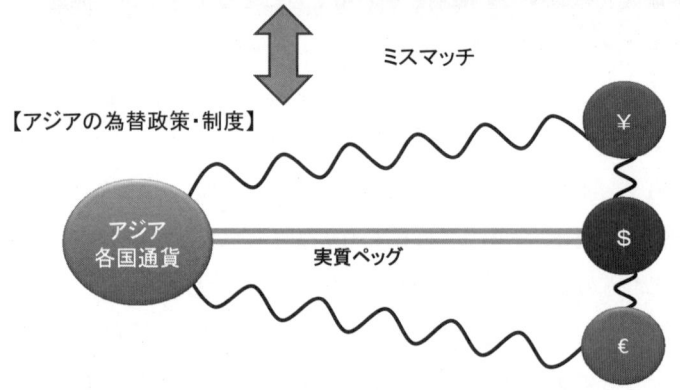

ミスマッチ

【アジアの為替政策・制度】

アジア各国通貨 — 実質ペッグ — ￥ / $ / €

(出所) 大蔵省・外国為替等審議会資料と著者の作図。

かつそれが種々のチャンネルを通じて，域内各国に伝播しうることから，それへの対応には国際流動性の確保等の面で，1国では限界があること，さらにIMFの「最後の貸し手」機能に限界があったこと。したがって，通貨危機以前には，まったくといっていいほど存在しなかった地域的な通貨・金融協力が不可欠であるとの知見を得た。

　第2に，アジアは多様な対外経済関係を持った地域であるにもかかわらず，通貨面ではドル資金に過剰に依存し，かつドル主体の為替政策・制度を採用してきたというミスマッチの解消が重要であること。すなわち，図1–1にみられるように，実物経済面ではアジア各国と日米欧との対外経済関係はほぼ均等といってよい状態にもかかわらず，為替政策・制度はほぼ実質ドル・ペッグ政策であった。それだけでなく，アジア域内取引を含めた貿易の表示・契約通貨，決済通貨はドル一辺倒といえるし，資本取引もドル資金が圧倒的であるばかりでなく，域内各国間の直接的融通は少なく，欧米金融市場を経由して取引され

ているというのが実情である。まさしく，アジア各国は実物経済面でのアメリカ依存を大幅に超えて，通貨面では「ドル圏」といわざるを得ない。このミスマッチが，実効為替レートの不安定化，過剰な短期ドル資金依存による不安定性をもたらしたことに鑑み，通貨面での「過剰なドル依存の解消」を目指すべきことを認識した。とりわけ，アジア通貨危機からの教訓としては，後述する「ドルからの脱却」ではなく，あくまでも軽減であるという点を強調しておきたい。

　第3に，金融面に大きく関わる「資本収支危機」に対処していくためには，アジアの弱点ともいえる金融システムや金融構造の前近代性，脆弱性を是正し，健全で強固なものに変革することが不可欠であることを認識した。もし，為替政策の失敗，金融政策の失敗により過剰な短期ドル資金が流入し，バブルの発生・崩壊があったとしても，アジア各国の金融システムが健全で強固なものであったならば，通貨危機から金融危機への深刻化を阻止または軽減できたかも知れないからである。すなわち，各国の金融当局の規制・監督体制，金融機関のガバナビリティ，審査能力，自己資本比率や流動性比率等の面での財務の健全性，経営の開示等の透明性といった面での問題を克服する必要性を教訓として得た。さらに，ダブル・ミスマッチという金融構造上の問題を抱えていたことが，通貨危機と金融危機という双子の危機を深刻化させたわけであり，その解消がアジアにとって不可欠の重要課題であるとの認識を共有したといえる。

　以上のような通貨危機の教訓を踏まえて，アジアではASEAN＋3を主要舞台に，地域的な通貨・金融協力が推進されてきた。詳細な内容および課題は第2章に譲るとして，それぞれの教訓に対応した具体的協力を簡単に整理しておきたい。

　（1）　グローバル金融資本主義の世界において，国際資本移動，とりわけアジアへの資本の流出入を監視するとともに，投機アタックに付け入る隙を与えないように，健全な経済運営を行わなければならない。そのために，「資本フローのモニタリング」体制，「経済レビューと政策対話」と呼ばれる「経済サーベイランス」の実施がなされている。

(2)　巨額の資本移動に1国で対応しきれず，またIMFの支援に十分な期待ができかねないため，メンバー国が通貨危機に見舞われた場合に備えて通貨スワップ協定を締結し，自国通貨との交換によって，必要な外貨を供与し合う「チェンマイ・イニシアティブ（CMI）」が合意され，規模の拡大，マルチ化が図られてきた。危機に対するセーフティー・ネットの構築は，最も進捗しているといって良い。

(3)　前近代的な金融システムの改革は，基本的には各国の個別の課題であり，それぞれの国において危機直後から金融の規制・監督の見直し，不良債権処理，金融機関の統合・再編，資本の増強，審査体制の向上などが積極的に推進されてきた。アジア各国の金融システムの健全性，効率性，透明性は向上しつつある。

その際にも，金融システムの地域的な調和を図るための協力が見受けられるが，最も地域協力という点で力が入れられてきたのは，ダブル・ミスマッチという金融構造上の弱点を克服するための取り組みである。その解消のため，アジアの余剰資金を直接アジアで安定的に活用すべく「アジア債券市場育成イニシアティブ（ABMI）」が推進されている。さらに，債券市場の育成を需要面から支援するために，EMEAPでは「アジア債券基金（ABF）」が創設された。

以上のように，アジアでは通貨危機の再発を阻止すべく，予防的措置や万が一の場合に対する安全弁が備えられ，さらには種々の国内金融システムの改革の推進と同時に，国内債券市場の育成とそのクロス・ボーダー化によって，アジアの資金を域内で安定的に調達・運用し，ダブル・ミスマッチ，とりわけ短期ドル資金への過剰依存を軽減する措置がとられている。まさに，アジアの金融面での協力は順調な成果をあげていると評価しうる。

しかし，残念ながら「過剰ドル依存」の象徴ともいうべき，実質ドル・ペッグ政策という為替政策・制度面での改革については，アジア各国間でまったく足並みが揃っていない。確かに，いくつかのアジアの通貨でドルへの連動性が薄れ，伸縮性が増しているが，各国間の協調はまったくみられない。むしろ，各国がそれぞれ独自の為替政策・制度を採用しているため，アジア各国間でミ

スアライメントが発生し，域内の貿易や投資関係に歪みをもたらしかねないという新たな問題さえ指摘されている[5]。

　金融協力に比べ，通貨協力がアジアでまったく進展しない理由は，次章で詳細に論述されているため，ここでは唯一次の点だけを記しておきたい。それは，上記のような他の金融協力と違って，地域的な為替政策・制度の調和という協力は必ずしもメンバーに win-win の結果をもたらすとは限らず，国家主権である政策的独自性を制限されかねないからである。特に，アジアは経済発展段階の格差が大きく，したがって各国の政策目標に相違があるため，重要な政策手段である為替政策をアジア全体の調和のために制約されかねないとの懸念が大きい。例えば，他のアジア通貨がドルとの伸縮性を増す中で，中国は経済成長第1主義を標榜し，「自主性，コントロール性，漸進性」という独自の3原則を為替政策の基本方針としたドルとの安定化を維持しており，アジア全体との調和には消極的である。

　こうした状況下で，2008年にアメリカを震源地とした世界金融危機が勃発した。これは，上記のアジアの通貨・金融協力に何を問いかけているのだろうか。

2. 世界金融危機の基本的背景

　今回の世界金融危機の震源地は，BWⅡのセンター国・アメリカであったため，Kaminsky et al (2001) の分類した金融危機の波及経路のセンター国→周辺国→周辺国に当たり，その震度は大きく，かつグローバル化したといえる。しかし，本源的には90年代以降頻発している欧州，メキシコ，アジア，ロシア，ブラジル，アルゼンチンといった一連の通貨危機，さらには2008年の市況商品市場での資源価格の暴騰・暴落などと同じく，根底には世界の金融資本の暴走があり，基軸通貨国あるいは「金融大国」であっても，この津波に飲み込まれ

---

5) 我々のプロジェクトのメンバーでもある一橋大学の小川教授を中心とした実証研究により，アジア各国が独自の為替政策・制度を採用しているため，各国通貨が合理性を欠く動きを示すという意味での「協調の失敗」への警鐘が鳴らされている。例えば，Ogawa (2004)，Ogawa and Shimizu (2005) を参照。

うることを物語っている[6]。

　特に、グローバル金融資本主義と称される今日において、アメリカでは市場原理主義が信奉され、市場メカニズムによる効率化、安定化に経済運営を委ねる傾向が強かったが、金融の世界では、わずかな欠陥が心理的要因によって増幅され、市場が暴走し大混乱をきたすことが明白となったともいえる。その理由を論理的に分析するならば、金融資本の規模の肥大化、最先端金融技術・商品には裏と表があること、投機の価格平準化機能が万能でないことに整理することができる。

2-1　金融資本の規模の肥大化

　まず第1に、Wolf (2007) がグローバル金融資本主義の定義の第1にあげているように、世界金融資産の激増、すなわち実物経済に対する金融経済の肥大化がその暴走の根底にある[7]。しかし、正確にそれをデータによって示すことは難しい。よく引き合いに出される世界のGDP、世界貿易額と世界の金融資産、国際資本取引額、世界のデリバティブ取引額を図示すると、図1-2のようになる。これをみても、金融経済が実物経済の数倍になっており、その影響力が大きくなっていることは想像に難くないが、データ的にはフロー・データとストック・データの比較であり、経済学的に問題があることは否定しえない。

　しかし、このデータに実情を斟酌するならば、現実にはさらにこの何倍も金融の世界が大きいことが理解しうる。各国国内での、財・サービスの取引と金融取引規模の比較は不可能に近いが、国際取引であれば全世界の国際収支表の経常取引（輸出等または輸入等）と資本取引（資産側または負債側）を合計すればよいが、残念ながら統計上、その結果は世界の貿易額の方が国際資本取引額より

---

[6]　金融危機のショックの波及経路をKaminsky and Rainhart (2001) は、3形態に分類しているが、そのセンター国での金融的ショックは、貿易勘定諸国の場合に比べ、周辺国から周辺国へと波及し、グローバル化する危険性が強いことを、項・劉 (2009) も強調している。

[7]　Wolf (2007) には、グローバル金融資本主義の5つの指標が指摘されている。

図 1-2 グローバル金融資本主義の世界

＜財・サービスの世界＞

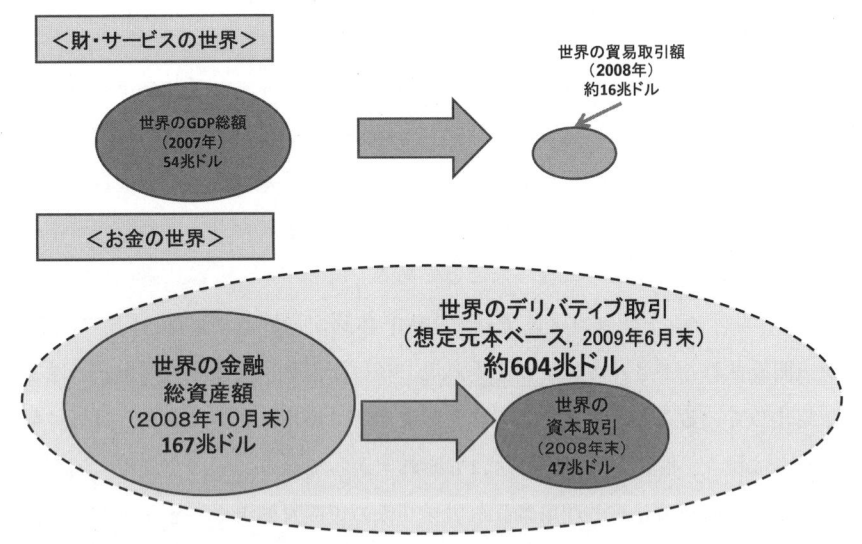

世界のGDP総額（2007年）54兆ドル → 世界の貿易取引額（2008年）約16兆ドル

＜お金の世界＞

世界の金融総資産額（2008年10月末）167兆ドル

世界のデリバティブ取引（想定元本ベース，2009年6月末）約604兆ドル

世界の資本取引（2008年末）47兆ドル

（出所）世界銀行，IMF，三菱 UFJ 証券，BIS のデータより作成．

大きくなってしまう[8]。それは，IMF 方式による国際収支表の資本取引のデータが，作成・把握上の困難さから1つ1つの資金の流れをほとんどとらえていないからである。月次の期間中に，流出し戻ったものは相殺されているし，多くの資本取引項目が報告機関における期末値と期首値の差額として計算されたものであるからである。しかし，図 1-2 の BIS 統計によるデータで，ストックとしての国際的金融機関の国際融資残高と国際債発行残高の合計が 2008 年末で 47.1 兆ドルにものぼるということは，その間の融資の返済，期間内の短期の融資・返済，発行された国際債の国際証券市場での流通を考えただけで，国際資本取引がこの数倍にのぼることは想像に難くない。まして，ヘッジ・ファンドや企業間信用などによる資金の動きも加味するならば，フローでみたグローバ

---

8) IMF（2008b）の世界の資本取引額データによると，2006 年で 6.5 兆ドルに過ぎず，また徳永（2009）によると，2006 年 7 月のオーストラリア準備銀行の報告書では，グロスの国際資本移動額は 2005 年で世界の GDP の約 17％ 程度（約 7 兆ドル程度）とされ，世界の貿易額より少ない。いずれも，現実から考えて信じがたい規模であり，指摘したような統計作成上の限界によるものと考えられる。

ルな金融の世界は，約16兆ドルの実物の世界（ただし，サービス貿易を除く，財貿易のみ）を大きく凌駕していることが容易に想像されよう。

この膨大な国際資本移動の根源には，次の2点が背景として指摘される。

(1) 先進国を中心に，各国では経済が発展する過程で貯蓄・投資がなされ，それに伴って巨額の金融資産が形成されてきたこと。かつ資本取引の自由化によって，各国間で国境を越えた資産の持ち替えが可能になり，国際間の資本移動が頻繁に行われるようになったことである。

(2) ニクソン・ショックによって，IMF体制が崩壊して以降，「金の縛り」から開放されたアメリカはドルを垂れ流し続け，過剰国際流動性問題が一段と深刻化していること。アメリカの経常収支赤字は累増してきており，対外純債務残高は約3.5兆ドル（2008年末）にも膨れ上がっている。その裏側で，国際流動性の具体的数値として使用されるアメリカの短期対外ポジション（各国がアメリカの金融機関に持つ預金残高）は，1971年末の678億ドルから2007年末には4.4兆ドルへ，また世界各国の外貨準備保有高は，1971年末のわずか1,291億ドルから2008年末には6.7兆ドルに拡大しており，国際貿易の決済やそれに備えた準備資産としての必要金額を超えて急膨張していることが推測される。これを手段やベースにして，世界で膨大な国際資本取引がなされているということである。

2–2 最先端金融技術・商品の裏と表

第2に，膨大な国際金融資本の移動は，直接投資，公的借款や銀行の長期借款のように安定的なものばかりでなく，ヘッジ・ファンドのような短期的利益を狙った投機資金が大量に含まれている。その結果，通貨・金融危機が頻発しているが，それを一層助長しているのが，先端的な金融技術・商品ともいえるデリバティブや証券化商品の登場である。図1–2に示したデリバティブ取引額（約604兆ドル）はクロス・ボーダーだけのものではないし，あくまでも想定元本ベースであり，金融派生商品の国際取引による資金移動がさしたる金額でないことは，国際収支統計をみれば容易に理解される。しかし，問題はわずかの資

金で数10倍の先物，オプション取引等がなされ，それが現物価格に大きな影響を与え，実物経済を混乱に陥れることであり，2008年のニューヨーク原油先物市場での原油を始め，資源価格の暴騰・暴落で記憶に新しい。本来はリスク・ヘッジのための先物市場で，実際の手持資金の数10倍の先物買い投機がなされ，先物価格が高騰し，それを受けた裁定取引によって，現物価格も上昇を余儀なくされた。その後，リーマン・ショックによる先行き予想の転換により，逆転現象が見られたからである。

　後ほど紹介する証券化技術も含めた先端的な金融技術・商品には，次のような本質があることを認識し，決して過信してはならない。まずは，本来の先端的金融技術・商品の使命は，個々のビジネスにおけるリスクの回避，すなわちリスク・ヘッジ機能にあるが，それはマクロ的にみた場合，リスクの消滅を可能にするわけではなく，リスクの転化，分散化に過ぎないことである。さらにいえば高度化された商品であるが故に，そのリスクの存在が不透明化しかねず，新たな不安を生みかねないということである。

　もう1つは，先端的金融技術・商品の機能は，ヘッジと裏腹の関係にある投機，さらには裁定機能を持つという点である。特に，先物やオプション，スワップ市場の実例をみるまでもなく，少ない手持資金で極めて積極的，巨額な投機が行いやすく，その場合にはリスクの回避ではなく，積極的に新たなリスクを創出するものであることも看過すべきではない。

　先ほどのWolfは，「デリバティブの出現によるリスク管理」をグローバル金融資本主義の特徴の1つとして指摘しているが，その意味はこの新しい金融技術・商品は，複雑なヘッジによるリスクの不透明化，典型的な投機による膨大なリスクの醸成に対応する必要性を示唆していると推察される。つまり，いかに金融技術・商品が高度化したとしても，経済全体からみればヘッジ機能でリスクを消去できるわけではなく，むしろリスクの所在の不透明化が心理的不安を増幅したり，典型的な投機の横行によりリスクは大きく膨れ上がり，危機の引き金や増幅要因になりかねないということである。

2–3 万能でない投機の価格平準化機能

　第3に，認識すべきことは，いかに最先端金融技術・商品の膨張によって，投機的取引が横行しても，市場原理主義者のいうように，投機に価格平準化機能が作用していれば問題はない。しかし，変動相場制への移行，金融の自由化が進展するとともに，為替レートのオーバー・シュートや乱高下，株価や債券価格の激変，さらには市況商品価格の暴騰・暴落等を経験し，必ずしもM.フリードマンらが主張する投機の価格平準化機能が，現実経済において作用していないことが認識されるようになった。現に，2000年代に入ると，市場メカニズムの有効性を信奉し，貿易や資本取引の自由化を標榜したワシントン・コンセンサスへの信頼性が揺らぎ，見直しがなされている。

　特に，種々の金融市場で，しばしば市場参加者の先行き予想が一方方向に偏り，オーバー・シュートが発生し，最終的に最高値で買った人，または最安値で売った人が大きな損失を被っている。それでも，なぜM.フリードマンのいうように，市場からの退出が起こらず，暴騰・暴落が繰り返されるのかを詳細に検討したことはないが，1つは先物市場では投機家同士の売買だけでなく，投機家と実需取引者のヘッジが需給の相方になる場合が多いことが考えられる。この場合，ヘッジのための需給取引者は予想に反した結果になっても，それは棚ボタの余計な利益機会を失っただけであり，悔しい思いはしても，市場から退出するわけではないからである。こうした理由からか，金融の世界では，心理的要素の強い先行き予想に基づく投機によって，現実に暴騰・暴落が起こりうることを認識しなければならない。

　以上のように，現代のグローバル金融資本主義の世界では，高度な金融技術・商品のリスクの所在の把握が難しくなっただけでなく，巨額の過剰資金が蠢き，それが最先端の金融技術・商品を活用し，大掛かりな投機を繰り返すことによって，金融・資本市場，さらには市況商品市場で混乱を引き起こし，ひいては実物経済をも揺るがしているということである。今回の世界金融危機の根底にも，同様の背景があり，過去に多発してきた通貨危機などとともに，いつでも起こりうる現象の1つであることを看過してはならない。

3. アメリカでの金融危機発生の直接的原因

上記のような根底にある基本的背景の中で、アメリカを中心に金融危機が発生した直接的原因を検討してみたい。ただし、詳細な分析は中條 (2010) に譲り[9]、ここではアジアの通貨・金融協力のあり方を再検討するうえで、必要最小限の要点だけを整理しておくことにする。

3-1 危機発生前の異常な証券投資ブームの原因
（1）住宅バブルと異常なサブプライム・ローンの急増

すべての国民が住宅を持てるようにするという伝統的に手厚い住宅政策を推進してきたアメリカでは、2001年のITバブル崩壊に伴う景気後退懸念の中で、個人消費・住宅投資の刺激のための大型減税と金融緩和政策を打ち出した。その結果、金融緩和政策による低金利下で住宅取得が急増し、住宅ブームあるいは住宅バブルが発生。その中で、モーゲージ・カンパニーを中心に、返済信用度の低い層を対象としたサブプライム・ローンが大量に供与され、新規住宅ローン中、2001年の8.6%から2005年にはピークの20%にまで激増をみた。

その背後には、住宅バブルを招来した住宅政策と行き過ぎた金融緩和政策、その中でバブルを過信したモーゲージ・カンパニーが将来の資産価格上昇を期待し、異常なサブプライム・ローンを供与したこと、それを看過した金融当局の規制・監督体制の不備、さらにそのローン債権を投資銀行等に売却し、そこで証券化できたことが最大の原因であった。とりわけ、証券化によって、モーゲージ・カンパニー自身はリスクから解放されるため、NINJA (No Income, No Job, No Assets) などと呼ばれる杜撰な審査での異常なサブプライム・ローンが大量に供与されたといえる。

（2）高度な証券化によるリスクの複雑化・不透明化

いかに証券化がなされようと、それだけで証券販売が進むわけではない。ま

---

9) アメリカでの詳細な金融危機発生原因の分析は、中條 (2010) を参照。

さに，投資家がハイリスクのサブプライム・ローンを原資産とした住宅ローン担保証券（RMBS）や債務担保証券（CDO）などを敢えて購入したのは，極端な言い方をすれば，まやかしに近い金融技術によりリスク判断を誤ってしまったからである。

代表的な手法としては，1つは優先劣後構造と呼ばれるもので，トランシュに分割化した証券化により，信用リスクの低いRMBSと極めて高いRMBSを分割し，前者の販売を容易にすると同時に，後者の部分はハイリスク・ハイリターンを選好する一部投資家への販売と自己引き受けで処理した。

最も典型的手法は，トランシュに分割されたサブプライム・ローン担保証券をさらに担保としたCDOの組成であり，さらにはプライム・ローン，自動車ローンなどの他の資産担保証券（ABS）とハイブリッド化したCDOを組成するといった複雑な金融商品を作り出したことである。これにより，販売される債券のリスクは分散化され不透明化され，正常なリスク判定が困難になったといわれている。極端な場合は，格付け機関の格付けが唯一の判断材料とされたともいわれている。

さらなる手法として，クレジット・デフォルト・スワップ（CDS）によって，信用リスクを他者に転化することが可能になるとともに，CDSを組み込んだ合成CDOを組成したことが指摘される。これによって，ますますリスクは分散化され，また複雑化し不透明となったことは否めない。特に，CDSの購入者として，保険会社が大きな役割を果たしたことにより，後日危機の波を被ることになる。

そもそも，証券化という金融技術は，多くの投資家の遊休資金を有効に活用するとともに，リスクを分散化するという機能を有しており，金融システムの強化にとって有効性の高いものである。しかし，あまりに複雑化し，リスクの所在を不透明にしてしまうと，問題が発生した場合には必要以上に不安を増幅し，まったく逆効果を持つことになりうることを看過してはならない。さらに，広範なリスク分散という意味の中には，グローバル化により欧州の金融機関を中心に世界各国にCDO等の債券販売がなされたことで，影響が世界規模にな

りかねないという危険性も孕んでいた。

(3) 証券投資の水膨れをもたらす仕組みの存在

証券投資ブームともいえる各種証券取引の拡大，投資銀行，仕組投資事業体（SIV），ヘッジ・ファンド等の莫大な収益の源泉には，レバレッジとデリバティブ取引という2つの金融手法があった。

債券に関する先物やオプションといったデリバティブも，取引の水膨れに一役かったと思われるが，今回CDO等を中心とした債券取引の膨張において，最も注目されているのは，上記の機関投資家が初期の自己資金，初期ファンド，親会社からの借入金といった資金で購入した債券を担保に，コマーシャル・ペーパー（CP）を発行したり，商業銀行借入れを行うことによって，再度債券を購入するということを繰り返したことである。いわゆる，自己資本規制の対象外にある機関投資家がレバレッジを利かせて，取引を幾重にも拡大し，資産（長期）と債務（短期）の間の利鞘によって，膨大な利益を享受したということである。

しかし，この一連のメカニズムのどこかで問題が表面化し，逆回転した場合のリスクは膨大になりうること，債券購入資金を供与している商業銀行，さらにはCDS購入を盛んに行ってきた保険会社等を巻き込んだシステミック・リスクが発生するという危険を孕んだ活況であったということを看過してはならない。

3-2 危機発生のメカニズム：政策とシステムの問題が露呈

以上のように，証券投資ブームの裏に潜んでいたリスクを整理すれば，現実の危機発生のメカニズムとその伝播経路は明確であるため，簡単に列挙するにとどめたい。実際に金利が上昇し，住宅バブルが崩壊すると，サブプライム・ローンの焦げ付きが増大し，そのローン債権を含むRMBS，CDOの毀損が表面化することによって，投資家の資産の収益が低下し，債務側の調達コストを割り込んでしまい，事態は一気に逆回転を始めることになった。具体的には，

(1) 高レバレッジをかけ，水膨れ投資がなされていたため，それが逆回転局面に入り，投資家の損失が急激に膨張し，破綻が続出

(2) ハイブリッド化，ブレンド化ともいうべき複雑な証券化によって，リスクの所在が不透明となっていたため，疑心暗鬼さえ生じ，債券価格全般の暴落へと発展

(3) 金融グローバル化によって，欧州の金融機関を中心に，世界規模で損失が波及

(4) システミック・リスクの表面化，債券価格の全般的急落により，商業銀行，保険会社，さらにはファニーメイ等の政府支援機関にまで，連鎖の輪が拡大

(5) 多大な損失を被った金融機関を中心に株価の暴落が，世界的規模で連動

こうした事態を受けて，リーマン・ブラザーズに象徴されるような当該の金融機関の倒産，人員整理といった衝撃が走ることになったが，最も重要なことは，むしろ商業銀行を中心とした金融機関の債権回収による流動性確保，貸渋り，貸剥がしといった信用収縮であった。資産バブルの崩壊による個人消費の減退，金融機関の破綻による失業増大に加えて，急激な信用収縮が実物経済にデフレ圧力を及ぼし，アメリカ経済が不況に陥るとともに，その連鎖により世界同時不況へと突入することになった。

4．世界金融危機からの教訓と対応策の概要

本章の主要課題からはやや逸れるが，前節からの議論をまとめて整理するならば，結局世界金融危機から得られる教訓，およびそれを踏まえた対応は次のように集約できる。

4–1　世界金融危機からの教訓

まず第1に，基本的には肥大化したグローバル金融資本主義が，今回は世界の金融・資本市場のセンター国・アメリカの証券市場を舞台に暴走したことにより生じた混乱であるといえる。特に，市場原理主義に基づいて自由な国際資本取引を推進した場合，金融が肥大化しているうえ，デリバティブや証券化商品といった高度金融商品が発達した現代では，投機による撹乱はいつでも発

生しうるし，その影響はセンター国発であるが故に世界規模に及ぶこと，実物経済にも波及しうることを如実に物語っているということである。

　第2に，市場原理主義への信頼が強いアメリカを中心に，市場の失敗に対する金融当局の規制・監督に不備があったことが指摘しうる。具体的には，前述のように，金融機関の融資に対する監視に盲点があったこと，高レバレッジを可能にした自己資本比率規制の不備があったこと，複雑化した金融商品の取引に伴うリスクの把握・監視システムが不在であったことなどが，それに該当する。とりわけ，最先端の金融技術・商品の発達に対して，それに付随するリスクの認識とその所在を監視するシステムを欠いていたことが，必要以上に危機を深刻化させた主因であるといえる。すなわち，前述のようにリスク・ヘッジ機能を持つ金融技術・商品は，裏を返せば投機機能をもつこと，リスク・ヘッジはリスクの転化・分散化に過ぎないことへの認識不足があったということである。

　第3に，政策と金融システムの綻びから，一旦心理的不安が生じると，金融の世界では実物経済と違って，巨額の取引が瞬時に可能なため，パニック的な行動から危機を深刻化させること，システミック・リスクによって，一挙に信用収縮が発生し，結局実物経済にも影響が及ぶことが指摘できる。しかも，膨大な相互の国際資本取引関係から，まずは金融面からヨーロッパを中心とした関係国に波及。やがて，実物経済の相互依存関係から世界的な同時不況へと進展していったといえる。

　金融の世界では，いかに心理的要因の影響が大きく，蟻の一穴ともいえる破綻が全体に大きな損失をもたらすか，さらには世界全体にショックを与えるかは，危機後IMFが定期的に発表した世界の金融機関が被ると予想されるサブプライム関連損失額のデータと危機の進行中における世界の株価の動向をみれば，容易に想像がつく[10]。前者には，サブプライム・ローン自体やそれを原債権と

---

10) IMF (2008a, 2008b, 2009) による世界の金融機関のサブプライム関連損失額の推計値と日本経済新聞，2008年10月26日付けの世界の主要株式市場での株価下落率一覧を参照。

した証券の損失をはるかに上回る損失予想額が計上されており，リスクの不透明化によって，疑心暗鬼に陥った投資家が健全な証券まで投売りし，傷を深めてしまったことがうかがわれる。後者からは，震源地アメリカ，そして直接的損失の大きいヨーロッパ以上に，アジア各国の株価が実物経済面での対米依存の大きさを連想して下落し，ショックを伝播させていることが分かるからである。金融の世界では，いかに心理的要因が影響を深刻化させ，かつ連鎖の輪を大きくするかは，強調してもし過ぎることはないといえよう。

4–2　全般的な対応策の概要

前の2節を含め，以上のように世界金融危機の原因や教訓を整理すれば，その対応もおのずと明確になる。まず，第1は危機直後の短期的対応策であるが，それには通貨・金融危機の直接的な原因となった問題の解消，およびそれによって引き起こされた金融市場の混乱の沈静化，さらには実物経済への波及の緩和が不可欠となる。今回の世界金融危機の直接的原因は，アメリカのサブプライム・ローンを中心とした住宅ローンの破綻であるため，住宅金融市場に対する対策が講じられた。すなわち，連邦住宅局の融資保険制度の機能拡充や住宅ローン債務者支援を目指した住宅経済救済法を成立させ，住宅ローンの破綻に歯止めをかけようとした。

しかし，最も重要な短期的対策は，心理的動揺を沈静化することを最大の目的とした金融市場全般への緊急的措置に他ならない。金融市場の心理的不安を解消するために，金融当局による短期資金供給，金融機関の破綻か救済かの選択と処理，資本注入といった流動性危機対策と支払能力危機対策が不可欠であった。さらには，実物経済へのショックを緩和すべく景気対策としての金融・財政政策の出動等も講じられた。とりわけ，震源地がアメリカということで，世界的な影響が大きいことから，この喫緊の対応でも国際的な連携が求められた。すなわち，基軸通貨国・アメリカの金融危機は，国際流動性不足をもたらすため，その短期的な収縮に対して，IMFやアメリカの支援，さらには地域的協力が必要とされ，種々の緊急融資や通貨スワップ協定が実施された。

第2は，グローバル金融資本主義の世界で，通貨・金融危機の再発を防止し，危機を深刻化させないための中長期的対応として，金融システム強化策が必要とされている。その主眼とするところは，金融資本主義の暴走を抑制するための規制・監督の強化と危機発生に対するセーフティー・ネットの強化，高度化した金融システムに対応しうるリスク管理システムを構築することにあると考えられる。

　そのために，アメリカを始め各国金融当局，ワシントン，ロンドンおよびピッツバーグでの金融サミット，IMF等において，金融の規制・監督の強化，および危機発生に対するセーフティー・ネットの強化が検討されている。一連の金融サミットでは，世界金融危機以前にみられた過度のリスク・テイクに戻ることを許さないように，一定の規制・監督の下で，金融市場の安定化を図る必要があるとの認識に立って，すべての金融機関，金融商品および金融市場を当局の規制・監督下に置くこと，格付会社を登録制にすること，タックス・ヘイブンへの監視を強めること，金融機関の報酬慣行を改革することなどで合意している。それを受けて，特に各国ではマクロ・プルーデンスと呼ばれ，個々の金融機関の監督だけではなく，システミック・リスクに対処すべく金融システム全体に関わるリスク監視体制を構築すること，BISバーゼル銀行監督委員会では，金融システム強化のために商業銀行に対する自己資本比率規制を強める方針を打ち出していることが特筆される[11]。

　危機の再発に備えたセーフティー・ネットの強化策の1つとして，IMFでは増資，新規借入れ取決め（NAB）の増額，SDR建て債券の発行などの市場を通じた資金調達，SDRの新規配分を行うことで合意し，国際的な最後の貸し手としての機能を増強している。さらに，アジア開発銀行などの国際開発金融機関の増資も決定している。今後は，デリバティブや証券化商品などで高度化した金

---

11) ロンドン・サミットでの合意事項については，London Summit (2009) 参照。ピッツバーグ・サミット合意と最近の主要国での金融システム安定化については，内閣府(2009)で整理されている。BISバーゼル銀行監督委員会では，新たに「コア自己資本」が定義されたが，その比率およびそれを含む新たな自己資本比率を2010年中に決定し，その導入を2013年から6年をかけて実施することになった。

融システムにおけるリスクの把握やその情報の開示を，各国および国際的に進展させることが，危機の深刻化を緩和させるためにも重要と考えられる．

5. アジアの通貨・金融協力への教訓

本章の主題は，世界金融危機そのものへの対応策を詳細に検討することではない．アジアにとっての意義，とりわけ進行中のアジアの通貨・金融協力のあり方への教訓を明確にすることである．その視点から，世界金融危機の原因にスポットを当て直してみると，次の4つの教訓を得ることができる．

5-1 通貨・金融協力推進の必要性を再認識

まず第1は，前述のアジア通貨危機以来，推進されてきた通貨・金融協力，とりわけCMI，ABMI，ABFといったセーフティー・ネットの構築やアジア債券市場の育成が妥当であり，一層推進すべきことを再確認させられたことである．

グローバル金融資本主義の暴走である通貨・金融危機は，必ずや心理的不安によって信用収縮をもたらし，国内的な流動性および国際流動性の偏在や欠如をもたらす．今回は，アメリカの証券市場にサブプライム・ローン問題が発生し，海外からの流入資金が逆転する中で，短期的にはアメリカの金融機関の流動性資金回収により，国際流動性不足問題が各国で発生したが，そのことはアメリカの国際収支表により，危機前後の海外との資本の流出入の変化をみることによって，容易に確認できる．

アメリカはネットでは巨額の資本収支黒字国であるが，グロスではさらに膨大な資金が相互に流出入している．その流れが2008年に大きく変化したことが，表1-1（資本収支の中核をなす投資収支表）によって明らかである．総額としては，アメリカに流入する資金が前年の2兆ドル強から5,340億ドルに激減するとともに，海外への資金供与はさらに1.5兆ドル弱から皆無に近い1億ドルにまで落ち込んでいる．

より重要なのは，その中身である．すなわち，まずアメリカへの海外からの投資資金（流入）であるが，アメリカの金融危機を受けて，財務省証券以外の証

券の売却,銀行預金の取り崩し等によって,4,983億ドルが逆流している。ただし,金融危機にあっても,海外の民間投資家はリスクの少ない財務省証券の購入を増加させており,1,966億ドルが流入している。このリスク商品を中心とした対米投資資金の引き上げは,アメリカ以外の国々にとっては,国際流動性・ドル資金の確保を意味する。しかし,逆にアメリカの海外投資(流出)の方では,金融危機で資金繰りの悪化したアメリカの銀行・非銀行部門が,巨額な貸付金の回収,保有外国証券の売却等によって,流動性資金の確保に走ったため,8,662億ドルものドル資金がアメリカに還流した。民間部門の対米国際資本移動に,このような動きが起これば,当然世界各国で国際流動性・ドル資金のショート,各国通貨の下落といった通貨・金融危機が起こりうる。

事実,日本円以外の各国通貨はドルに対して下落し,とりわけハンガリー,バルト3国,アイスランド等のヨーロッパ諸国,さらには韓国が大きな影響を受けたことは記憶に新しい。2008年も初期の段階では,世界金融危機の震源地がアメリカということで,ドル暴落を懸念し,上川 (2010) によれば,日米欧でドル防衛策の秘密合意があったというし,実際にドルが各国通貨に対して,下落しつつあった[12]。しかし,危機の深刻化とともにアメリカの銀行・非銀行部門の資金回収が膨れ上がり,世界各地に国際流動性不足という形でアメリカの金融危機が飛火したといえる。これに対して,アメリカのFRBはECBやスイス中央銀行,韓国中央銀行などと通貨スワップ協定を締結・増額することによって対応したことが,表1–1でも,資産側の公的部門のその他準備資産としての資金供与 (5,296億ドル) にうかがわれる。

アメリカ全体の資本収支がネットで黒字である中で,金融不安でそれが逆流すれば,世界各国は国際流動性・ドル資金を確保できる,さらにはドル下落をもたらすはずであるが,以上のように,短期的には主としてアメリカの民間部門の資金回収行動によりドル不足が発生し,何カ国かに通貨・金融危機が伝播

---

12) 上川 (2010), 35–36ページ参照。実際に,当時ドルがアメリカの金融不安により,主要通貨に対して下落し,名目実効レートが下がっていることが,日本経済新聞,2008年3月14日で報じられている。

表 1-1　世界金融危機前後のアメリカへの資金流出入

[流出]　　　　　　　　　　　　　　　　　　　　　　　　　　　　（単位：100万ドル）

	対外資産の変化	公的部門	準備資産	その他準備資産	民間部門	直接投資	証券投資	非銀行部門	銀行部門
2007	−1,472,126	−22,395	−122	−22,273	−1,449,731	−398,597	−366,524	−40,517	−644,093
2008	−106	−534,463	−4,848	−529,615	534,357	−332,012	60,761	372,229	433,379
09/I	94,734	243,120	−982	244,104	−148,387	−40,262	−36,201	17,477	−89,401
09/II	37,398	190,118	−3,632	193,750	−152,720	−47,442	−92,589	14,519	−27,208
09/III	−294,102	8,907	−49,021	57,928	−303,009	−62,742	−47,847	47,656	−240,076

（出所）Survey of Current Business.

[流入]　　　　　　　　　　　　　　　　　　　　　　　　　　　　（単位：100万ドル）

	対外債務の変化	公的部門	民間部門	直接投資	財務省証券	その他証券	米国通貨	非銀行部門	銀行部門
2007	2,129,460	480,949	1,648,511	275,758	66,807	605,652	−10,675	201,681	509,288
2008	534,071	487,021	47,050	319,737	196,619	−126,787	29,187	−45,167	−326,589
09/I	−67,757	70,892	−138,649	23,851	53,716	−55,992	11,816	−8,270	−163,770
09/II	14,614	124,299	−109,685	36,975	−22,755	13,917	−1,935	43,003	−178,890
09/III	332,407	123,584	208,823	40,023	−9,156	24,720	4,179	22,079	126,978

（出所）Survey of Current Business.

したという事実は，グローバル金融資本主義の世界で，センター国の役割の大きさと危機伝播の多様性を改めて認識させたといえよう。そうした中で，アジアでも韓国を始め，インドネシアやインドの通貨が下落したことにより，次のような認識を再確認させられた。すなわち，巨額な国際資本が蠢く中では，危機はいずれでも起こりうるし，それは種々のチャンネルで伝播しうるため，各国の金融システムの強化とともに，地域的協力が不可欠であるということであり，具体的にはアジアの通貨・金融協力のうち，ABF も合わせ ABMI の推進に

よる短期ドル資金依存の軽減，CMI の有効性の向上という 2 つの施策の重要性を示唆していることである[13]。

　韓国は，アジア通貨危機時の外貨準備 340 億ドル（1996 年末）に比べ，今回ははるかに多い 2,621 億ドル（2007 年末）も保有していたにもかかわらず，危機の再発に直面した。問題は，依然として短期のドル資金への依存が軽減されていなかったことにある。アジア通貨危機後の韓国の経常収支黒字累積額は，およそ 1,577 億ドル，また安定的な資金である直接投資収支は 12 億ドルの赤字で，流出に転換していた。ということは，外貨準備は大幅に厚みを増した（2,281 億ドル）とはいえ，それは自らの経常取引の収益や安定的資金の取り入れだけで達成されたものではなく，短期ドル資金の取り入れにも相当依存していたということを見落としてはならない。事実，その他投資収支の銀行・非銀行部門の資金流出入をみると，流入超過となっており，短期ドル資金の取り入れが継続していたことがうかがわれる。

　このことから，今後ともアジア債券市場の育成，とりわけクロス・ボーダー取引の拡大を推進し，アジアの資金をアジアで安定的に活用し合い，過剰な短期のドル資金への依存を軽減することによって，その動きの急変による危機の再発防止に努めなければならないといえる。さらに今回，韓国はウォンの急落に対して，2,621 億ドルの外貨準備を約 600 億ドルばかり取り崩して防戦するとともに，アジアでは日本と中国との通貨スワップ協定を 300 億ドルに増額し，さらにアメリカとの間で 300 億ドルの通貨スワップ協定を締結することで，ようやく市場の沈静化に成功した。CMI を実際に発動することはなかったことにより，その有効性を疑問視する声も聞かれたが，その存在自体が市場で心理的安定効果を持ったかもしれない。アジアの地域的セーフティー・ネット作りの意義は再認識されたことは間違いないが，規模や発動メカニズムにおいて，その有効性が問われたことも事実である。それを受けて，すでに 2009 年 5 月のバ

---

[13]　今回の世界金融危機後の短期的現象としての国際流動性不足，アジアにおける CMI 強化の必要性については，小川 (2009) でも取り上げている。

リでのASEAN＋3財務大臣会議において，CMIは一本の契約によって規定されるマルチ化とともに，1,200億ドルへの規模の拡大，各国の貢献額・借入可能額の決定，専門家からなるアドバイザーパネルの設置で合意をみたが，さらに独自のサーベイランスを強化し，IMFプログラムとのリンクを低下させるなど，発動の機動性を高める必要性があると思われる。

5–2 超長期的視点に立った「ドルからの脱却」への始動を

第2に，最も強調したいことではあるが，今回の世界金融危機はアジアに対して「過剰なドル依存の解消」にとどまらず，超長期的には「ドルからの脱却」，すなわちアジア独自の通貨圏構築を視野に入れた地域協力をスタートさせるべきであることを示唆しているという点である。

アメリカは，1990年代に入るとニューエコノミー論が台頭し，IT革命によって変革をとげ，再び超大国へと復活をとげたといわれた。しかし，やや極論になるが，投資拡大による生産性向上，国際競争力強化による繁栄というよりは，海外からの資本流入と過剰消費に支えられた虚構とさえいえるかもしれない。2000年代に入って，景気後退をきたしただけでなく，経常収支の赤字は拡大を続け，対外純債務残高は3.5兆ドルに迫っている。もはや，アメリカは「製造大国」でも「貿易立国」でもなく，実物経済である財・サービスの世界での衰退は明白である。敢えていうならば，実物経済面では「消費大国」としての存在感は多大でも，生産面，もの作り国家としての衰退は否めない。

にもかかわらず，超大国として基軸通貨・ドルの威信をかろうじて保持しえたのは，基軸通貨の持つ慣性の効果もあって，「金融大国」あるいは「金融帝国」と称される金融面での絶大なる強さに，一因があったと推察される。その金融の世界での強さの源泉は，ドルが基軸通貨であるが故に，圧倒的に受領性が高く，巨額な経常収支の赤字という形で，過剰な国際流動性・ドルを世界中に散布するだけでなく，その国際的な資金循環を仲介するという優位性を持っていること，その際に，最先端の金融技術・商品，強固と思われた金融システムを有していたことにあったといえよう。まさに，その金融面でのアメリカの

優位性が絶対的なものでなかったことを露呈したのが今回の世界金融危機に他ならず，アメリカ経済，ひいては基軸通貨・ドルへの信認は低下せざるをえない[14]。

盛んになされているグローバル・インバランスにおけるアメリカの経常収支赤字のサスティナビリティの議論からいえば，次のように考えられる。アメリカは，基軸通貨国であるが故に，「債務決済」によって，輸入等が輸出等を上回る分は自動的に非居住者のアメリカの銀行への当座預金増，すなわち純資本流入となる。これが，これまでドル以外の金融資産に転換されることなく，ほとんどが各種のドル建て金融資産として，アメリカにとどまってきたが故に，サスティナビリティが保持されてきた。その背景には，

(1) ドルに代替する有力な金融資産が乏しかったこと
(2) BW II 論が主張するように，中国を始めとした貿易勘定諸国が輸出主導による成長を目指し，対ドル為替レートの安定のための介入を実施し，それによる外貨準備増を財務省証券などで運用してきたこと
(3) 「金融大国」としてのアメリカへの信頼

等があったと考えられる。

とりわけ，Higgins et al (2005) や通商白書 (2006) で分析されているような理由から，アメリカは基軸通貨・ドルを持って，国際金融市場で強大な地位を保持してきたことが重要である。まず，表1–2 に示されるように，経常収支の赤字累積額が7兆ドルを超えてきているにもかかわらず，対外純債務残高は3.5兆ドル弱にとどまっており，かつ債務国でありながら所得収支(特に，投資収益)は若干の黒字を維持している。つまり，アメリカはまだ「サラ金地獄」には陥っておらず，Gourinchas et al (2005) のいう基軸通貨国の持つ「法外な特権」を生かし，金融面での優位な地位を享受しているといえる。例えば，2008年のデータを見ると，アメリカのGDPのうち，金融は18％を占め，製造業の10％を大

---

[14] アメリカが「製造大国」「貿易大国」だけではなく，「金融大国」「金融帝国」でもなくなったという見方は，孫 (2008) による。彼は，それに基づき「金融リスク管理」の重要性を主張している。

表1-2　アメリカの経常収支赤字累積額と対外純債務残高

(単位：10億ドル)

	経常収支赤字累積額 (1985年以降の累積)	対外純債務残高
2000年	△2,262	△1,331
2005年	△4,983	△1,925
2006年	△5,771	△2,184
2007年	△6,497	△2,139
2008年	△7,203	△3,469

(注)　原資料は Survey of Current Business.
(出所)　坂本正弘「国際システムからみたドル体制の未来」，中大経済研究所報告資料

きく上回っているし，所得収支では，海外からの対米投資への利子等の支払に比べ，アメリカの対外証券投資収益 (2,385億ドル)，銀行・証券ブローカーの利子収益 (1,058億ドル) が大きく，かつサービス収支として，世界に対する金融サービスの手数料収益 (709億ドル) を得ており，まさに世界の銀行，世界的投資家として雄飛してきたといえる[15]。

　アメリカでは経常収支の赤字許容範囲として，GDP比3％といった基準があり，それを越える赤字を修正するためには，過剰消費を抑制し貯蓄率を高めると同時に，相当のドルの下落，とりわけ人民元，円等のアジア各国通貨に対する下落が必要であるとの考えが強い。しかし，為替レートによる調整が現実のものになるか否かは，前述のような金融が肥大化したグローバル金融資本主義の世界では，アセット・アプローチ理論が教えるように，心理的色彩が強く，いかなる市場参加者の「期待」が形成されるかにかかっている。そうした中で，いえることは投資資産通貨としてのユーロの台頭，IMFのSDR債発行，さらには豪州やブラジル等の資源国通貨建て金融資産といった代替的金融資産の増加，アジアの貿易勘定諸国の一部における為替政策の弾力化といった動きに加え，今回の世界金融危機によって，まさしく「金融大国」とさえ呼ばれたアメリカ

---

15) グローバル・インバランス問題については，田中 (2008) に簡潔にサーベイがなされているので参照されたい。アメリカの国際金融面での強さについては，Higgins et al (2005)，通商白書 (2006)，Gourinchas et al (2005) を参照。

の金融システムが磐石でないこと，先端的金融技術・商品といえども万能でないことが露呈し，アメリカ経済，ひいては基軸通貨・ドルへの信認が低下を余儀なくされたことは否定できない。したがって，ドル暴落，あるいはそれがなくとも，絶えずドル不安による通貨・金融危機の頻発，さらには趨勢としての基軸通貨・ドルの後退という事態は避けられないのではなかろうか。

　世界の指導者の間でも，世界金融危機の中でドル基軸通貨体制の維持を表明したのは，日本の麻生首相（当時），ドイツのメルケル首相等に過ぎず，フランス，ロシア，中国，ブラジルなどの指導者の間で，懐疑的見解が聞かれるようになっており，複数基軸通貨体制等への移行を示唆する見解が表面化している。もし，アメリカが今日のグローバル・インバランス問題や過剰国際流動性問題の背景，今回の世界金融危機の原因を十分に認識し，それを教訓に貯蓄の奨励による過剰消費体質の解消，財・サービス部門での投資活動の活発化と競争力の強化，金融システムの健全化・強化に務め，アメリカ経済やドルに対する信認を回復しない限り，この萌芽は世界的潮流になる可能性が高いといわざるをえない。となると，ドル暴落ケースも含めた基軸通貨ドルの後退や混乱に対して，アジア地域としても，ヨーロッパに倣って「ドルからの脱却」へ向けた対応を開始すべきである。

　ただし，いきなり1979年にヨーロッパで形成された欧州通貨制度（EMS）のような固定的な通貨システムを構築するということではない。アジア各国の通貨当局者，さらには研究者の間にも，「ドルからの脱却」，「独自の通貨圏の構築」＝「固定的な通貨制度」と誤解をし，アジアでの為替政策・制度の協調に対し，「時期尚早論」を唱えるものが多い。それは，アジアが経済発展段階に大きな格差があり，経済構造・貿易構造に相違があること，また景気循環のズレも発生しうるといったように，いわゆる最適通貨圏の条件を十分充足していない中で，各国通貨の固定的安定性を求めるシステムは構築不可能であるというものであり，その限りでは妥当な判断であると思われる。しかし，ここで主張しているのは，ただちに最適通貨圏の条件の充足が不可欠な固定的通貨システムの導入ということではない。前述のように，まったく無秩序ともいうべき現状

を変革し，合理的変動を伴うという意味で，安定的・調和的な為替政策・制度の構築に着手すべきということである。

　すなわち，アジアの通貨システムの改革に関する日本の主要論者の主張は，おおまかに区分すれば「2段階改革論」ともいうべきものであるが，まずはヨーロッパのEMSのような固定的な通貨システムの前段として，第1段階へと踏み出そうというものである。具体的には，本書の第3章で詳述されているように，アジア通貨単位（AMU）を中心とした乖離指数をサーベイランスに用いて，各国間の合理的・調和的調整を図ることが，その1つである。著者自身は，早くからWilliamson（1999）の提案が，アジアにとって最適であると主張してきた。すなわち，図1-3のように，日本を除くアジア各国がG3共通通貨バスケット制を採用し，いわゆるBBCルールによって運用することである。これにより，対外的安定（G3通貨に対する実効為替レートの安定）が確保されると同時に，域内的には各国間の景気のズレ等に応じたバンド内の変動，経済成長率格差や国際競争力の変化を反映した中心レートの変更（クローリング）によって，合理性を

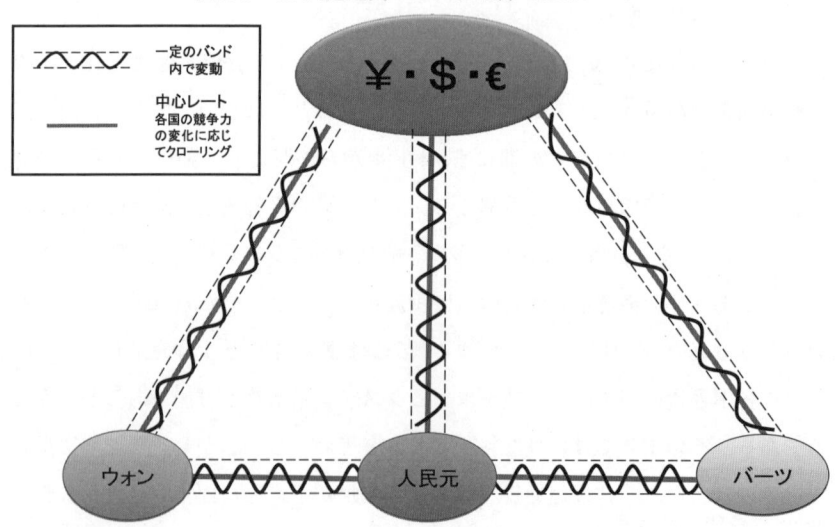

図1-3　G3共通通貨バスケット制：BBCルール

（出所）著者作成。

持った弾力的な調整を行えるからである。むしろ，今後アジアで最適通貨圏の条件，とりわけ McKinnon (1963) が主張する貿易面における経済の開放度を充足するために，アジア各国間で合理的・調和的分業関係を深化させうるように通貨面でも，合理的・調和的な通貨システムを構築するための協力をしようというものである。この段階では，アジア各国通貨の為替レートが弾力性・伸縮性を持ったシステムを想定しているが，その動きは現在のようにまったくのアトランダムではなく，一定の合理性・調和性を持つという意味で，「安定的通貨システム」と表現していることが，「安定＝固定」と誤解されているようである[16]。

我々としては，こうした誤解に基づく「時期尚早論」を解消して，まず第1歩として ASEAN＋3 の「経済サーベイランス」のテーブルに，アジアの為替政策・制度の改革問題を載せ，具体的改革案を検討することが重要であることを強調したい。さもないと，アジアは沈み行くドルの混乱に翻弄され続けざるをえないし，アジア地域全体での適切な分業関係を形成できず，域内でのインバランス問題さえもたらしかねない。超長期的な独自通貨圏の形成に向けて，今から取り組みを始めることこそが肝要であることを忘れてはならない。

5–3 実物経済面でもアメリカへの過剰依存の危険性を認識

第3は，必ずしも直接的にはアジアの通貨・金融協力への教訓ではないが，実物経済面において，アジア各国がアメリカ経済，とりわけその過剰消費に依存して輸出を拡大することには限界があるという認識を共有したことである。そのことは，アジアの通貨・金融協力において，前記のアジアの為替政策・制度の改革を進展させるうえで，重要な関わりを持つため，敢えて指摘しておきたい。

どこかでの通貨・金融危機の発生は，心理的要因によって国内的に増幅され，さらに世界的にも拡散される危険性があるが，今回アジアでは金融機関のサブ

---

16) 日本の研究者による段階的通貨システム改革論については，例えば伊藤・小川・清水 (2007)，Ogawa and Shimizu (2008)，中條 (2004, 2008a)，村瀬 (2004, 2007) 等を参照。BBC ルールに則った共通通貨バスケット制の導入については，Williamson (1999)，マッキノンの最適通貨圏の条件については，McKinnon (1963) を参照。

プライム関連損失は微々たるものであったが，震源地アメリカを凌駕する株価暴落に見舞われ，ショックの第1波を受けたうえ，実際にアメリカの過剰消費に大きく依存していた輸出激減により，いわゆるデカップリングができず，深刻な不況を余儀なくされた。こうした事態を軽減あるいは回避するためには，実物経済面でも，貿易構造の転換を図るべきことを再認識しなければならないといえる[17]。

　アメリカでサブプライム・ローン問題が表面化し始めた頃からリーマン・ショックが発生し，金融機関の損失や景気後退が懸念される中で，株価の世界同時下落が起こったが，注目すべきことは震源地アメリカの株価下落以上に，ロシア，ブラジルなどの資源国およびアジア各国の株価が下落したことである。アジアの株価の暴落は，アジア各国が実物面でアメリカへの輸出に大きく依存していることから，「アメリカがくしゃみをすれば，アジアは肺炎になる」的連想から過剰反応をしたものと推察される。それだけで，金融機関のサブプライム関連損失が軽微であったアジアでも，国内消費に対してマイナスの資産効果が生じたことは否定できない。そして，実際に対欧米向け輸出の激減，あるいは投資収益の減少（特に，日本）が発生し，世界同時不況へと巻き込まれていったといえる。

　したがって，アジアとしては，株価の暴落のような金融面での過剰な心理的反応を引き起こさないためにも，さらに異常ともいえるアメリカの過剰消費への依存を軽減し，アジアのもつ実物経済面でのダイナミズムを域内で生かしていくためにも，貿易構造の転換が不可欠である。アメリカは貯蓄率が0％に近いだけではなく，家計部門の消費者ローン残高は，2006年末（1.2兆ドル）でGDP

---

[17] 木下（2008下）は，金融資本主義の仕組みと問題を信用デリバティブに焦点を当てて明快に分析しているが，金融経済の破綻と過剰生産に基づく実物経済の不況とは区別すべきであり，デカップリングが可能とみていた。著者も2007年夏にサブプライム・ローン問題が表面化し始めた段階では，アメリカのローンの中でのウエイトは小さく，影響力は限定的と発言してきた。しかし，現在では本章で分析したように，アメリカの金融システムの欠陥と金融における心理的動揺の波及力が，いかに大きかったかを実感している。

図 1-4 アジア経済圏の自立に向けて〈三角貿易構造から自己完結的貿易構造へ〉

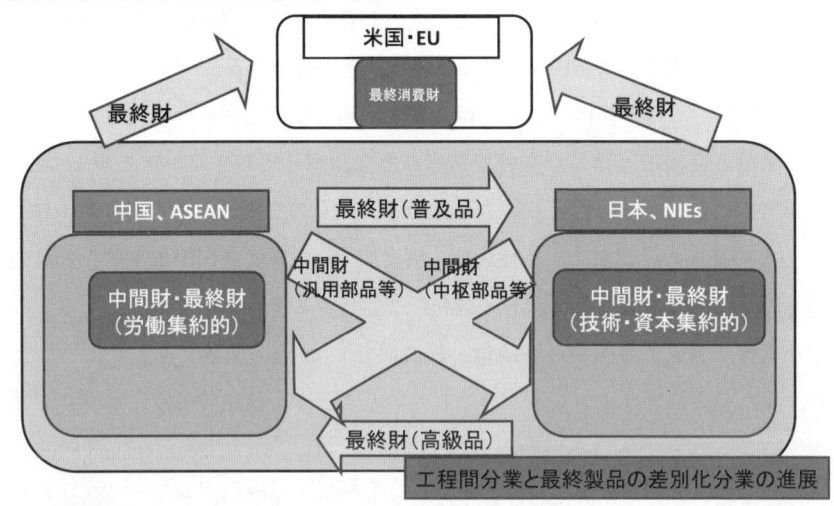

[ドルの呪縛からの解放・アジアの自立]

米国・EU
最終消費財

最終財 ← / → 最終財

中国、ASEAN
中間財・最終財（労働集約的）

最終財（普及品）→
中間財（汎用部品等）
中間財（中枢部品等）
← 最終財（高級品）

日本、NIEs
中間財・最終財（技術・資本集約的）

工程間分業と最終製品の差別化分業の進展

（出所）著者作成。

の約 17％，可処分所得の約 20％ にものぼる借金漬け状態にある。この過剰消費経済がアジアを中心に対米輸出を可能にし，世界の景気拡大を牽引してきた反面，グローバル・インバランス問題をもたらしているといえる。Stiglitz（2006）は，世界一の富裕国であるアメリカは自分の稼ぎの範囲内で生活できず，貧困諸国から借金を重ねており，この浪費が世界への奉仕活動となってきたが，その持続は疑問であるとして，「ドル本位の準備通貨制度」の転換を提言した[18]。まさに，今回の世界金融危機は，この持続が恒久的には不可能であることを認識させたともいえ，アジアはアメリカの過剰消費経済への過度な依存を解消すべく，貿易構造の転換を図らなければならない。

具体的には，現在は日本や NIEs で生産された付加価値の高い中間財を中国や ASEAN に輸出し，そこで最終財に組み立て，多くを欧米に輸出するという，いわゆる工程間分業を基本とする「三角貿易」構造であるが，それを図 1-4 の

---

18) Stiglitz（2006），Chapter 9 参照。

ような「自己完結的貿易」構造とも呼ぶべきものに変えていかなければならない。すなわち、中間財、最終財のいかんを問わず、アジア各国間で水平的な分業関係を構築し、域内で相互に市場を提供し合い、域内貿易のウエイトを拡大することが重要であり、FTA、EPAによる推進が望まれる。

と同時に、この貿易構造の転換は、前記の超長期の通貨統合へ向けたプロセスの始動と密接に連動したものであることを強調しておきたい。まず1つは、アジアで「自己完結的貿易」構造ともいうべきものを構築するためには、FTAやEPAの推進のみでなく、為替政策・制度面で、アジア各国が水平的な分業関係を円滑に築けるような合理的・調和的な通貨システムが不可欠といえる。なぜならば、アジア各国が為替政策・制度面で、「協調の失敗」をしたことにより、新たなミスアライメントが発生していることが、前述のように本プロジェクトのメンバーである小川教授らにより主張され、かつ Hayakawa and Kimura (2008) において、アジアにおける生産ネットワークの構築にとって、為替レートの変動が大きな障害になっていることが明らかにされているからである[19]。

逆に、アジアで水平分業が進展し、欧米市場を主要輸出市場としない「自己完結的貿易」構造が構築されるならば、2つの意味で、「ドルからの脱却」に向けた為替政策・制度の改革を進展させうることになる。1つは、アジアの貿易取引における現地通貨建て取引の拡大である。周知のように、現在は最終財の需要をアメリカ市場に大きく依存した「三角貿易」構造故に、中間財主体のアジア各国間貿易もドル建てが選好されている。しかし、最終財・中間財ともにアジアでの水平貿易が主体になれば、その足枷がはずれ、域内貿易はアジア各国通貨建てに転換され、過剰なドル依存の軽減につながると期待される。もう1つは、アジア各国間の経済依存関係が深化し、経済の一体性、同質性が増してくることによって、アジアが最適通貨圏の条件をより充足するということである。となれば、いよいよアジアでもヨーロッパの EMS に倣って、「固定的」という意味で安定的なアジア通貨制度（AMS）を導入し、為替政策・制度改革の

---

19) 注5で紹介した文献と Hayakawa and Kimura (2008) を参照。

第2段階へと移行することが可能になる。

　以上のような両側面を勘案するならば，実体経済面と通貨面の協力は，車の両輪としてともに推進しなければならないことを強調したい。まさしく我々のプロジェクトは，「アジア共同体」構想のような経済統合に向けた両面の課題を明確にすることにあるが，本章では，特にアジアでの実物経済関係の緊密化，とりわけ貿易構造の深化のためには，まずは前述のような為替政策・制度改革の第1段階，すなわち経済力の変化に応じた合理的，調和的調整が可能な通貨システム構築に向けた協力が不可欠であり，決して通貨面での協力が時期尚早ではないことを再度記しておきたい。

5-4　アジアの金融システムの改革と強化の必要性

　アメリカ発のグローバル金融資本主義の暴走によって，アジアは金融面において，アメリカ型とは異なる独自の強固な金融システムの構築が必要であることを再認識させられたといえる。アジア通貨危機後，各国は個別に金融システムの綻びを修復するとともに，そのダブル・ミスマッチを解消すべく，金融システムの構造改革に取り組んできた。その際にも，情報の非対称性という問題を抱えるアジアは，これまでの圧倒的な銀行主体の間接金融構造と社債や株式といった証券市場が十分発達したアメリカのような金融市場の「中間的金融市場」を目指すべきとの主張が吉冨 (2003) でなされたし，山上 (2008) においても，地場銀行の貸出資産をクロス・ボーダー担保資産証券化するなど，銀行融資市場と債券市場の融合を図ることが主張されてきた。著者も，アジア債券市場育成においては，現時点ではアジアの金融市場で絶対的力を持つ商業銀行の協力や取り込み無くしては不可能との見解を表明してきたが，要するにアジアの金融システム改革はアジアの特質を勘案したものでなければならず，アメリカ型の模倣であってはならないということに他ならない[20]。

　今回の世界金融危機の中で，アジアは債券市場の発達およびクロス・ボーダー

---

20)　吉冨 (2003)，山上 (2008)，中條 (2008b) さらには犬飼 (2007) も参照。

化が未だ十分でなかったことが，皮肉にもアメリカの高リスク金融商品の破綻による直接的損失を最小限にとどめえた。しかし，最先端の金融技術・商品を抱えるアメリカ型金融システムが必ずしも磐石ではなく，一定の規制・監督体制が備わっていないと，暴走による危機をもたらしうることを目の当たりにし，改めてアジア独自の改革の重要性を認識した。この経験を踏まえるならば，今後のアジアの金融システムの改革，強化に当たっては，次の視点に立った推進が望まれる。

（1）世界的にみて金融が肥大化し，かつ国際間の資本移動が自由化しつつある中で，市場メカニズムが万能でないとなると，アメリカのような市場原理主義を重視した金融システムが適切でないことは既述の通りであり，アジアでも一定の規制・監督体制の枠の中で，効率的であるとともに，健全に機能する金融システムを構築しなければならないことはいうまでもない。

その際の規制・監督のあり方は，アジアの金融市場もグローバルな金融市場の一角を占めることから，一方では国際基準に調和させなければならない部分がある。例えば，自己資本比率規制や適用金融機関等については，国際的統一性がなければ，国際資本の流れに歪みが生じかねないからである。その一方で，欧米とはその発展段階が異なり，上述のように「中間的金融市場」といった独特の構造の構築を目指すとともに，既存の規制を多く持ったアジアでは，アジア独自の規制・監督体制が必要とされる側面もあると考えられる。特に，資本取引の自由化・国際化に関する規制の緩和は，国内金融システムの強化と調和的に推進すべきことが重要であることはいうまでもない。

（2）世界的にみた金融の肥大化だけでなく，特定の国で金融面に大きく依存した国があるが，アジアは金融システムの強化といっても，それは実物経済とのバランスにも配慮したものを目指すべきであることを指摘しておきたい。

確かに，「金融大国」・アメリカが基軸通貨国の「法外な特権」を生かして大きな利益を享受してきたことは事実であるが，それも磐石なものではなく，「砂上の楼閣」と化しかねない危うさを持ったものであった。アメリカに限らず，今回の世界金融危機の中で，過剰に金融に依存したイギリスやアイスランドの

混乱の事例をみれば，なおさらである。この教訓を踏まえ，アジアは金融システムの改革，強化をするとしても，それは「金融大国」化ではなく，もの作りを基本とし，実物経済と金融経済のバランスに配慮した経済発展を図るべく，経済の潤滑油という本来の金融の役割を果たすことを第一義とすべきではなかろうか。そのことは，前述のように，アジアの通貨・金融協力は貿易・投資面での協力と同時並行的に推進すべきであるとの提案と，合い通じるものであることはいうまでもない。

　(3)　アジア通貨危機を契機に，ほとんどのアジアの国々がI-Sバランス上，貯蓄超過国＝経常収支黒字国となっている。このことは，各国が年々対外純資産を生み出していることを意味しており，これが継続すれば，やがて純債権国へと発展しうるといえる。とりわけ，すでに各国の公的部門は年々外貨準備を積み増しており，周知のように世界の外貨準備の6割近くがアジアによって保有されている。それに伴って，アジア各国では外貨建て金融資産の価値保全，リスク管理が重要な課題となりつつあることを忘れてはならない。

　民間部門においては，当然のことながら，対外的な資金調達・運用に関しては，自己責任でのリスク管理が基本であり，リスク分散化のための通貨の多様化傾向が強まっているように思われる。問題は，公的部門の抱える巨額なアジアの外貨準備の運用である。BW IIで貿易勘定諸国とされるアジア各国でも，外貨準備としての保有ドルが巨額化し，かつドルの将来への不安が高まるとともに，その価値保全に無関心ではいられなくなってきている。その対応策として，すでに中国のように中国投資有限責任公司を設立しての運用効率の向上（ただし，リスクは増大）を目指す動きがみられるが，我々のプロジェクトでは早くからメンバーによって，アジアの通貨・金融協力の一環として，外貨準備の共同運用基金設立が提案されている[21]。CMIの延長線上での設立も考案されていた

---

21)　2008年10月の本プロジェクト主催の国際シンポジュームで李暁教授が提唱するとともに，李・丁（2008）でも提案された。日本経済新聞，2010年4月20日付によれば，最近開かれた日中韓賢人会議で，樊綱中国改革基金理事長から「日中韓の外貨準備の一部（5％）を共同運用すること」が提唱されたという。

が、セーフティー・ネットとして緊急の国際流動性を供与することとは目的を異にするため、著者はそれとは別に基金を設立すべきと考えている。例えばその1つとして、EMEAP の ABF の中のアジア各国ドル建てソブリン債を対象とした ABF1 ではなく、現地通貨建てソブリン債を対象とした ABF2 の延長上で、あるいはそれを模範とした新基金として共同運用できるならば、アジアの現地通貨建て債券市場の育成にも資することが可能であり、一石二鳥の効果が期待されるといえる。ただし、具体化にあたっては、参加メンバーをどうするか、現在 ABF2 では対象とされていない日本国債や中国国債を加えるべきか、さらには民間投資資金の受入れや社債の運用対象化をどうするかなどを十分検討しなければならない。

おわりに

アジアの通貨危機も世界金融危機も、グローバル金融資本主義の下での金融の暴走あるいは狂宴と破綻であり、1国での対応が難しいため、アジアでも地域をあげての通貨・金融協力が、不可欠であることに変わりはない。しかし、今回はBWⅡにおいてセンター国と呼ばれている「金融大国」であり基軸通貨国であるアメリカを震源地にしているため、その波及力が絶大であった。さらに、最先端金融技術・商品を有する金融システムといえども、市場原理主義に依拠して、わずかな欠陥を見過ごしたり、適正な規制・監督体制が備えられていない場合、蟻の一穴からシステムの崩壊につながりかねない脆弱性があること、したがって「金融大国」・アメリカとの認識は過大評価であることを知見した。このような世界金融危機は、アジアの地域協力にもやや異なった次のような意義を持っていることが明らかになった。

すなわち、今後も通貨・金融危機によって、短期的には国際流動性の過不足が特定国で生じることは避けられず、予防的措置として短期ドル資金への過剰依存を軽減することと、地域的セーフティー・ネットを強化するという地域金融システムの強化のための協力を、一層推進すべきことはいうまでもない。

さらに、「金融大国」・アメリカの脆さを認識し、一段とドルの信認低下が鮮

明になる中で，「ドルへの過剰依存の解消」から超長期的視点に立っての「ドルからの脱却」を目指した第1歩を踏み出すべきことこそ，今回の危機の最大の教訓であろう。各国の利害が絡んでいるため，アジアの通貨・金融協力で，これまでまったく進展のなかった為替政策・制度に関する協力を，今こそ開始すべきである。特に，紙幅の制約でまったく触れなかったが，この問題に関しては，日本は今リーダーシップを発揮しなければ，共通通貨でなくアジア域内に非対称な人民元圏の創出を許すことになり，極東の小国への転落の危険性があることを示唆しておきたい。この点での日中韓の研究者の対話を深化させることが，今後の大きな研究課題である。

逆に，実物経済の強靭性こそ，心理的要因に左右されうる金融面の混乱を緩和する基本であり，アジアは貿易構造を「自己完結的貿易」構造ともいうべき形で，域内依存の深化を図る必要性が認識された。このことは，通貨・金融協力の究極のゴールである通貨統合のための重要条件，すなわち最適通貨圏の条件の充足にもつながるため，アジアは通貨・金融協力と実物経済面での協力を並行して推進すべきである。

最後に，金融の肥大化と市場原理主義重視の運営，それに過大に依存した経済がいかに脆弱であるかが露呈されたことを教訓に，アジアはアメリカ型の単なる模倣ではなく，アジアの実情を踏まえた金融システムを構築すべきである。そこでは，もの作りをベースとしたバランスの取れた金融システム，効率化・高度化に見合う安全弁として適切な規制・監督体制を有する金融システムの構築，さらには巨額化する外貨建金融資産のリスク管理面での地域協力を目指すべきであるということであった。

参考文献

伊藤隆俊，小川英治，清水順子（2007）『東アジア通貨バスケットの経済分析』東洋経済新報社．

犬飼重仁編著（2007）『アジア域内国際債市場創設構想―アジアボンド市場へのロードマップ』レクシスネクシス・ジャパン．

岩田規久男（2009）『金融危機の経済学』東洋経済新報社．

小田尚也（2000）「為替投機の理論とアジア通貨危機」国宗浩三編『アジア通貨危機』アジア経済研究所，No.501．

小川英治（2009）「世界金融危機の中の東アジアの地域通貨協力」，中央大学経済研究所学術研究振興資金プロジェクトの国際シンポジュウム「世界金融危機と東アジアの経済・金融協力」（5 月 30 日）における報告．

上川孝夫（2010）「世界金融危機の構図とアジアの将来」上川孝夫・李曉編『世界金融危機　日中の対話』春風社．

木下悦二（2008）「21 世紀初頭における「金融資本主義」とその挫折（上，下）」『世界経済評論』世界経済研究協会，9 月号，10 月号．

国宗浩三（2006）「通貨危機の理論──マクロ経済学の潮流との関係を中心として──」梅崎創編『調査研究報告書　発展途上国のマクロ経済分析序説』アジア経済研究所．

経済産業省（2006）『通商白書　2006』ぎょうせい．

項衛星，劉曉鑫（2009）「ドル本位制と東アジア域内金融協力」『国際金融』，1203 号．

小林正宏，安田裕美子（2008）『サブプライム問題とアメリカの住宅金融市場』住宅新報社．

孫立堅（2008）「アジアにおける金融協力とリスク管理」，中央大学125 周年記念上海国際シンポジュウム「東アジアの経済連携と金融通貨協力」（11 月 8 日）における報告．

田中素香（2008）「グローバル・インバランス」田中素香・岩田健治編『現代国際金融』有斐閣，第 12 章．

徳永潤二（2009）「世界金融危機の原因は 40 年前に作られた？」『週刊東洋経済』，2 月 14 日号．

中條誠一（2002），「アジア通貨危機と通貨・金融協力」青木健・馬田啓一編著『日本の通商政策入門』東洋経済新報社．

─── （2004）「アジアの経済統合に不可欠な通貨システムの改革」（前編・後編）『貿易と関税』日本関税協会，4 月号，5 月号．

─── （2008a）「アジアにおける通貨システム改革の道筋」『経済学論纂』第 48 巻 1-2 合併号．

─── （2008b）「東アジアの通貨・金融協力の現状と展望」馬田啓一・木村福成編著『検証・東アジアの地域主義と日本』文眞堂．

─── （2010）「世界金融危機の原因とその対応」『経済学論纂』，第 50 巻第 3・4 合併号．

原田泰，大和総研（2009）『世界経済同時危機』日本経済新聞出版社．

藤井眞理子（2009）『金融革新と市場危機』日本経済新聞社．

みずほ総合研究所編（2008），『サブプライム金融危機』日本経済新聞出版社．

村瀬哲司（2004）「東アジアの地域通貨圏，二段階で形成を」浦田秀二郎・日本経済研究センター編『アジア FTA の時代』日本経済新聞社．

─── （2007）『東アジアの通貨・金融協力』勁草書房．

矢野順治（2008）「通貨危機」藤田誠一・小川英治編『国際金融理論』有斐閣．

山上秀文（2008）『東アジアの新しい金融・資本市場の構築』日本評論社．

吉冨勝（2003）『アジア経済の真実』東洋経済新報社．

李曉，丁一兵（2008）「グローバル金融不安の下における東アジア金融協力：政策選択及び提言」，*Economic and Monetary Cooperation in East Asia: Possibility of*

Convergence of the Cooperation Concepts among the Three Countries—China, Japan, Korea—, Institute of Economic Research, Chuo University.

BIS (2008), *Credit risk transfer? Developments from 2005 to 2007.*

Chang, R. and A. Velasco (2000), "Financial Crises in Emerging Markets: a Canonical Model," *Journal of Economic Theory*, Vol. 90, No. 2.

Dooley, M., D. Folkerts-Landau and P. Garber (2003), "An Essay on the Revived Bretton Woods System," *NBER Working Paper* 9971.

Gorton, G. (2008), "The Panic of 2007", FRB of Kansas City's Annual Economic Symposium, August.

Gourinchas, Pierre-Olivies and H. Rey (2005), "From World Banker to World Venture Capitalist: US External Adjustment and the Exorbitant Privilege," *NBER Working Paper* 11563.

Hayakawa, K., F. Kimura (2008), "The Effect of Exchange Rate Volatility on International Trade in East Asia," *ERIA Discussion Paper Series*, ERIA-DP-2008-03.

Higgins, M., T. Klitgaard and C. Tille (2005), "The Income Implications of Rising U.S. International Liabilities," FRBNY, *Current Issue in Economic and Finance*, Dec.

IMF (2008a), *Global Financial Stability Report; Containing Systemic Risk and Reporting Financial Soundness*, April.

――― (2008b), *Global Financial Stability Report: Financial Stress and Deleveraging, Macro-Financial Implication and Policy*, October.

――― (2009), *Global Financial Stability Report: Responding to the Financial Crisis and Measuring Systemic Risks*, April.

Kaminsky, G. L. and C. M. Reinhart (2001), "The Center and the Periphery: The Globalization of Financial Turmoil," *NEER Working Paper*, No. 9479, Nov.

Krugman, P. (1979), "A Model of Balance of Payment Crices," *Journal of Money, Credit and Banking*, Vol. 11, No. 3.

London Summit (2009), "London Summit: Leaders' Statement", "Declaration on Delivering Resources through the International Financial Institution", "Declaration on Strengthening the Financial System", 2 April.

McKinnon, R. I. (1963), "Optimum Currency Areas", *American Economic Review*, Vol. 53, No. 4.

Obstefeld, M. (1994), "The Logic of Currency Crises" *NBER Working Paper*, No. 4640.

Ogawa, E. (2004), "Regional Monetary Cooperation in Asia against Asymmetric Responses to US Dollar Depreciation", *The Journal of The Korean Economy*, Vol. 5, No. 2.

Ogawa, E. and J. Shimizu (2005), "A Deviation Measurement for Coordinated Exchange Rate Policies in East Asia," *RIETI Discussion Paper Series*, 05-E-017.

――― (2008), "A role of the Japanese yen in a multi-step process toward a common currency in east Asia," *Fukino DP Series*, 3.

Ohno, K. (1999), "Exchange Management in Developing Asia: Reassessment of the Precrisis Soft Dollar Zone," *ADB Institute Working Paper*, No. 1, January.

Stiglitz, J. E. (2006), *Making Globalization Work*, W. W. Norton & Company, Inc. (船井浩一訳 (2006), 『世界に格差をバラ撒いたグローバリズムを正す』徳間書店).

Wolf, M. (2007), "The New Capitalism", Financial Times, June 19.

Williamson, J. (1999), "The Case for a Common Basket Peg for East Asian Currencies," Stefan Collignon, Jean Pisani-Ferry and Yung Chul Park (eds.), *Exchange Rate Policies in Emerging Asian Countries*, Routledge, Chapter 19.

第 2 章

アジアの通貨・金融協力の現状と課題

は じ め に

　アジア危機の反省から，ASEAN 10 カ国と日本，中国，韓国は，東アジアの経済安定と繁栄には域内協力が不可欠であるとの自覚に立って，ASEAN＋3 プロセスを創設した。10 余年を経て ASEAN＋3 は，貿易・投資の実体経済から通貨・金融，さらに環境・エネルギーの分野にいたるまで，東アジアにおける話合いと協力の中心的な場として確立した。さらに将来的に東アジア共同体構想の実現を目指すに当たっては，ASEAN を推進力として同プロセスが主要な担い手となる[1]。

　東アジアでの経済統合の進捗については，ヨーロッパの前例とは異なり，これまで通貨・金融協力が実体経済の統合に先行していると指摘されている[2]。ASEAN＋3 枠内の政府間協力，あるいは形式的な側面に限定すればその通りか

---

[1] 2005 年 12 月クアラルンプール宣言。09 年 10 月日中韓首脳会議の共同声明で「長期的目標として東アジア共同体の発展及び地域協力に引き続きコミット」する旨確認された。

[2] 「今のところは少なくとも金融協調が先行している」（日本金融学会編（2008）24 ページ）。ディーターは，東アジアを念頭に金融統合が財・サービス市場の統合に先行する利点について論じている（Dieter（2007）page 126）。

もしれない。しかし，市場先導による経済統合の現状，ならびに2010年代にはASEAN＋1など自由貿易・経済連携協定網が東アジアをカバーすることに鑑みると，むしろ通貨の安定という意味での域内協力は実体経済の動きに遅れをとるのではないかと危惧される。

　現在までの通貨・金融協力は，チェンマイ・イニシャティブに代表される危機管理に限定されている。かつて東アジア・スタディ・グループが提言した為替相場の安定に関して，政府レベルでは全く議論されておらず，テーマそのものがタブー視されている感すらある。しかし，2008年秋からの世界金融危機・同時不況の進展は，域内協力の緊急性を訴えている。09年からの人民元の国際化の動きは，為替安定メカニズムに関する議論を開始するきっかけとなる可能性がある。

　本章では主にASEAN＋3プロセスの通貨・金融協力を中心に検討し，その他の枠組みは必要に応じて触れるにとどめる。第1節は，通貨・金融協力の現状を概観する。第2節は，これまでの10年間の実績と，今後10年間の展望を比較し，通貨協力を進める上での問題点を指摘する。第3節は，通貨協力における制約要因を検討し，あわせて日本と中国の立場を分析する。第4節で人民元国際化の動きと地域協力について述べる。第5節で今後のあり方をまとめる。

1. 通貨・金融協力の現状

1-1 APEC

(1) 人材・教育訓練中心の金融協力

　アジア・太平洋地域を対象とする枠組みとして，APECは2009年に設立20周年を迎えたが，これまで貿易・投資分野では，ボゴール目標達成，あるいはポスト・ボゴール目標（アジア太平洋自由貿易圏（FTAAP））実現のための取組みなど活発に議論されてきた。他方，通貨・金融の分野におけるAPECの活動は見えにくい，というのが率直な印象だろう。

　2007年シドニーで開催されたAPEC首脳会議は，豪州が取りまとめた「地域経済統合の強化」（長期的展望としてのアジア太平洋の自由貿易圏を含む，地域経済統

合に関する報告書）を採択した。報告書は，地域経済統合強化のための枠組みは4つの鍵となる要素で構成されるとして，（イ）財およびサービス貿易の自由化と投資の流れの促進，（ロ）国内措置の改革とビジネス環境，（ハ）地域金融市場の強化および深化，および（二）運輸・情報通信など具体的分野のイニシャティブを列挙している。このうち（ハ）に関しては，以下の行動を実施することに合意した。

- 多様でより深化した資本市場を確保するためのオプションの探求。
- 個々の加盟国経済の状況に応じた形の人材育成と情報共有を通じた，金融市場の深化と発展に障害をもたらす国内の構造的政策やシステムの是正。
- 金融システムおよび資本市場の発展における更なる協力のためのオプションの検討，およびAPECエコノミーの金融機関に国際的基準を達成させるためのイニシャティブを含む，適切な人材育成および情報共有イニシャティブの特定。

（http://www.mofa.go.jp/mofaj/gaiko/apec/2007/kt_hokoku.html）

このように，APECでの通貨・金融分野の取組み対象は極めて限定されており，かつ人材の教育・訓練（キャパシティ・ビルディング）に的を絞っている感がある。背景の1つは，域内での金融・資本市場の大きな格差である。また，APECが通貨協力に踏み込まない根本的な理由は，基軸通貨国たる米国の存在にある。地域通貨協力は，米ドル中心の世界通貨秩序と利害が必ずしも一致しないからである。実際，通貨問題（通貨危機・為替の安定など）はAPECでほとんど議論されておらず，APEC財務大臣プロセス[3]は主に金融・資本市場関連の問題を議論の対象としている。

財務大臣プロセスは戦略的目標として以下の7項目を掲げている（http://www.apec.org）。

- APEC地域における公平で，持続的かつ広い基盤に基づく開発

---

3) 1993年第1回APEC首脳会議で創設が合意され，94年の第1回会合から毎年一回開催されている。APECの枠組みの中でも財務大臣プロセスは「我が道をいく」といわれており，首脳会議や他の閣僚会合との連携強化が課題となっている。

表 2-1　APEC 財務大臣プロセス　政策イニシャティブ

	政策イニシャティブ	スポンサー
1.	より自由で安定した資本の流れを支援する自主的行動計画（1997年 APEC 財務大臣会議で合意，2000年開始）	NZ，チリ，ロシア，シンガポール
2.	APEC 金融開発プログラム（2002年開始のキャパシティ・ビルディング（以下 CB）作業部会）	中国（AFDC），世界銀行
3.	損害保険監督業務訓練（2006年開始の CB 訓練コース）	豪州，米国
4.	APEC 将来の経済指導者シンク・タンク（2001年開始）	豪州
5.	APEC 金融監督官訓練イニシャティブ（各国の訓練プログラム強化と中・下級銀行証券監督官のための域内プログラム開発のため2000年開始）	米国，アジア開銀
6.	APEC 金融機関の中小企業業務対応（年次会合を2004年開始）	香港（2007年）
7.	破産制度改革（破産制度に関する意見交換と域内モニター網構築のため2005年開始）	豪州
8.	金融部門の改革（2005年に開始され，これまで作業部会を3回開催。今後「政策の経験と選択カタログ」を作成予定）	豪州，インドネシア，中国，日本，ベトナム
9.	財政運営（2005年に開始され，これまで作業部会を2回開催。今後官民パートナーシップと財政リスクに関する作業部会を開催予定）	豪州，ベトナム，インドネシア
10.	高齢化問題への APEC 政策対応（高齢化問題の経済発展，財政政策，金融市場の発展への影響について議論すべく2007年開始）	韓国，中国，米国
11.	債券市場の発展に関する APEC 官民対話（社債発行の環境整備のための政策・規制および CB に関するフォーラム。2007年開始）	ABAC，豪州
12.	財政スペース―政府支出の見直し，評価と優先順位（政府支出の効率改善などに関するセミナーと作業部会。2007年開始）	豪州，インドネシア，ロシア
13.	APEC 地域の資本市場強化（資本市場発展のための技術支援 CB イニシャティブ。2007年開始）	米国，NZ

（注）AFDC: Asia-Pacific Finance and Development Center，亜太財経与発展中心，ABAC: APEC Business Advisory Council，APEC ビジネス諮問委員会。
（出所）APEC ホームページ。

・APEC 地域におけるマクロ経済の安定
・健全な公的財政運営
・良好な企業統治
・安定した効率的な資本市場
・APEC エコノミー間の一層の経済協力，統合および開放
・域内の経済および技術協力の促進

具体的な活動としては，13 項目の政策イニシャティブが継続的に実施されている（表2–1 参照）。政策イニシャティブは，主に域内の開発途上国・地域の金融部門，資本市場や財政運営の高度化，効率化を目的とする教育・訓練コースである。これらは地道な活動であるが，別途 ASEAN＋3 の枠組みで進められているアジア債券市場育成イニシャティブやチェンマイ・イニシャティブなどの動きを，直接，間接に補完するものとして有意義である。

(2) APEC 地域の金融・資本市場

アジア・太平洋地域には，世界の主要国際金融センターのうちロンドンと欧州大陸を除き，最も活発に国際金融取引が行われる都市がすべて所在している。すなわち，ニューヨーク，東京，香港，シンガポールである。同時に，金融・資本市場としてハード・ソフトのインフラ面など世界の平均水準を大きく下回る国々も多くみられる。

表 2–2 は，スイスの世界経済フォーラムによる金融・資本市場の成熟度を示すランキング（世界131カ国・地域対象）である。香港（1 位），シンガポール（3 位）など世界の平均値を大きく超える APEC 加盟国経済（背景白地）と，ロシア（109 位），中国（118 位）など平均を下回り（背景黒字）最下位に近い国が併存している。個別項目ごとのランキングについては，例えば「株式市場での資金調達」でインドネシアが米国を凌ぐなど，頭を傾げるような点も少なくないが，域内の金融・資本市場の規模や発展段階の多様性を知る上で参考になるだろう。

1–2　ASEAN：アセアン経済共同体と通貨・金融協力

2003 年 10 月第二 ASEAN 共和宣言（第二バリ宣言）は，20 年までに AEC を含

表 2-2 主要 APEC 加盟国・地域の金融・資本市場成熟度ランキング

	金融・資本市場の成熟度	国際比較での市場成熟度	株式市場での資金調達	借入へのアクセス	ベンチャー資本の存在	対外資本取引規制	投資家保護の強さ	銀行の健全性	証券取引所の規制	法的規制の整備度
豪州	7	8	6	13	13	50	35	9	2	3
カナダ	13	6	27	32	20	38	5	2	25	17
チリ	26	27	7	33	34	40	19	21	7	69
中国	118	91	82	100	71	114	65	128	111	118
香港	1	3	3	14	11	3	3	15	3	1
インドネシア	50	83	2	42	35	32	45	118	27	47
日本	36	34	8	53	37	58	12	84	38	27
韓国	27	32	28	28	17	35	45	69	11	27
マレーシア	19	30	19	20	18	71	4	43	33	8
メキシコ	67	49	68	88	86	31	25	61	42	118
ニュージーランド	4	25	9	10	14	13	1	13	12	3
ペルー	46	60	49	64	69	19	15	45	34	69
フィリピン	77	63	43	81	80	77	109	77	58	94
ロシア	109	88	81	86	60	118	45	108	103	94
シンガポール	3	12	17	15	15	8	2	20	6	3
台湾	58	40	10	39	23	80	45	114	61	69
タイ	52	38	34	46	51	95	25	71	36	47
米国	11	5	14	11	1	54	5	26	31	17
ベトナム	93	97	32	85	64	88	121	101	80	69
平均	43	64	73	65	52	72	Na	67	69	Na

(出所) The Global Competitive Report 2007-2008, World Economic Forum.

むアセアン共同体を設立することを宣言した。その際，AEC 実現に向けて金融・通貨の分野は，基本的に「ASEAN 金融統合のための工程表」に沿って行動することが承認され，これは後述の戦略的スケジュール表に反映されている。通貨協力については，「域内貿易の促進と統合の深化を促す通貨協力にまず絞る」こととし（03 年財務相会議共同声明），域内為替相場取極めに関する検討は「ASEAN 為替相場取極めに関する ASEAN 中央銀行フォーラム作業部会」に委ねられることとなった（04–05 年 ASEAN 年次報告）[4]。

ASEAN は，設立 40 周年を記念する 2007 年 11 月 20 日の首脳会議において，アセアン経済共同体（AEC）の設立時期を 20 年から 15 年に前倒しにすることに合意し，AEC の青写真を発表した。AEC は（イ）単一市場と生産基地，（ロ）高い競争力を持つ経済地域，（ハ）公平に経済発展した地域，および（ニ）世界経済と完全に一体化した地域，の特徴をもつ共同体を目指している。青写真には，AEC のための戦略的スケジュール表が添付されており，15 年までに実施すべき優先行動項目が記載されている（表 2–3 参照）。

AEC は「財，サービス，投資および熟練労働の自由な移動，ならびに資本のより自由な流れ」を保証する地域を実現することになる。実体経済の面では，自由貿易地域を超えて部分的に単一市場をも目標とする意欲的な計画と見受けられるが，他方，金融・通貨の側面は「資本のより自由な流れ（freer flow）」の表現が示す通り，及び腰の感が否めない[5]。

ASEAN が 2015 年までに単一市場の実現を目指すならば，実体経済の統合に応じて金融・通貨の分野でも協調しなければならない。特に域内通貨相互の為

---

4) かつて ASEAN 中央銀行フォーラムは 2002 年に ASEAN 共通通貨と為替相場メカニズムに関する研究を実施し，「マクロ経済の収斂がないことから ASEAN は共通通貨導入の条件が整っておらず，まず ASEAN は貿易自由化を通じて経済統合を深化すべき」との結論を出している（02–03 年 ASEAN 年次報告）。
5) 財，サービスなどは自由な流れ（free flow）であるのに対し，資本は限定的な表現（freer flow）にとどまる。同じ時期に採択された ASEAN＋3 の「東アジア協力に関する第二共同声明」でも，「財，サービスの自由な流れ」（a free flow）に対し「資本及び労働のより容易な移動」（easier movement of capital and labour）を伴う東アジアの繁栄……との表現で，前者に比較し後者は慎重なトーンとなっている。

表 2-3　アセアン経済共同体の青写真と金融・資本取引関連戦略的スケジュール

アセアン経済共同体（AEC）青写真の枠組み

	大項目	内訳
AECの青写真	A　単一市場と生産基地	A1. 財の自由な流れ，A2. サービスの自由な流れ*，A3. 投資の自由な流れ*，A4. 資本のより自由な流れ*，A5. 熟練労働の自由な流れ，A6. 優先的統合部門，A7. 食糧，農業，林業
	B　高い競争力をもつ経済地域	B1. 競争政策，B2. 消費者保護，B3. 知的財産権，B4. インフラ開発，B5. 税制，B6. E-コマース
	C　公平な経済発展	C1. 中小企業の発展，C2. アセアン統合イニシャティブ
	D　世界経済との一体化	D1. 対外経済関係への整合的アプローチ，D2. 世界の供給ネットワーク参加の強化

金融・資本取引に関連する戦略的スケジュール

	個別項目	2008-2015年の間に優先的に取るべき行動
青写真実現のための戦略スケジュール（A2〜A4*）	A2. 金融サービス部門	保険，銀行，資本市場の制約を実質的に撤去など
	A3. アセアン投資協定	新たな包括的アセアン投資協定の締結
	A3. 投資の自由化	投資の制約・障壁を漸進的に削減・撤去など
	A3. 投資の促進	国際的最適慣行の採択とその効果の評価など
	A4. 資本市場発展・統合の強化	資本市場ルールの調和・相互認証，証券発行の管轄法・言語の弾力化，源泉税の仕組み強化，為替・債券市場の連携など
	A4. 資本移動の拡大	秩序ある資本自由化，緊急措置の許容など
	A4. 外国直接投資 FDI	自由化の継続，FDI の支援など
	A4. 証券投資	より自由な証券投資のためのルール作りと漸進的自由化
	A4. その他資本の流れ	より自由なその他資本（特に長期貸借）のためのルール作りと漸進的自由化
	A4. 経常勘定取引	二重為替相場の廃止，2011年までにIMF8条国へ移行，経常取引自由化の継続
	A4. 促進措置	法的・規制の枠組みを改定，資金の流れのモニター強化など

*金融・資本取引は網掛けの項目に含まれている。
（出所）ASEAN 資料（http://www.aseansec.org/21083.pdf）から著者作成。

替相場安定は，単一市場の円滑な運営には欠かせない。しかし，AECの青写真（戦略的スケジュールを含む）はおろか，金融統合のための工程表でも，域内通貨協力については殆ど触れていない。欧州通貨制度に類する為替相場取極めをASEANに設立することは，加盟国の金融・通貨主権にかかわる政治的にセンシティブな問題である。10年前のアジア通貨危機の悪夢も頭を横切るだろう。さらに後発ASEAN加盟国の金融環境整備なくして，域内通貨制度は議論しにくいという事情もあるだろう。通貨投機に対する危機管理はチェンマイ・イニシャティブに委ね，ASEAN＋3との連携を意識した通貨協力の制度設計を進めることが望ましい。

1–3　ASEAN＋3：通貨・金融協力の中心舞台

アジア太平洋における通貨・金融協力は，実質的にASEAN＋3の場で進められている。ASEAN＋3プロセスが東アジアの通貨・金融協力の推進母体となった第1の背景は，歴史的にアジア通貨危機の共通体験にあることはいうまでもない。第2に地政学的にみて，政治的にはともかく経済的に弱体なASEAN（東南アジア）と政治・経済的に大きな力を有する日中韓（北東アジア）が制度的に一体化し，目的意識を共有したことである。APECは，加盟エコノミーの数が多く，地理的に分散しているだけでなく，基軸通貨国でグローバル・パワー米国がメンバーであることからも，地域的通貨・金融協力になじまない。

ASEAN＋3は，その活動範囲を政治，経済，金融，エネルギー，環境，気候変動から社会文化・開発に至るまで多岐に広げており，ASEAN＋3という名のつく国際会議だけで年間50回以上開催されている（外務省アジア大洋州局）。通貨・金融協力は財務大臣プロセスが担当しており，財務大臣会議は原則として年1回，アジア開発銀行の総会と同じ時期，場所で開催される（2009年第12回会議はインドネシア・バリ）。このほか，通常年2回開催される財務大臣・中央銀行総裁代理会議に加え，局長，事務レベルの会合も数多く開かれている。

アジア通貨危機への反省もあり，財務大臣プロセスの協力は，主として通貨危機の再発防止と対応，さらに危機の芽を取り除くための金融・資本市場の環

境改善に重点を置いている[6]。前者はチェンマイ・イニシャティブ（CMI），後者はアジア債券市場育成イニシャティブ（ABMI）と呼ばれる一連の取り組みである。さらに，ASEAN＋3研究グループが，アジア通貨単位（ACU/AMU）の研究を含め，金融統合，域内資本市場の育成，資本自由化のあり方など地域の近い将来を見据えた研究に取り組んでいる。

(1) チェンマイ・イニシャティブ（CMI）

2000年チェンマイで開かれたASEAN＋3財務大臣会議は，緊急時に外貨資金をお互いに融通する2国間通貨スワップ網を構築することに合意した。その際CMIの基本原則として，域内の短期流動性問題への対処，ならびに既存の国際的枠組み（IMF）の補完の2点が確認された。09年4月までにその規模はASEAN主要5カ国と日中韓の合計8カ国で名目900億ドルに達し，一応形式的には当初の目標を達した。

しかしこの間，（イ）2国間スワップ契約のネットワークは，発動手続きが煩瑣で，緊急時の対応に懸念があること，（ロ）規模が十分ではないこと，（ハ）引出しに際し総額の80％はIMFプログラムを条件とし，機動的な利用可能額は20％に過ぎないこと，などの問題点が指摘されるに至った。事実2008年韓国は，ウォンの急落と外貨準備減少に直面した際，あえてCMIを利用せず，米国から直接ドルを借り入れる道を選んだ。

2008年11月世界金融危機への対応のため開かれたG20緊急首脳会議に際し，日中韓財務大臣会議がワシントンで開催され，3カ国は「チェンマイ・イニシャティブのマルチ化（CMIM）を最優先の課題とし，そのプロセスを加速するためASEAN＋3のメンバーと共に取り組んでいくとの決意を表明した。」09年5月財務大臣会議は，一本の契約のもとで各国が運用を自ら行う形で外貨準備をプールするとともに，総額を1,200億ドルに引き上げることに合意した。ASEAN諸国と日中韓3カ国の拠出割合は20対80（日中各32，韓国16）とし，これらの内

---

[6] ASEAN＋3を中心とする通貨・金融協力の経緯と現状について，詳細は拙著「東アジアの通貨・金融協力―欧州の経験を未来に活かす」の第4章，第5章を参照されたい。

容で09年12月CMIのマルチ化契約が署名された。

(2) 経済サーベイランス

CMIの構築が始まって間もなく2001年，経済レビュー・政策対話（ERPD）の形で経済サーベイランスを行うことに合意し，翌02年から財務大臣・中央銀行総裁代理会議（AFDM＋3）が年2回加盟国の経済・金融動向をモニターし，意見交換している。サーベイランスは，緊急時の短期流動性供給のための融資条件などを決定する際の判断材料となるものである。東アジアには独自のサーベイランスの仕組みがなかったことから，モラルハザードの批判に備えCMIの80％部分を，サーベイランスに一日の長があるIMFのひも付きとした。05年ERPDをCMIに統合し，その位置づけを明確化した。

しかし，統計資料を準備・蓄積する事務局がなく，年2回各々半日程度のERPD会合では実効あるサーベイランスは期待できない。CMIを真の意味で「東アジアにおける自助・支援メカニズム」として確立し，IMFプログラムに縛られない迅速な発動を確保するためには，ASEAN＋3独自のサーベイランスが少なくともIMFの水準に達しなければならない。

財務大臣会議は，まず現行の「域内経済情勢に関する政策対話」を強化するため，政策対話の頻度の増加，提供される必要な情報・データの定型化といった具体的な方策を実施していくこととした。さらに2009年CMIMの一環として独立した域内サーベイランス・ユニットを早期に設けること，そのためにアジア開発銀行（ADB）やASEAN事務局との連携のもと諮問パネルを設置することが合意された。

(3) アジア債券市場育成イニシャティブ（ABMI）

アジア通貨危機の原因の一端は，域内に自国通貨で長期資金を調達できる資本市場がなかったため，短期のドル等外貨借り入れを行い，それを長期の自国通貨建て投資に充当したことによる二重（通貨と期間）のミスマッチにあると考えられる。この問題を解決すべく，ASEAN＋3の枠組みで2003年からABMIの取組みが始まった。それから5年間を経て，東アジアの地場通貨建て債券市場は，その規模，発行体や発行形態の多様性の面で飛躍的に拡大した。日本を

表 2–4 東アジア諸国の現地通貨建て債券市場の規模（国債＋社債）

単位：10億ドル	1997	2003	2005	2007	2009（1H）
中国（うち社債）	116.4	440.4　(12.2)	899.2　(64.1)	1,690（157）	2,309　(355)
香港（同上）	45.8	71.8　(na)	85.6　(69.3)	98　(81)	111　(74)
インドネシア（同上）	45.1	64.4　(5.5)	54.2　(5.9)	87.6　(8)	84　(7)
韓国（同上）	130.3	445.7（321.4）	983.5（400.5）	1,027（529）	901（486）
マレーシア（同上）	57.0	98.8　(58.4)	106.7　(54.5)	164　(69)	174　(77)
フィリピン（同上）	18.5	25.0　(1.0)	41.7　(1.5)	60　(4)	57　(6)
シンガポール（同上）	23.8	67.2　(30.1)	83.1　(43.5)	122　(54)	133　(53)
タイ（同上）	9.6	58.4　(8.4)	78.8　(24.6)	158　(32)	159　(33)
ベトナム（同上）	─	2.9　(─)	4.3　(0.1)	9.9（0.3）	12　(0.5)
新興東アジア（同上）	401.3	1,274.6（437.0）	2,337.1（656.4）	3,414（933）	3,940（1,093）
日本（同上）	4,421.9	8,201.7　(na)	7,046.4（743.9）	7,647（773）	9,041　(923)

（出所）ADB, Asia Bond Monitor 2004, 2008, 2009.

除く東アジア新興地域の地場通貨建て債券市場の残高は，03年1.3兆ドルから09年3.9兆ドルに約3倍増加し（表2–4参照），発行体も各国政府に加え，アジア開発銀行（ADB）など国際機関，多国籍企業など厚みが増した。発行形態もADBのアジア通貨建て債券プログラム（共通のディスクロージャー基準と英国法に基づき，複数の国で債券を発行する。この結果，参加国間の基準の標準化が促される），あるいはスクーク（イスラム債），債権担保証券など多様化が進んでいる。またABMIを補完する形で，東アジア・オセアニア中央銀行役員会議（EMEAP）はアジア債券基金（ABF1および2）を創設し，開発途上メンバー国のドル建て・地場通貨建てソブリン債などに投資をし，民間資本にも参加の道を拓くなど，債券市場の需要ベースの拡大に貢献した。

　ABMIが5周年を迎える2008年マドリード財務大臣会議で，ABMI新ロードマップが承認された。これまでの成果に立ってABMIの将来の方向性を明確化し，ASEAN＋3が何をいつまでに実現すべきかの指標とするものである。併せて推進体制が，これまでの4作業部会，技術支援調整部会，調整グループ（FG），FG特別支援チームの組織から，新ロードマップを責任分担する4つのタスク・

フォース（TF：分担案は以下の通り）と企画調整グループの組織に簡素化されることとなった。さらに09年，現地通貨建て債券発行を支援するため，ADBの信託基金として当初5億ドル規模の信用保証・投資メカニズムの設立が合意された。

TF1．現地通貨建て債券発行の促進
- 信用保証・投資メカニズム（ADBを中心に具体化の方向）
- アジア通貨ノート・プログラムの促進
- 仕組み金融商品の発行促進（インフラ融資のための債券発行，証券化商品など）
- デリバティブ，スワップ市場の開発

TF2．現地通貨建て債券の需要の促進
- 機関投資家（年金基金，投資基金，保険会社など）のための投資環境の整備
- レポ市場の開発
- クロス・ボーダー取引の強化（資本取引・外国為替規制，非居住者への税制など）
- 機関投資家に対する情報発信（Asia Bond Online website，IR活動など）

TF3．規制枠組みの改善
- 証券規制・監督の枠組み強化（IOSCO（証券監督者国際機構）原則の適用促進，上場・開示規則の開発など）
- 域内自主規制組織との協調促進，場合によりその立ち上げ奨励
- 債券取引関連の破産手続き改善
- 国際基準と整合的な会計・監査基準の適用促進

TF4．債券市場関連インフラの改善
- 証券決済インフラ（CPSS（支払い・決済システム委員会）・IOSCO勧告の適用促進，民間部門との協議促進など）
- 債券市場の流動性増加（取引プラットフォーム改善，国債プライマリー業者強化など）
- 信用文化の向上（信用リスク・データベースの開発，地場信用格付け機関の強化など）
- 金融アナリストなど専門家の育成

1-4 ASEAN+6：EASはASEAN+3の外縁

　ASEAN+3にインド，豪州，ニュージーランドを加えたASEAN+6をメンバーとする第1回東アジア首脳会議(EAS)は，2005年12月14日クアラルンプールで開催され，06年セブ島，07年シンガポール，09年タイとその後定期的に開かれている。将来EASは，東アジア共同体形成において「重要な役割を果たしうる」(東アジア首脳会議に関するクアラルンプール宣言)とされ，政治・安全保障，経済，社会・文化の幅広い領域[7]にわたる分野に焦点を当てることとなった。経済分野には，金融協力の推進，貿易投資の拡大・自由化が含まれる。

　ASEAN+3とASEAN+6の関係は重層構造にあると指摘されている[8]。また+3が共同体形成の「主な担い手」と位置づけられていることから，+6はその外縁を形成するといってもよいだろう。+3における各種協力を+6に徐々に拡げていくという意味で，お互い重層構造にありながら+6は外縁であると考えられる。

　ASEAN+6経済連携は東アジアの経済成長を促し，東アジア諸国に大きなメリットをもたらす他，ASEAN+3自由貿易協定に比べて世界所得の増大により貢献するとの試算もある(日本経済研究センター(2007)，Kawai et al.(2007))。貿易・投資といった実体経済での+6ベースの協力は今後の課題である。同様に通貨・金融協力の分野においても，CMIの枠組みを13カ国から16カ国に拡充することが検討されると報道されており(2007年8月1日付け日本経済新聞)，08年6月，日本とインドとの間で二国間スワップ協定(30億ドル相当両国通貨)が調印された。現在+3で実施されている通貨・金融協力は，危機の予防と対応に主眼が置かれていることから，メンバー国実体経済の相互依存度にかかわらず協力関係に入ることは可能である。したがってCMIあるいはABMIのいずれに関しても関係国が合意すれば，+6ベースに拡大することに問題はないと考えられる。

---

7) この3分野はASEAN共同体を構成する3共同体の区分と一致している。
8) 東アジア共同体協議会における小笠原高雪山梨学院大学教授の発表「東アジア共同体構想をめぐるASEANの動向」2008年3月31日。

表 2-5　東アジア・太平洋地域の通貨・金融協力

		ASEAN	ASEAN＋3	APEC	参考：80年代のEC
資本市場の整備		AECの青写真（戦略スケジュール）	ABMI	政策イニシャティブ（教育・研修）	欧州単一市場計画（93年完成）
金融サービス自由化		同上	教育・研修，EWS	同上	同上
資本取引自由化		同上	研究プロジェクト	同上	90年までに完成
通貨協力		同上	危機予防・管理		欧州通貨制度
	信用供与	CMI	CMI		超短期～中期
	サーベイランス	ASP	ERPD		中央銀行が中心
	為替相場取極め				域内固定相場制度（ERM）
意志決定機関		首脳/財務大臣会議 AFDM	首脳/財務大臣会議 AFDM＋3	首脳/財務大臣会議	経済財務相理事会 通貨評議会
事務局		ASEAN事務局（ジャカルタ）	なし（ASEAN事務局内にAPT unit）	APEC事務局（シンガポール）	欧州委員会（ブリュッセル）
その他		行動＋人材育成	行動＋人材育成	人材育成中心	行動志向

（注）ASP: ASEAN サーベイランス・プロセス, AFDM: 財務大臣代理会議, EWS: 早期警戒システム, ERM: 為替相場メカニズム。
（出所）著者作成。

2. ASEAN＋3 の第一共同宣言から第二共同宣言へ

2-1　第一共同宣言の意義

　アジア通貨危機のさなか 1997 年 12 月，クアラルンプールで静かに，非公式に始まった ASEAN＋3 首脳会議は，99 年 11 月のマニラ会議で第 1 回共同宣言を出し，「利害や関心を共有する優先分野で東アジアにおける共同作業を推進するために，この対話プロセスを強化し，協力を強化する」ことを全世界に公式に表明した。ASEAN＋3 プロセスの成立は，東アジアにおける初めての地域協力の枠組みとして画期的なものであり，第一共同声明は，経済・社会分野および政治・その他の分野における各国の共同努力，協議・協力の強化をコミットする歴史的な文書であった。

　特に通貨・金融分野の協力においては，当時なお記憶に新しいアジア通貨危機の反省のもと，「東アジアにおける自助・支援メカニズムの強化」に焦点を当

てることとし，これがチェンマイ・イニシャティブ (CMI)，経済サーベイランス (ERPD)，アジア債券市場育成イニシャティブ (ABMI) などの実績につながることとなった。

（1）東アジア構想グループ (EAVG)

1998年末，韓国の金大中大統領（当時）の提唱により，将来的な東アジアの協力について議論するために，有識者による東アジア構想グループ (EAVG) が設置され，報告書が2001年の首脳会議に提出された。EAVGは，「東アジア共同体」構想を打ち出し，そのために以下の目標を探究するとした。

・東アジア諸国間の紛争を予防し平和を促進すること。
・貿易，投資，金融および開発分野での一層の協力を達成すること。
・環境保護と良いガバナンスのための地域努力により，特に人的安全を高進すること。
・教育と人的資源開発での協力強化により共通の繁栄を支えること。
・東アジア共同体の意識を盛り上げること。

EAVGは，金融協力の分野において，東アジア諸国が金融統合に向けて段階的な，2つのアプローチを取るべきと提唱した。すなわち，第1が自助による金融ファシリティーの確立であり，第2が域内各国に適した為替相場メカニズムの協調である。

（2）東アジア・スタディ・グループ (EASG)

2000年11月同じく金大中大統領の提案で，EAVGの提唱内容を評価し，優先順位をつけるため高級官僚レベルで構成する東アジア・スタディ・グループ (EASG) が設置され，最終報告書が02年プノンペンのASEAN＋3首脳会議に提出・了承された[9]。最終報告は，EAVGの勧告のうち17項目を短期的措置とし

---

9) 韓国の金碩洙（キムスクソ）首相がEASG最終報告書を提出した。「長期的にASEAN＋3を東アジア・サミットへ，そしていずれ東アジア自由貿易圏へ進化させるという韓国の構想に，指導者は同意した。」（第6回ASEAN＋3サミット議長プレス声明）2005年のクアラルンプール宣言は，「02年12月プノンペンで了承した (endorsed) EASG最終報告書のなかで提案された短期，中長期的措置の具体化の進展に勇気づけられ」と前文に述べている。

て，9項目を中長期的措置およびさらなる研究が必要な措置として分類した。後者の9項目には，東アジア自由貿易圏の形成，地域金融ファシリティーの設立，地域為替相場メカニズムの追求，ASEAN＋3サミットの東アジア・サミットへの進化などの重要テーマを指摘している。

2-2　展望なき第二共同宣言
（1）　クアラルンプール宣言

2005年12月クアラルンプールにおいて，第1回東アジア首脳会議（EASまたはASEAN＋6）に先立ちASEAN＋3首脳会議が開催され，クアラルンプール宣言が採択された。同宣言は，東アジア共同体を実現する上でのASEAN（推進力）とASEAN＋3（主な担い手）の役割を明確化するとともに，ASEAN＋3発足10周年を期して第二共同宣言を準備するための枠組みを形成した。通貨・金融協力に関しては，EASGの提言の具体化を加速すると宣言した。

（2）　第二共同宣言

2007年11月20日ASEAN＋3協力10周年を機会にシンガポールに集まった各国首脳は，「東アジア協力に関する第二共同声明」を採択した。共同声明は，大筋においてクアラルンプール宣言を踏襲するもので，それまでの「拡大と成長の10年間」を振り返りつつ，「強化とより密接な統合の10年」（2007-2017年）に向けて，政治・安全保障，経済・金融，エネルギー・環境・気候変動および持続可能な開発，社会・文化の各方面での協力を方向付けている。共同声明は，付属の作業計画に示される優先的活動と主要事業の実施を通じて実現されることになった。

ところが通貨・金融協力に関しては，第二共同声明はCMI，ABMIなど現状の取組み継続を述べるのみで，将来的な展望については何ら触れていない。クアラルンプール宣言が謳ったEASG最終報告の中長期的措置の具体化（すなわち地域為替相場メカニズムの追求）はまったく盛られていない。付属作業計画の金融協力の箇所も，以下の通り短く，将来展望に欠ける。

「2　金融協力

表 2–6 東アジア域内通貨・金融協力に関連する主要文書

日付	1999 年 11 月 28 日	2002 年 11 月 4 日	2005 年 12 月 12 日	2007 年 11 月 20 日
名称	東アジア協力に関する共同声明	東アジア・スタディ・グループ最終報告	ASEAN＋3 サミット・クアラルンプール宣言	東アジア協力に関する第二共同声明
通貨金融関連の記述	6. a)（2）通貨・金融分野の協力において，各国首脳は，当面マクロ経済上のリスク管理，コーポレート・ガバナンスの強化，地域の資本移動のモニタリング，銀行・金融システムの強化，国際金融システムの改革，並びに既存の ASEAN＋3 蔵相会議及び蔵相代理・中銀副総裁会議といった対話・協力のメカニズムを含む ASEAN＋3 の枠組みを通ずる**東アジアにおける自助・支援メカニズムの強化に焦点を当てながら，利益を共有する金融，通貨，及び財政問題に関する政策対話，調整，及び協力を強化する**ことで一致した。	3.2 中長期的措置および一層の研究を要する措置 **3.2.4. 地域金融ファシリティーの設置** **3.2.5. より緊密に協調した地域為替相場メカニズムの追求** 「EASG は高い優先度でこの措置の一層の研究を勧告する……」 「（域内の）多様な為替相場システムと東アジア諸国の深まる相互依存に鑑み，より緊密に協調した為替相場メカニズムは，域内金融の安定に不可欠になりつつある……」 「**東アジア諸国は，為替相場メカニズムを協調し，一定の狭い幅に保つための方法を追求すべき**……」	2. ASEAN＋3 プロセスの 10 周年にあたる 2007 年に東アジア協力に関する第二共同声明を準備するため共同して努力する。 4. **東アジア・スタディ・グループ最終報告の短期，中期，長期的措置の具体化を加速する**。	III. B. 2. 経済及び金融に関する協力については，経済自由化，経済統合，透明性及び WTO 関連合意と整合性のとれた自由貿易の推進，構造改革の追求，投資の奨励，技術の移転及び改良の促進，知的財産権の保護，研究及び政策立案能力の向上，**チェンマイ・イニシャティブの多国化並びにアジア債券市場イニシャティブの強化**を通じた，物品およびサービスの自由な流れ並びに資本及び労働のより容易な移動を伴う東アジアのより一層の繁栄に向けて，経済成長及び持続可能な開発を推進していくことで一致した。
その他	アセアン＋3 の枠組みが確立した。	EAVG の内容の評価・優先付け。	東アジア共同体を長期目標として実現。	今後 10 年（2007–17 年）の方向付け。

（出所）外務省ホームページ。太字は著者。

2.1　CMI のマルチ化を通じて地域流動性支援メカニズムを発展させる。

2.2　ABMI をさらに発展させる。

2.3　サーベイランス・メカニズムを強化し，国内金融制度を強化し，金融市場の発展と秩序だった統合を促進する。」

1999 年の ASEAN＋3 初めての共同声明は，東アジアの自助努力によって危機の予防・対応システムを築かんとする，緊張感のある展望を打ち出した。域内各国は，EAVG と EASG の勧告も参照しつつ，その後，地域金融ファシリ

ティーなどの分野で着実に実績を積み重ねてきた。第二共同宣言は，今後10年間の金融協力を展望するものであり，長期的目標として何らかの形で地域為替相場メカニズムに触れるべきだった。それがまったく欠落しているのは，域内関係国間に通貨・金融協力の将来像につき対立があり，合意が得られなかったことを示している。さらに問題意識が弱まっていることもあろう。2008年秋からの世界金融危機と同時不況は，不安定なグローバル経済のもと，あらためて地域協力の重要性を再認識させた。

(3) アジア通貨単位をめぐる議論

第二共同宣言の準備作業が行われていた2006年，アジア開発銀行（ADB）はアジア通貨単位（ACUまたはAMU）を域内通貨の乖離指標として開発していた。ACUは，かつて1980・90年代欧州通貨制度で使われた欧州通貨単位（ECU）を参考に算出しようとするもので，黒田東彦総裁は以下のように述べている。

> 「ヨーロッパ統合の経験から見た場合，アジアのさらなる地域経済統合のプロセスを推し進めることが，この地域の開発を促進し，アジアのすでに高まっている世界経済への貢献をさらに拡大していく道だと思います……。
> 　このプロセスを支援するため，ADBは現在，域内の為替動向をモニターするのに有効な，『アジア通貨単位』と呼ばれる指標を開発しています。この指標を活用することにより，アジア通貨が全体としてドルやユーロに対してどのような動きをしているのか，ACUで示される全体の動きに対して，アジア各国の通貨がどのように動いているのかなどをモニターすることができます。従って，それは各国の通貨当局が自国の為替政策を立案するにあたり非常に有効な参考指標となる可能性があります。また域内の多通貨建て債券市場や資本市場を促進することにより，外的ショックにアジア地域がさらされる可能性を減少することにもつながります。」（2006年2月8日日本記者クラブ講演）

しかし，結局ADBはACUの公表を断念せざるを得なかった[10]。その理由は

---

10) 経済産業研究所は，小川英治一橋大学教授らの協力で2005年9月からアジア通貨単位（AMU）を乖離指標として http://www.rieti.go.jp/users/amu で公表している。

明らかにされていないが，特に日中韓の3国が，慎重な姿勢をとったこと，あるいは強く反発したことが背後にあるといわれている。ACUの算出基準として市場為替相場で経済規模を測ることに対し，少なくとも当面は日本のシェアが最大になることから，中国が反対したと伝えられるほか，韓国は日中の狭間に埋もれてしまうことを嫌ったといわれる。日本は，国際機関であるADBが，各国の合意がないままにACUを公表することを危惧したこと，あるいは乖離指標としてのACU公表後の次のステップへの展望が不透明なことなどから，慎重姿勢を崩さなかったのではないかと推測される。

2009年末に署名されたCMIマルチ化契約により，日中韓の資金貢献比率は，日本32.0%，中国32.0%（うち香港3.5%），韓国16%と決定した。今後この比率を基準に，ACUの創設を検討するのも一案であろう。

3. ASEAN＋3の通貨協力を阻む要因

3–1 進む実体経済の統合・足踏みする通貨協力

(1) 深まる域内経済の相互依存

東アジアにおいて為替相場協調メカニズムを導入することにより，固定相場制ないしはそれに準ずる地域通貨制度を創設するためには，地域経済が開放的であること，労働・資本の移動性が高いこと，経済ショックに対称的に反応することなど最適通貨圏としての条件をかなりの程度満足する必要がある。これまで多くの経済学者が分析した結果，東アジアは80年代，90年代の欧州とおおむね同程度の条件を備えているとの結論を得ており，少なくともASEAN主要5カ国と中国，韓国の間では，ドル・円・ユーロの通貨バスケットを中心とする地域通貨圏は想定可能とみられる[11]。

次のグラフは，通貨危機後のアジア経済（ASEAN＋3に香港，台湾，インドを加えた16カ国・地域）の統合進捗をイメージ的に示すものである。貿易政策の協力は，域内経済の自由貿易協定網の密度を，締結済み1，交渉中0.5など一定の比

---

11) 詳細は，拙著「東アジアの通貨・金融協力」第6章を参照されたい。

第2章　アジアの通貨・金融協力の現状と課題　65

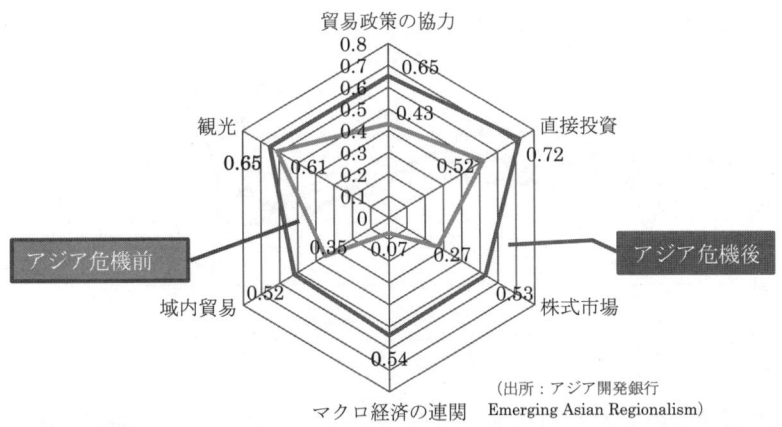

図 2–1　東アジアの経済統合指数

貿易政策の協力 0.65
直接投資 0.72
株式市場 0.53
マクロ経済の連関 0.54
域内貿易 0.52
観光 0.65

（アジア危機前／アジア危機後）

（出所：アジア開発銀行 Emerging Asian Regionalism）

重で算出したものである（危機後 1998–2007 年）。直接投資は，域内経済の直接投資（FDI）に占める域内相互の FDI の比率（同 1999–2002 年）。株式市場は，四半期ごとの株価変化の相関関係を（同 2000–07 年），マクロ経済の連関は四半期ごとの GDP 成長率の相関関係を示す（同 1999–2007 年）。域内貿易は，域内貿易比率を（同 2000–06 年平均），観光は域内相互の観光客の出入りの比率を示している（同 2004–05 年平均）。いずれの項目においても，通貨危機の前と比べて 2000 年以降は，東アジア経済の統合・相互依存が格段に深まっていることが読み取れる。

(2)　危機管理に限定される通貨協力

東アジア構想グループ（EAVG）および東アジア・スタディ・グループ（EASG）いずれの報告書も，ASEAN＋3 は通貨・金融危機への対応策を整備しなければならないこと，そして域内経済が貿易，投資，金融などの面で相互依存を深めるにつれ，緊密に協調した地域為替相場メカニズムが必要になることを指摘している。第1のアプローチ，すなわち通貨危機への備えとしては，チェンマイ・イニシャティブ（CMI）が二国間通貨スワップ網から外貨準備のプール体制に発展する形（マルチ化）で，着々と整備されつつある。同時に，アジア債券市場育成イニシャティブ（ABMI）は，通貨危機の原因の1つを除去すべく，域内各国国内とクロス・ボーダーの資本市場改善に取り組んでいる。

図 2–2　名目 AMU 乖離指標（月次）

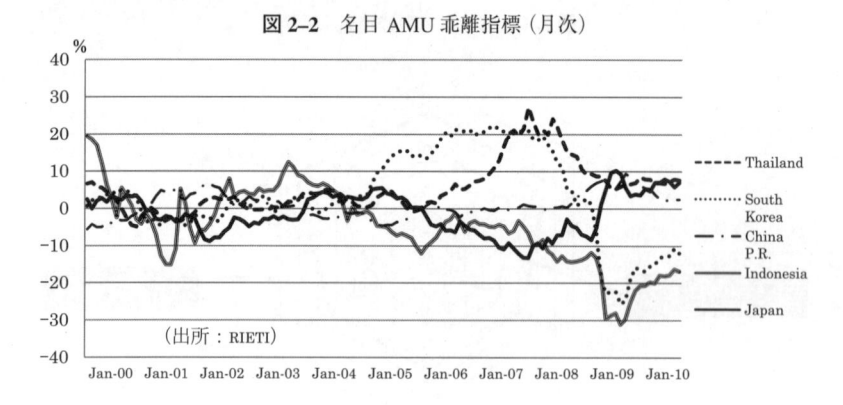

（出所：RIETI）

　他方，第2のアプローチである域内為替相場の協調については，現状，ASEAN＋3の政府レベルにおいて計画はおろか，検討すらなされる気配はない。何よりも問題は，2017年までの域内通貨・金融協力の指針となるべき「東アジア協力に関する第二共同声明」が，地域為替相場メカニズムの可能性について全く言及しなかったことである。このことは，域内実体経済の事実上の統合が進み，2010年代には自由貿易協定の網が張りめぐらされることが見込まれるなかにあって，通貨・金融面でのEAVGおよびEASGの勧告を無視することに等しい[12]。

　さらに付言すれば，地域為替相場メカニズムは危機管理の側面を併せ持つことを忘れてはならない。米国のネット対外債務は，過去四半世紀の間拡大を続け，2008年末には3.5兆ドル（対外資産19.9兆ドル，対外負債23.4兆ドル）に達した。グローバル・インバランスのリスクは，08年米国発の世界金融危機という，従来ほとんど予想されなかった形で顕在化した。世界金融危機の進行を背景にドルは一時的な下落の後，円を除く主要通貨に対して上昇した。この間域内アジア通貨の動向は，韓国ウォン，インドネシア・ルピアが大幅に下落，人民元はドルペッグに事実上復帰するなど区々である。今後の動きは不透明だが，各

---

12)　ASEANと日中韓など主要国は，東アジア全域を対象とした自由貿易協定（東アジアFTA）づくりに向け，政府間協議を始めることで合意した。（09年7月31日，8月16日付け日本経済新聞）

国経済の対外競争力が急激に変化することから，結果的に競争切り下げを招く惧れがある。有効な CMI の裏付けのもと，弾力的な為替相場協調のメカニズムは，グローバル・インバランスに代表される経済ショックへの共同対処を可能にするだろう。

3–2　通貨協力への制約要因

　危機管理のための通貨協力は進んでいるが，ASEAN＋3 における為替相場の協調という意味での通貨協力は，EASG の勧告を具体化するとの間接的な形も含め，第二共同宣言においてまったく触れられていない。ASEAN 経済共同体の青写真あるいは ACU/AMU をめぐる議論を振り返ると，政府間においては為替相場協調のテーマを忌避している印象すら感じられる。

　欧州では欧州経済共同体が完成すると，早い時期から域内通貨の安定が政治課題として議論されたが，対照的に今日，東アジアにおいてその政治レベルでの議論を封じている要因は何であろうか。主なものとしては，（イ）危機意識の減退と弱いニーズ，（ロ）未熟な地域一体感，（ハ）経済格差と政策目標の差異，（ニ）国家主権の壁と政治意思の欠如が考えられ，これらの項目は相互に影響し合っている。

　（1）　危機意識の減退と弱いニーズ

　アジア通貨危機から 2008 年世界金融危機に直面するまでの 10 年間，多くの東アジア諸国にとって危機の経験は風化しつつあった[13]。07 年まで経済成長はおおむね順調で，経常収支もベトナムなどインドシナ半島の一部を除き黒字基調であった。外貨準備残高は，07 年末 ASEAN＋3 のほとんどの国々で過去最高を記録した。このような経済の復興と記憶の風化，そしてチェンマイ・イニシャティブなどの進捗が，危機意識を低下させたことは想像に難くない。

　域内経済の相互依存が高まっているにもかかわらず，各国通貨の相場安定を求める声は必ずしも強くないように思われる。かつて 1998 年アジア進出日系企

---

13)　局所的には 2005 年 8 月インドネシアのルピア下落につながる経済危機が生じている。

業に対して行ったアンケートでは，為替変動リスクが経営上の最大の問題点として挙げられたが，2007年の調査ではインフラ未整備や法制度，関連産業の未発達などの項目を為替リスクよりも上位にあげる例が目立った[14]。もちろん05年から3年間の人民元の趨勢的切り上げ，あるいは07年前半のタイ・バーツの急騰，08年韓国ウォンの急落などは，当該国の国民，企業にとっては大きな問題を引き起こす。しかし，それら個別通貨との関連で域内通貨安定の必要性を議論する視点が欠けているように思われる。かつてブレトンウッズ固定相場体制のもとにあった欧州の場合と異なり，企業が変動相場体制に慣れていることが一因かもしれない。

(2) 未熟な地域一体感

クアラルンプール宣言は，東アジア共同体に向けて「私たち(we)」の意識開発を目指す人的交流を強化すると謳ったが，このことは逆に地域の一体感がまだ十分ではないことを示している。アジア通貨危機までは「東アジア」の概念はなきに等しかったように，東南アジアと北東アジアの間に共通のきずなはなかったといえよう。その後10年を経た現在，ASEAN＋3を中核に東アジアとしての連帯感が生まれたことは間違いない。ただし，それが国家主権の一部移譲を認めるまで成熟しているかは疑問である。

表2-7は，東アジア諸国の人々の「アジア人意識」を調査したものである。調査開始から3回のアンケートで対象国が一定していない，あるいは設問の仕方の問題[15]など，結果分析には慎重を要するが，おおむね2つの傾向が読み取れる。第1に，日中韓のアジア人意識が相対的に低く，かつ日韓では年を追って低減している(中国の回答は年によって大きく異なる)。韓国は，2004年から06年にかけて半減しているが，アジア危機の風化と英語教育の強調などが影響しているかもしれない。第2は，ASEAN諸国のアジア人意識が，インドネシア

---

14) （財）海外貿易開発協会「現地企業経営実態調査」1998年，日本貿易振興機構「平成19年度日本企業の海外事業展開に関するアンケート調査」2008年3月。

15) 例えば，あなたは国境を越えたグループ（アジア人，中国系，同一言語・宗教集団など）のどれに所属しますかとの設問に対し，中国の人・華僑がアジア人と中国系のいずれを選ぶかは悩むところであろう。

表 2-7 東アジアにおける「アジア人意識」（単位：％）

調査年	2003年	2004年	2006年	調査年	2003年	2004年	2006年
日本	42	27	20	ブルネイ	Na	69	Na
韓国	71	66	32	カンボジア	Na	99	Na
中国	6	Na	44	インドネシア	Na	39	Na
マレーシア	62	68	Na	ラオス	Na	59	Na
タイ	68	87	Na	フィリピン	Na	89	Na
ベトナム	84	93	90	シンガポール	Na	78	63
ミャンマー	92	80	Na				

(出所)「アジア・バロメーター」アジア世論調査の分析と資料，明石書店など。

を例外として，高いということである。東アジア全体として「私たち」意識を共有しているとは未だ言えないだろう。

(3) 経済格差と政策目標の差異

東アジア域内の経済格差は，1人当たりGDP (2008年) でみると日本38,559ドルから中国3,315ドル，インドネシア2,191ドル，さらにカンボジア710ドルなどインドシナ諸国まで大きな開きがある。この経済発展段階の差異は，政治体制や為替制度の多様性などとも相まって，国ごとのマクロ経済政策の目標の違いに結びつく。

高所得国では，インフレの抑制と経済成長をバランスさせる形で経済運営をするのに対し，低所得国は経済成長を第一義とし，ある程度のインフレは甘受する傾向がある。近年ベトナムは年率実質8％代の経済成長を実現する一方，物価の上昇率も高く，これが通貨ドンの趨勢的下落の原因となった。中国は，2003年から10％を超える経済成長を維持してきたが，他方，輸出競争力維持のため人民元相場を人為的に低く抑え，ドル買い介入を続けた結果，マネーサプライの増加もあって07年から翌年にかけインフレ高進を招いた。

マクロ経済政策の目標と手段のうち，特にインフレに対する姿勢と金融政策の在り方が国ごとに異なると，域内での為替相場協調は難しい。したがって当面，ASEAN＋3全加盟国が同時に相場協調を協議することは現実的ではなく，

目標を共有する国から始めて，次第にその輪を広げていくというアプローチを取るべきだろう。

(4) 国家主権の壁と政治意思の欠如

危機管理のための通貨協力は，基本的に国家主権に抵触しない。他方，平時の経済サーベイランス (ERPD) に対しては，内政干渉との意識からであろう，消極的な国もみられる[16]。さらに一歩進めて，為替相場の協調は，金融政策を初めとするマクロ経済政策の協調を必要とし，したがって国家主権の一部を域内共通の利益のために犠牲にしなければならない。実体経済の統合に伴ない，域内通貨の安定がASEAN＋3加盟国の共通の利益になると予想されるが，通貨問題への介入を嫌がる各国の思惑から，正式議論に漕ぎつけるまで時間を要しそうだ。

ASEAN共同体構想を議論する過程で，ASEAN加盟国は主権を尊重する伝統的なコンセンサス方式から多数決など新たな共同決定の方式を模索してきた。その結果,「相互作用の強化」と呼ばれる方式に合意し，ASEAN共通の解決策を引き出すために加盟国に対して開放的となるよう促すこととなった[17]。これは主権の絶対的尊重の立場からは前進といえるが，実際の運営面では，ミャンマー問題に典型的に見られるように，まだまだ主権の壁は厚い。2015年のASEAN経済共同体実現に際して，通貨安定は避けて通れない重要テーマであるにも関わらず，青写真は採りあげていない。域内経済格差と主権の壁が，通貨体制を展望する妨げとなったのではないかと推測される。

中国に関し，「為替制度をめぐる政策では，中国は極端に外国の"干渉"を嫌うことも特徴である……日米欧などは中国をG7など通貨に関する国際協調の

---

16) 東アジア・スタディ・グループの最終報告書は，ERPDを「正式には長期的に設置すべきメカニズム」と位置付けたのは，一部の域内国に根強い反対論があったためであると言われる。

17) "enhanced interaction" とよばれ，1998年タイのスリン外相が提案した "flexible engagement"（特定問題の関係国がより広範かつ深く討議することの呼びかけ）をトーンダウンした方式。2000年7月24日付け The Asahi Shinbun Asia Network "Learning conflict prevention tactics from G-8 nations" by Kavi Chongkittavorn 参照。

場に参加させようと努めているが，中国は対話こそ拒まないものの，人民元相場の改革にあたっては中国の独自性を強調し，人民元相場のさらなる柔軟化を求める西側の言うことを聞く姿勢はとらないようにしている。」(日本経済研究センター (2008) 51 ページ)。この背景には，経済成長重視の政策目標と中国共産党による指導体制が深くかかわっていると考えられる。

通貨協力のように個別国の国益と地域共通の利益が深く絡む問題に関しては，政治指導者の決断とそれを可能にする環境・時代背景が重要である。欧州の前例が示すとおりである[18]。アジア通貨危機の直後には，東アジアの政治家はASEAN+3 に結集し，危機の再来を共同で防ぐことの重要性を認識し，道筋を示した。今後 10 年を展望すれば，東アジアに事実上の自由貿易地域が成立することが確実視される一方，通貨面での対応は不十分である。域内指導者が，通貨協力の新たな局面に舵を切るためには，もう 1 つのグローバル・ショックが必要だろう。2008 年からの世界金融危機と同時不況がその契機になるだろうか。

3-3 通貨協力をめぐる日中の立場

東アジアに地域通貨制度を設けようという議論は，公式には一切ない。ASEAN+3 財務大臣会議の関係筋の発言から推測すると，日本，中国ともに為替相場の協調という意味での通貨協力に対しては慎重なスタンスである。両国ともに慎重姿勢であるが，その背景は異なる。日本については，将来のビジョンの欠如と言えよう。中国については，交換性が限定された人民元の現状，経済成長路線への通貨政策の従属などから，議論の必要性を感じないか，あるいは時期尚早ということだろう。

(1) 日本

国際通貨体制のもとで円の使われ方を，少なくとも世界での日本経済のシェア並みに引き上げようとの趣旨で，1980 年代から 2000 年前後まで「円の国際

---

[18] 1978 年ジスカール・デスタン仏大統領とシュミット西独首相は欧州通貨制度を設立し，ヨーロッパに安定通貨圏を作ることを決断した。これが現在のユーロへの流れにつながる。

化」議論が活発になされた。大蔵省（当時）は，省内（外国為替等審議会）に円の国際化専門部会を設置し，「21世紀に向けた円の国際化」を提言したほか，03年まで円の国際化推進研究会で具体策が練られた。しかし，バブル期を頂点として国際取引における円のシェアが趨勢的に下落する中，円の国際化論は自然消滅してしまった。

　アジア危機から現在に至るまで，日本は，通貨危機の予防・対応を目的とする通貨協力の分野で一貫して指導力を発揮している。チェンマイ・イニシャティブ（CMI），アジア債券市場育成イニシャティブ（ABMI）は，いずれも日本が発案し，資金的裏付けの大宗を引き受け，それに域内各国が協力することで発展してきた。ASEAN＋3研究グループも，主に日本と韓国が資金を負担しており，中国の寄与は限られている。

　他方，「より緊密に協調した地域為替相場メカニズム」を求める東アジア・スタディ・グループ（EASG）の提言に対しては，日本が積極的にこれを推進しようとする姿勢はうかがえない。地域通貨制度を実現するには，実体経済面での収斂に加え，信用供与ファシリティと経済サーベイランスが前提となるが，いずれも整備途上の段階である。ASEANとの自由貿易・経済連携協定の締結と運用にあたっては，日本は農業保護政策など国内事情から後手に回っている。失われた90年代を経て域内経済における日本経済の相対的地位が低下しており，世界同時不況は日本を巻き込み，景気回復の見通しは不透明である。さらに国際的な円の役割低下に歯止めがかからない。これらの事情から，日本として通貨協力のビジョンを描けないのではないだろうか。

　(2)　中国

　アジア危機に際しては日本が提唱したアジア通貨基金構想を支持せず，流産の原因となった中国であるが，世界貿易機関（WTO）加盟が確実となった2000年，実質的にアジア通貨基金の代替案とでもいうべきCMI構想には賛成にまわった。またABMIに対しても，作業部会の議長国を務めるなど，現在取り組みがなされている危機対策としての通貨協力には協力姿勢を示している。

　しかし，将来の域内為替相場メカニズムにつながるような動きに対しては，

表 2-8 東アジア域内通貨協力をめぐる日本・中国の立場

項目	中国	日本
日中・東アジア共通の利益	域内経済の安定と持続的成長，世界規模のショックへの対応	
通貨・金融・経済関連事項		
通貨の交換性	経常取引に限定	あり。国際通貨
資本取引の自由化	現状制限。完全自由化は長期目標	自由
財政赤字 GDP 比	08 年 −0.6％（中央財政赤字*）	09 年度 −4.2％（基礎的財政収支）
公的債務残高 GDP 比	08 年末 16.7％（国債残高*）	09 年度末 168％（一般長期債務残高*）
インフレ率（CPI）	09 年 12 月 1.9％	09 年 12 月 −1.3％
体制・制度関連事項		
政治体制	共産党への権力集中	議会民主主義・三権分立
基本的政策課題	社会安定（政権基盤）の為に経済成長・雇用創出が第一義	経済成長，雇用創出，物価安定，対外均衡，社会保障など複合的
中央銀行の独立性	なし（党の領導に従う）	あり
国際関係論的視点		
域内指導力	中国経済の成長背景に拡大	日本経済の停滞背景に後退
域内外国の懸念材料	基本的価値観を共有できるか	政府・日銀の政策能力の信頼性
対米関係	米中戦略・経済対話	日米同盟関係
域内通貨協力（為替相場メカニズム）への官民の姿勢（筆者の観測）		
政府	慎重（域内での指導力確立と人民元交換性実現まで待つ）	慎重（指導力への陰りと将来への自信喪失，ビジョン欠如）
中央銀行	慎重	慎重（円の国際化と金融政策の自律性制約を懸念）
学界	積極化へ（人民元通貨圏論）	積極的（ACU をめぐる議論等）

（出所）著者作成。*日中経済協会「中国経済データハンドブック」，財務省 JGB-IR。

消極的である。背景としては，（イ）交換性が限定された人民元，（ロ）通貨政策における自律性の確保，（ハ）中国経済の発展と影響力増大に対する自信，を挙げることができよう。

　日本円が完全な交換性をもつ国際通貨として世界中で取引されているのに対し，人民元の通貨交換性は経常取引に限定され，為替売買は中国人民銀行の監

視のもと中国国内市場（中国外貨交易センター）だけで行われている。中国政府は，人民元の完全な交換性実現を長期目標に掲げているが，そのための資本取引自由化のスケジュールは公表されていない。人民元が国際通貨となる見通しが立たない限り，地域通貨制度をめぐる議論は中国政府にとって不味である。

現在，人民元は，通貨バスケットを参考にした管理変動相場制であるが，その運用にあたり通貨当局は，「自主性，コントロール性，漸進性」を三原則としている。域内の為替相場協調は，この三原則を制限することであり，中国が現在の基本姿勢を維持する限り受け入れられないだろう。さらに現状のように，マクロ経済政策の第一義的な目標が経済成長＝雇用創出にあり，為替相場などその他の政策目標はこれに従属する仕組みが続く限り，主権の制約を伴う通貨協調には消極的たらざるを得まい。

改革開放からの経済発展は，特にWTO加盟を契機に弾みがついたことから，今後もこの傾向が続くことで，中国は世界，特に東アジアにおける影響力を拡大するとの期待と自信を持っていても不思議ではない。すでに中国は，東アジアに提供する市場規模の面で日本を凌駕しつつあり，もし高度成長がこのまま続くと仮定すれば，日本，韓国のみならずASEAN諸国にとっても最大の貿易相手国となることは間違いない。実体経済面で中国が日本をしのぐ影響力を持つようになり，同時に人民元が国際通貨の地位を得ることができれば，東アジアで人民元は円を押しのける可能性大である。あえて地域通貨制度を作らなくても，人民元が域内基軸通貨となり人民元通貨圏が成立するだろう。したがって，「より緊密に協調した地域為替相場メカニズム」をあえて議論する必要はない，と中国当局が考えるかもしれない。

4. 人民元の国際化の動きと地域協力

4-1 人民元の国際化の動き

従来，中国政府は，厳格な資本取引規制を維持することにより，原則として非居住者の人民元保有を認めず，人民元の国際化に対して消極的であった。対外的な人民元の利用は，辺境貿易あるいは香港での部分的銀行取扱いなど極め

表 2-9　中国人民銀行による人民元通貨スワップ協定

年月	相手中央銀行	金額	資金用途
08年12月	韓国	1,800億元 38兆ウォン	短期流動性，貿易決済，金融安定
09年1月	香港	2,000億元 2,270億HKドル	銀行向け短期流動性，金融安定
09年2月	マレーシア	800億元 400億リンギ	貿易投資決済，金融安定
09年3月	インドネシア	1,000億元 175兆ルピア	貿易投資決済，金融市場短期流動性
09年3月	ベラルーシ	200億元 8兆ルーブル	貿易投資決済
09年3月	アルゼンチン	700億元 380億ペソ	貿易決済

(出所)　李婧 et al. (2009) など。

て限定的であった。2008年に始まった世界金融危機と同時不況は，中国経済にも深刻な影響を与えるとともに，中国の通貨政策を見直すきっかけとなった。過度の米ドル依存を是正し，中国企業の為替リスクを軽減する見地から，中国政府は，人民元の国際化に関しそれまでの消極姿勢から，慎重ながらも推進路線へ大きく舵を切った。

(1)　人民元通貨スワップの締結

中国は，チェンマイ・イニシャティブ (CMI) の一環として，ASEAN4カ国および日本，韓国との間で，人民元あるいはドルによる通貨スワップ協定を締結している。これらに加え2008年末から翌年3月までの間に，韓国など6カ国と総額6,500億元の人民元対相手国通貨の中央銀行間スワップ協定を締結した。協定の目的は，締結相手国により異なり，外貨準備不足に備えた短期流動性の提供，不測の銀行間資金需要に備える金融の安定，中国との貿易決済・金融などが挙げられている。

(2)　貿易の人民元決済の試行

2008年12月国務院は貿易の人民元決済の試行を決定した[19]。(イ) 香港・澳門と上海を含む長江デルタ地帯・広東省の間，(ロ) ASEANと雲南省・広西チ

---

19)　従来から人民元建て輸出入契約は可能であったが，外貨で決済しなければならなかった。(「域内機構が対外貿易で人民元を建値に使うことについて関連する問題についての通知」(匯発 [2003] 29号))

ワン族自治区の間の貿易取引について，試験的に人民元決済を認めるというものである。これまで中国の対外貿易は大部分が外貨建て・外貨決済で，為替リスクを中国側が負担するとともに，資金決済はニューヨークなど海外で行われてきた。この決定は，中国の貿易企業の為替リスク軽減とコスト削減を狙うとともに，上海・香港における銀行の資金決済業務拡大をも目的としている。

2009年7月上海と広東省4都市のパイロット企業により，ASEANや香港との貿易の人民元決済が開始された。パイロット（試行）企業は，対外競争力や財務健全性など一定の基準により中国当局により選ばれ，認可された優良企業である。中国からの輸出取引の場合，パイロット企業A社は，ASEAN所在の取引先B社から輸出代金を，B社の人民元預金口座が開設される海外参加（決済）銀行→中国銀行香港（クリアリング銀行）ないし在上海エージェント銀行→自社の人民元口座のある国内決済銀行を経由して受領する。輸入業者B社は，海外参加銀行と人民元の為替取引をし，貿易金融を受けることもできる。

今回試行された人民元決済スキームの特徴は，中国人民銀行を中心とする関係当局が，当事者の選別からスキームの運営，統計処理に至るまですべての過程を厳重な管理下においていることである。パイロット企業とその決済銀行，海外の参加銀行とその代理業務を行う国内エージェント銀行（コルレス銀行），香港のクリアリング銀行は，監督当局の認可を受けなければならない。貿易の流れは，実需の確認と資金移動ともに，決済銀行とエージェント銀行が「人民元対外収支情報管理システム」（CRRPIMS）を通じて詳細に中国人民銀行に報告しなければならない。関係当事者の違反行為には罰則規定がある。

2009年末までの人民元決済の実績は約30億元と伝えられ，これは同期間中の貿易総額の0.05％に相当する。10年以降中国政府は，人民元決済の対象となる貿易相手国および国内での対象地域・企業を大幅に拡大し，貿易のみならずサービス提供，直接投資における人民元の使用を長期的に推進する意向である。

(3) 上海国際金融センター構想

2009年3月国務院は，上海を2020年までに国際金融センターとしての地位

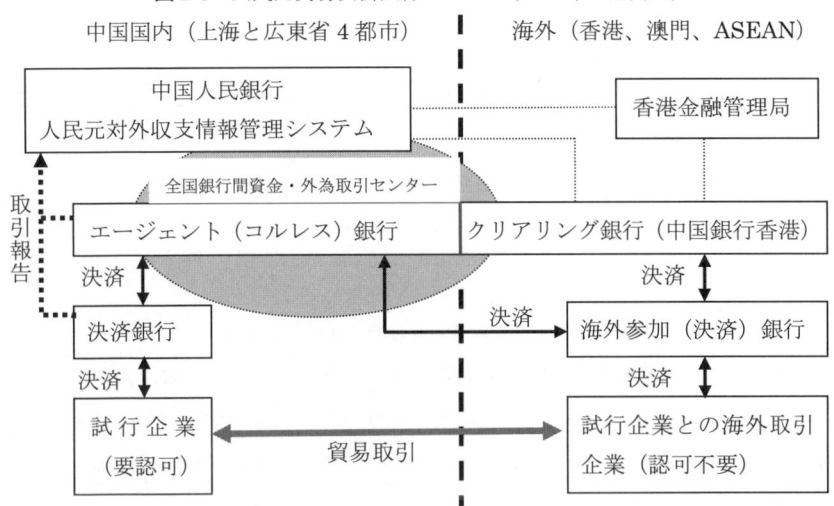

図 2–3 人民元貿易決済試行スキーム（2009 年 7 月開始）

中国国内（上海と広東省 4 都市）　　　　海外（香港、澳門、ASEAN）

```
    中国人民銀行                          香港金融管理局
    人民元対外収支情報管理システム

         全国銀行間資金・外為取引センター
    エージェント（コルレス）銀行    クリアリング銀行（中国銀行香港）
         決済                          決済
    決済銀行             決済        海外参加（決済）銀行
         決済                          決済
    試行企業         貿易取引       試行企業との海外取引
    （要認可）                      企業（認可不要）
```

を確立し，国際水運センターを建設するとの「意見」を採択した[20]。

「意見」は国際金融センターに関して，① 多機能及び多層的な金融市場システムの建設，② 金融サービス業の対外開放の漸進的促進，③ 金融サービス関連のインフラ整備とサービス水準の向上，④ 金融法制の整備と金融監督の強化による金融の安定・安全の維持を列記している。また，上海と香港の相互補完と戦略的協力関係を強め，合理的分業と共同発展を図るとしている。この一環として人民銀行上海総本部は，債券市場の充実，支払システムの高度化や信用情報システムの建設を具体的方策として打ち出している。

(4) 香港の人民元オフショア市場化

香港の人民元オフショア市場への動きは，2004 年 2 月香港地場銀行による個人向け人民元業務解禁から始まる。中国の通貨当局には，海外に流出した人民元を香港に集めてコントロールしようとする意図もあった。その後ホテル・レストラン業など一部法人の人民元預金解禁，人民元建て債券の発行開始と人民

---

20) 2009 年 4 月 14 日付け国務院常務会議「上海の現代サービス業および先進的製造業の加速的発展，ならびに国際金融センターと国際水運センター建設の促進に関する意見」（国発［2009］19 号）。

表 2–10　香港の人民元オフショア市場化の動き

2003 年 6 月	香港と中国間で経済貿易緊密化協定 (CEPA) 締結。香港所在銀行の本土での業務規制緩和。
2004 年 2 月	香港住民は香港所在銀行に人民元預金開設可。人民元の両替可。中国・香港間人民元送金可。
2005 年 11 月	特定法人の人民元預金解禁。広東省での香港住民の人民元建て小切手振出し可。
2007 年 7 月	香港での中国金融機関による人民元建て債券発行。第一号中国開発銀行 50 億元。
2007 年 11 月	中国個人投資家による香港株投資「香港株直通車」の実施挫折。
2008 年 12 月	国務院の「金融 30 条意見」：香港での人民元業務の発展を支援する。
2009 年 7 月	貿易の人民元決済開始。中国銀行 (香港) が人民元クリアリング銀行。
2009 年 9 月	香港で人民元建て国債 60 億元発行 (本土以外で初めての発行)。

(出所) 著者作成。

元業務は段階的に拡大された。08 年 12 月には，上海と並んで香港を軸とする貿易の人民元による決済試行が発表され，翌年 7 月実施された (既述)。温家宝首相は，09 年 3 月政府活動報告の中で，「大陸部と香港・澳門との協力を一層強化し，香港の国際金融センターとしての地位を打ち固める」ことを確認している。

4–2　人民元国際化のシナリオと地域協力

中国の学界では，人民元の国際化を 3 つの段階に分けて議論するケースがしばしば見られる。国際化の 3 段階として，① 中国周辺 → ② アジア・地域レベル → ③ 多角的・世界レベルの発展過程を中国の国際金融戦略として想定する[21]。これらは時系列に沿いつつも，同時並行的に動く場合も考えられる。

第 1 段階は，国境貿易での人民元使用を経て，現在試行されている中国の貿易取引の人民元決済促進で，狭義の国際化過程である。第 2 段階として，東ア

---

21)　李婧 et al. (2009), 何帆「人民元国際化与中国的国際金融戦略」2009 年 5 月吉林大学シンポジウム。

ジア地域の面としての広がりと人民元通貨圏形成に発展する。対中貿易のみならず，域内取引で人民元が中心的役割を果たす段階で，かつての欧州におけるドイツマルクがモデルとして想定される。地域レベルの議論では，世界経済政治研究所の余永定所長や李暁吉林大学教授など域内協力を重視する立場と，「中国はアジア為替協調体制への圧力を受けず……アジア地域の中心通貨として人民元の地位を図る」(姚枝仲 (2008)) ことに最大の利益があるとする立場に分かれる。第3段階では，国際金融システムの改革に積極的に参加するとともに，世界的に使用される国際通貨への仲間入りをする。

上記の第2段階を念頭に，中長期的にどう展望すべきだろうか。楽観シナリオと悲観シナリオに分けられる。楽観シナリオでは，漸進的に資本取引自由化が進捗し，上海国際金融センターが2020年までに出現する。東アジアには人民元通貨圏が形成されているだろう。中国政府は，人民元の完全な交換性実現を長期目標としているが，上海国際金融センター構想を公式に発表したということは，密かに2020年を目標年次と定めている可能性がある。

2009年3月中国人民銀行の周小川総裁が発表し，国際的に波紋を呼んだ国際通貨体制改革論も，楽観シナリオを支える材料の1つである[22]。論文は，長期的にドル中心から超国家的準備資産中心へ国際通貨体制を改革すべしと主張し，手がかりとしてIMFの特別引出し権 (SDR) の構成通貨と配分を変えること，すなわち暗に人民元をSDR構成通貨とすることを求めた。周総裁は，その前提として人民元が十分な交換性を実現すること，換言すれば，現在のSDR構成通貨 (米ドル，ユーロ，円および英ポンド) に準ずる国際通貨となることが不可欠なことを，もちろん理解しているはずである[23]。

---

22) その後も中国人民銀行は，2009年次金融安定報告で一部の準備通貨への偏り是正を国際社会に求めるなど，同様の主張を繰り返している。

23) IMFのSDRに関する決定 (Executive Board Decision No. 12281–(00/98) G/S adopted October 11, 2000) は，構成通貨はIMF協定第30条 (f) に定める「自由利用可能通貨 (freely usable currencies)」でなければならないと定めている。「第30条 (f) 自由利用可能通貨とは，加盟国通貨であって，(i) 国際取引上の支払を行うために現に広範に使用され，かつ，(ii) 主要な為替市場において広範に取引されていると基金が認めるものをいう。」

人民元が主要国際通貨になるための条件は，中国自身が社会主義的な移行経済の残滓を払しょくし，独立した中央銀行のもと自由で開かれた市場経済に成長することだろう。政府による市場管理は原則として放棄され，人民元はロンドン，ニューヨークなど世界中の為替市場で取引される。人民元が実際に国際通貨として世界で使用されるかは，市場が選択する問題である。

　他方，悲観シナリオでは，中国政府・共産党の支配・管理志向が改まらず，資本取引自由化が小幅にとどまるために，人民元は国際通貨に至らない。世界的に中国貿易の人民元建て化はある程度進むだろうが，東アジアにおいても三国間貿易での利用はなく，期待される形での人民元通貨圏，人民元の地域基軸通貨化は実現しない。欧州で自由に人民元建て債券が発行されることもない。人民元の為替取引は，現在と同じように上海（外貨取引センター）に集中され，上海は国際商業都市ではあっても，基本的に国内金融センターにとどまる。人民元はSDR構成通貨にはなりえない。

　今後人民元の国際化がどのようなシナリオを辿るにせよ，資本取引を含めて，円に匹敵する水準に達するには，なお年月を要すると考えられる。その中で予測できることは，中国経済の成長を背景に，いずれ東アジアに何らかの形で人民元通貨圏が形成されるだろうことである。具体的な姿は，中国の金融市場の発展と資本自由化の程度によって異なり，円と競合しつつ共存するか，あるいは地域的中心通貨として円を圧倒するか，現段階では判断しえない。しかし，忘れてはならない視点は，東アジアの地域通貨・金融協力における人民元の位置づけである。

　中国に限らず東アジア域内諸国の通貨が，経済発展に応じて交換性を拡大し，国際的取引における地位を高めることは，自然な流れとして大いに歓迎すべきである。中国政府が，慎重なスタンスながら人民元の国際化に踏み切ったことにより，東アジアにおける通貨・金融協力の次元が広がり，柔軟性が高まると考えられる。近い将来ASEAN＋3のうち，日中韓とシンガポール，タイなど先進ASEAN諸国の間で，自国通貨による貿易決済と為替取引の途が開かれることの意義は大きい。

表 2–11　人民元と円の国際的機能比較

通貨の3機能			中国人民元	日本円
計算単位	民間	貿易契約通貨	国境貿易，対ASEAN・香港試行	日本の輸出40％，輸入25％（09年）
	公的	ペッグ通貨	なし	なし
交換（支払）手段	民間	国際的為替取引	上海為替市場のみ	世界シェア8.3％（07年）
	公的	介入通貨	上海為替市場のみ	協調介入を除き東京市場のみ
価値保蔵手段	民間	国際債	パンダ債・香港での人民元債に限定	世界シェア5.4％（07年）
	公的	外貨準備	—（注：韓国，マレーシアが保有）	世界シェア3.1％（09年）
参考：GDPと世界貿易シェア（2008年）			中国GDP 4.3兆ドル，貿易7.9％	日本GDP 4.9兆ドル，貿易4.8％

(注) 李婧 et al. (2009)。
(出所) 著者作成。

5. アジア通貨制度は段階的実現を

5–1　地域共通の利益と現実的アプローチ

　東アジア経済は貿易，投資，株式市場からマクロ経済の連関に至るまで相互依存を深めている。2015年にアセアン経済共同体が実現し，並行して域内に自由貿易・経済連携協定の網が張り巡らされるのに伴い，この傾向がますます強まるのは間違いない。欧州の前例や最適通貨圏の理論が示す通り，実体経済が緊密に一体化すればするほど，域内通貨相互の安定が求められる。東アジア・スタディ・グループ報告書（EASG）の勧告はまさに正鵠を射ているといえよう。

　昨今のグローバル・インバランスや資源価格激動の問題に象徴される通り，世界経済は巨額の国際資本の流れに翻弄され，金融部門の機能不全も加わり，不況からの回復は時間がかかりそうだ。金融・実体経済を揺るがす世界規模の予測しがたいリスクに対して，域内各国が個別で対処するには限界がある。

ASEAN＋3が進める信用供与と経済サーベイランスの強化（危機管理）を急がねばならない。国際通貨体制が動揺する場合には，アジア通貨も直接影響を受け，域内の競争条件が大きく変化する懸念があることから，リスク対策の観点からも為替相場安定メカニズムは不可欠である。

　このように危機対策と為替相場の安定を目的とする通貨協力が，東アジア地域経済にとって共通の利益 (common interests) であることは明らかである。問題は，目指す地域通貨協調メカニズムの姿と実現へのプロセスである。

　為替相場の協調には乗り越えねばならない多くの制約要因がある。したがって域内各国・経済の現状を踏まえた現実的なアプローチをとらねばならない。重要な視点は，(イ) 協力できる国々から始め，次第に対象地域を広げるというマルチ・スピード方式，(ロ) アセアン経済共同体 (AEC) での試行，(ハ) 日本と中国が協力する重要性であろう。

(1)　第1段階：共通通貨バスケット・ペッグ制

　2015年に発足するAECが単一市場として成功するためには，加盟国通貨の安定が不可欠である。ASEANは大きな経済格差を内包することから，通貨協調は先進6カ国が中心となって仕組みを作り，インドシナ後進4カ国は条件が整った国から漸次参加する方式が現実的だろう。米ドル，ユーロ，円など交換可能主要通貨のバスケットにASEAN通貨をペッグして為替相場を安定させ，通貨投機などへの危機対策にはチェンマイ・イニシャティブを利用することが考えられる。

　中国の学界では，人民元が東アジアで中心的な地位を得て人民元通貨圏ができるだろうとの見方で一致しているが，議論は地域協力への賛否で分かれている。中国の経済的影響力の拡大に伴い，人民元とASEAN通貨との連動が高まり，事実上の人民元通貨圏が形成される可能性はある。そうした現実を見据えつつ，ASEAN＋3プロセスとして重要なことは，人民元通貨圏を地域通貨協力の枠組みの中に位置づけることである。ASEANにとって，中国一国の経済政策に左右されることは受け入れ難いだろう。他方，中国にとっても，政治力学において一国の覇権排除をこれまで標榜し，「隣と仲良くし，隣をパートナーと

する」近隣重視の戦略上[24]，地域通貨協力は無視できないだろう。

　人民元は，2005年から通貨バスケットを参考にする管理変動相場制を採用している。バスケットの内容は公表されていないが，米ドル，ユーロ，円の主要3通貨が過半を占めると推測される[25]。したがって将来的に，人民元とASEAN通貨が直接連動するのではなく，両者が共通の通貨バスケットにペッグする仕組みを作ることにより，ASEAN＋3の為替相場協調メカニズムを設立することは十分可能性がある。これは実態的に人民元通貨圏に近いシステムであるが，ASEAN＋3が通貨バスケットの構成，ペッグ水準とその変更などに主体的にかかわる点が決定的に重要である。

　(2)　第2段階：ACU中心の地域通貨制度

　第2段階として，これまで主に学界で検討されてきた，通貨バスケットACU（アジア通貨単位）の価値基準としての活用が考えられる。これまで日中韓は，主に構成通貨比率と通貨の交換性の問題から，ACUをめぐる公式討議を避けてきた感がある。構成通貨比率を原則2009年に合意されたCMIの出資比率とすれば，人民元の交換性をACU創出に拡大することで，ACUの作成は現実に可能となる。ACUの利用は，かつてのECU（欧州通貨単位）のように，公的あるいは民間バスケット通貨として，金融取引や外貨準備にまで拡げることができよう。

　将来，東アジアの通貨安定メカニズムを設計するに際し，域内通貨を特定国の通貨（ドル，円，人民元など）にペッグするのではなく，ACUを基準とすることは検討に値する。すなわち，人民元が十分な交換性を実現した段階で，ACUを中心とするアジア通貨制度（AMS: Asian Monetary System）を設立し，円，人民元などすべての域内通貨の安定を図るという構想である。

---

24)　中国で最近「戦略的東アジア共同体論」として主張されている（天児（2008）4ページ）。
25)　2005年8月中国人民銀行の周小川総裁は，通貨バスケットは11通貨で構成されると講演で発言（05年8月11日付け日本経済新聞）。半年後に，20通貨で米ドルは50％以下であると発言している（06年1月28日付け日本経済新聞）。

表 2–12 東アジア地域通貨圏の発展段階

	第1段階：共通通貨バスケット・ペッグ制	第2段階：アジア通貨制度（AMS）
仕組み	・バスケットはドル，円，ユーロで構成。 ・構成比率は要検討 　（例：3通貨各3分の1） ・変動幅は参加国の実情に応じて決定 　（例：±2.25％〜±15％） ・ペッグ参加国はASEANなど東アジア。但し日本はペッグに参加せず自由変動相場を維持（注）。 ・流動性供給・支援と危機対策の信用枠 　—サーベイランスと政策対話 　—市場介入資金（短期流動性）など信用供与・決済と危機対策 　—事務局機能	(1) ACU（Asian Currency Unit）の創出 　構成通貨はアジア（大洋州）の交換可能通貨に限定。 　機能はECUと同様に計算単位，決済手段，価値保蔵手段。 (2) 為替相場メカニズム（ERM: Exchange Rate Mechanism）の設計。 　—EMS採用のパリティ・グリッド（格子状の相場体系）あるいは 　—参加国通貨がACUにペッグする方式。 (3) アジア通貨基金の設立 　公的ACU創出，決済，サーベイランス，信用供与，その他事務局機能等を担う。
利点	・各国協調による域内通貨の安定 ・円と域内通貨との安定に間接的に貢献	・各国協調による域内通貨の安定。 ・ドル，ユーロ，ACU3極通貨体制実現。
備考	・円がペッグ制に参加しない理由は，円のペッグ参加は実質的にドル，ユーロに対する目標相場の設定を意味し，まだ3通貨間に条件が整っていないことによる。 ・AMSへの経過措置との位置づけ（少数の域内国での実施も有意義）。	・実体経済統合と金融面の整備が必要条件。 ・ACU構成通貨国の政策協調が不可欠。 ・中国の参加が重要（人民元は交換性をもつ国際通貨にならなければならない）。 ・グリッド，ペッグ方式に応じて，日本の参加形態に工夫を要する。

（出所）著者作成。

5–2 青写真の用意を

　東アジア経済は，今後も安定的に成長を続け，一体化の度合いを高めていくことが期待される。その過程で，人民元など主要アジア通貨は交換性を実現し，さらに国際通貨として取引されるようになるだろう。域内各国の経済格差は徐々に縮小し，それに伴いインフレ率などの経済条件，経済政策も次第に収斂に向かう。実体経済の統合に対応して，通貨安定のニーズが次第に高まり，かつての欧州通貨制度（EMS）に準ずるアジア通貨制度（AMS）設立の条件が成熟するだ

ろう。

　AMS 導入までには時間がかかりそうだし，一挙に実現することは困難と考えられる。通貨協力の経験，ノウハウの蓄積のためにも，前段階として一部の域内国による共通通貨バスケット・ペッグ制の採用は有意義と考えられる。政策協調を伴う通貨協力は，国家主権の部分的移譲という政治プロジェクトである。従って，域内の有力指導者の確固たる政治意思を共有すれば，思いがけなく実現の機会が訪れる可能性もある。EMS 実現のきっかけは，1970 年代ドルの動揺に直面して，独仏首脳が欧州に安定通貨圏を作ることに合意したことだった。1990 年ドイツ再統一承認の条件として，フランスが西ドイツにマルクの廃貨を求めたことが，共通通貨ユーロへの道を拓いた。東アジアにも予期せぬ歴史が待ちうけているかもしれない。

　ASEAN＋3 の政治指導者たちは，2005 年首脳会談のクアラルンプール宣言の精神に立ち戻り，東アジア・スタディ・グループ最終報告の具体化を検討して欲しい。域内実体経済の発展に歩調を合わせ，通貨・金融面での条件整備を行うことは，東アジア共通の利益に適っている。各国の政治家，官僚，学者は，協力して中長期的なビジョンを打ち出し，その実現に向けた青写真を用意しなければならない。「政治的なビジョンに高い価値がある……（同時に）グランド・デザインや長期的な方向性がどんなに重要であっても，持続的な統合の進展は，継続して力を発揮できる基本原則と，機能する詳細規則無くしては前進しない」（ティートマイヤー（2007）9 ページ）。青写真は，政治的ビジョンのもとに基本図面から詳細設計まで数多く用意する必要がある。そのような地道で夢のあるプロセスこそ，中国，韓国とも協力しつつ，日本が指導的実行力を発揮する場である。そして歴史の窓が開かれたときに，時機を失することなくビジョンを具体化させなければならない。

参 考 文 献

　天児慧（2008）「東アジア共同体構想をめぐる中国の動向」東アジア共同体評議会。
　石田護（2008）「東アジア通貨協力の文脈と意味」『国際金融』1187 号。
　猪口孝　他（2005）「アジア・バロメーター都市部の価値観と生活スタイル」明石書店。

猪口孝　他（2007）「アジア・バロメーター躍動するアジアの価値観」明石書店。
小笠原高雪（2008）「東アジア共同体構想をめぐる ASEAN の動向」東アジア共同体評議会。
ティートマイヤー，H（2007）「ユーロへの挑戦」（財）国際通貨研究所・村瀬哲司監訳，京都大学学術出版会。
内閣府政策統括官室（2008）「世界経済の潮流　2008 年 I」。
日本金融学会編（2008），「金融経済研究」第 26 号。
日本経済研究センター（2007）「ASEAN＋6 経済連携の意義と課題」。
日本経済研究センター（2008）「日中経済の相互依存関係と中国経済の変動の波及経路」。
村瀬哲司（2000）「アジア安定通貨圏―ユーロに学ぶ円の役割」勁草書房。
村瀬哲司（2007）「東アジアの通貨・金融協力―欧州の経験を未来に活かす」勁草書房。
姚枝仲（2008）「非対称競争圧力と人民元のアジア戦略」『国際金融』1191 号。
李暁，丁一兵（2008）「世界金融不安下の東アジア金融協力」『国際金融』1195 号。
李婧，徐奇渕（2009）「人民幣国際化過程：市場駆動与制度支持」吉林大学シンポジウム。
凌星光（2009）「中国の国際金融面での積極対応」『国際金融』1196 号。
早稲田大学アジア研究機構（2007），「東アジア共同体への道　ワセダアジアレビュー」No. 3。
ASEAN＋3 Summit（2001），*Towards an East Asian Community, Region of Peace, Prosperity and Progress—East Asia Vision Group Report 2001*.
ASEAN＋3 Summit（2002），*Final Report of the East Asia Study Group*, 4 November.
Asian Development Bank（2008），*Emerging Asian Regionalism, A Partnership for Shared Prosperity—Highlights*.
Dieter, Heribert ed.（2007），*The Evolution of Regionalism in Asia*, Routledge.
Ding Yibing（2006），*Chinese Perspective of East Asian Exchange Rate Coordination*, Conference Papers of IWEP CASS.
Kawai, M., Wignaraja, G.,（2007）*ASEAN＋3 or ASEAN＋6: Which Way Forward?* ADB Institute Discussion Paper No. 77.
World Economic Forum（2008），*The Global Competitiveness Report 2007–2008*, Palgrave MacMillan.
Yu Yonding（2001），*On East Asian Monetary Cooperation*, W P No. 2, IWEP CASS.

第 3 章

アジアの通貨システムの構築に向けて

はじめに

2007年にアメリカのサブプライム・ローンの不良債権化に端を発した世界金融危機の影響が世界各国通貨に及んでいる。2008年9月中旬にリーマン・ブラザーズが連邦破産法（Chapter 11）に破綻を申請して以来，欧米の金融機関は，とりわけドル建ての流動性の確保が難しくなり，世界中の資産を売却，本国送金してきた。その結果，アジアの株価などの資産価格は大きく下落，資本流出による通貨売りから，一部のアジア通貨は対米ドルで大きく減価した。唯一の例外は日本円で，これはこれまで円のキャリートレード（円借り，高金利通貨への運用）をしていた内外の投資家が，ポジションをたたんで，円の返済を進めるための円買いを行ったためである。その後世界の金利がゼロに近づく中で，金利差は縮小し，一時的には日米金利が逆転するとともに，円はさらに増価した。

その結果，為替相場は，円が一番強く，次に米ドルと米ドルに明示的・暗黙裡にペッグしている国（香港，中国，中東諸国）の通貨が中間的な水準を維持している。それに対して，ユーロやユーロ圏周辺国通貨が対米ドルで減価するという構図が鮮明になってきた。金融危機の発端がアメリカであったにもかかわらず，米ドルが（円を除く）他通貨に対して相対的に増価しているのは皮肉なこと

である。これは，米ドルが世界経済における基軸通貨としてさまざまな金融取引の契約通貨・決済通貨となっているために，金融機関の国際金融取引における流動性確保は米ドルで行わざるを得ない，という事情があるからだ。

アジアの中のいくつかの国では，米ドルに対して自国通貨が減価することで，通貨危機につながるのではないかという不安が生じた国もあった。また，中国のように，米ドルに対する自国通貨の価値の徹底した安定化を図ろうとする国も散見される。しかし，重要なことは，通貨価値の安定性は，対米ドルの二国間為替相場ではなく，経済取引相手国通貨全体を考慮に入れた実効為替相場でみるべきである。アジア通貨を一塊としてその加重平均値を取って，域外の経済取引相手の米国と欧州の通貨全般に対しては，アジア通貨の加重平均値は安定的に増価傾向にある。むしろ米ドルと欧州通貨との間で大きな通貨の混乱（Currency Turmoil）が発生したということができるかもしれない。しかし，今般の世界金融危機において，アジア各国通貨を個別に観察すると，それらは非対称的反応を示した。

アジア域内の生産ネットワークの構築による経済関係の緊密化及びそれに伴う貿易依存度の高まりとともに，アジア各国通貨間における域内為替相場変動が，アジア域内の貿易，生産，直接投資などの実体経済に与える影響は年々大きくなりつつある。このようなアジア域内の経済関係の緊密化を踏まえて，アジア通貨の動きをどのように監視する必要があるかを考えることが重要となっている。その1つの方法として提案されるのが，アジア域内の共通通貨バスケットであるアジア通貨単位（AMU）に基づいたAMU乖離指数の動きを注意深く観察することである。

1. 世界金融危機とアジア通貨

まず2008年以降のアジア通貨の動きを見てみよう。図3–1は，2008年1月から2009年12月末までのアジア通貨の対米ドル為替相場（日次）の推移を表している[1]。リーマン・ショックが起きた2008年9月を境としてインドネシア・

---

1) 各為替相場は2008年1月3日の為替相場を100として指数化している。

第 3 章　アジアの通貨システムの構築に向けて　89

図 3–1　アジア通貨の対ドル相場の推移（2008/1/3＝100）

(出所) 著者の計算による (日次為替相場は Datastream より取得)。

ルピア，韓国ウォン，マレーシア・リンギット，フィリピン・ペソ，シンガポール・ドル，タイ・バーツは大きく減価している。特に韓国ウォンの減価幅は大きく，2008 年 1 月の水準と比較して 2008 年 11 月末には 60％ の減価となった。一方，中国元の対米ドルの為替相場は 2008 年 1 月の水準から 2008 年 7 月までには 6％ ほど増価したが，それ以降は米ドルに固定されている。そして，日本円のみが大きく上昇しており，2008 年 1 月の水準からの増価幅は 15％ 超となった。

中国は，人民元の為替相場制度改革を発表したにもかかわらず，事実上のドルペッグ制に回帰した。2005 年 7 月 21 日に発表された為替相場制度改革では，中国元はドルペッグ制度から通貨バスケットを参照とした管理フロート制に移行すると発表された。その後 3 年間にわたり徐々に中国元が米ドルに対して増価してきた[2]。為替相場制度改革の発表以降の切り上げ幅は 2008 年 7 月までに

---

2) 伊藤 (2008) は，中国の 2005 年 7 月の改革後の為替政策は「バスケット制」には程遠く，米ドルに対する「クローリング・ペッグ制」であることを実証している。

およそ18％であったが，それ以降は1ドル6.83元の水準でほぼ固定されている。中国の通貨当局がこのように減価傾向にある米ドルに中国元を事実上固定する為替政策は，諸外国から中国の輸出を保護するための近隣窮乏化政策であるとの非難を受けている。

　以上をまとめると，今回の世界金融危機が東アジアの中心国である日本，中国，韓国に与えた影響は非対称的であった。円と韓国ウォンのように対米ドルに対して全く正反対の動きをした通貨，中国元のようにドル固定相場制に回帰した通貨，と三者三様である。大幅な韓国ウォン安によりアジア通貨危機の再来が危惧された国と，急激な円高により輸出に大打撃を受けた国という2つの大きな異なる影響がアジア経済にもたらされた。

　このような違いが生じる1つの原因として，各国の為替相場制度が異なっていることを指摘することができる。表3–1は東アジア諸国の2009年末現在の為替相場制度と世界金融危機時の為替相場変動 (2008年／2009年の日次為替相場変化率の標準偏差) をまとめたものである。これによると，ハードペッグとして固定為替相場制度に分類されるのは香港のカレンシーボード制のみであり，その他の諸国は管理フロート制度，または変動為替相場制度を採用している。

　しかし，上述したように，中国においては管理フロート制度とは名ばかりで，事実上はドルペッグ制度が採用されたことは図3–1からも明らかである。中国元の対米ドル日次為替相場変化率の標準偏差は0.10％と香港に次いで低い。台湾，マレーシア，シンガポールは通貨バスケットを参照とした管理フロート制度を採用している。図3–1が示す通り，その他のアジア通貨と比較すると安定した動きであり，対米ドル相場日次為替相場変化率の標準偏差は中国に次いで低い水準にある。変動為替相場制度を採用しているフィリピン・ペソ，インドネシア・ルピア，日本円は為替相場の変動が激しく，対米ドル相場日次為替相場変化率の標準偏差も0.50％を越えて高い。韓国は管理フロート制度を採用しているものの，図3–1が示す通り，この時期において世界金融危機の影響を受けたためにアジア通貨の中で最も対ドル相場の変動が激しく，対米ドル相場日次為替相場変化率の標準偏差は1.39％と一番高いことがわかる。

表3-1 東アジア諸国の為替相場制度と国際金融危機時の為替変動

	為替相場制度分類	日次為替相場の標準偏差 (2008–2009) 対米ドル	対円
香港	カレンシーボード制	0.03%	0.93%
中国	管理フロート制度（通貨バスケットを参照）	0.10%	0.94%
台湾	管理フロート制度（通貨バスケットを参照）	0.34%	1.02%
マレーシア	管理フロート制度（通貨バスケットを参照）	0.21%	1.06%
シンガポール	管理フロート制度（通貨バスケットを参照）	0.44%	1.05%
タイ	管理フロート制	0.53%	1.06%
韓国	管理フロート制	1.39%	1.83%
フィリピン	変動為替相場制度	0.55%	1.12%
インドネシア	変動為替相場制度	0.77%	1.22%
日本	変動為替相場制度	0.93%	—

(注) 標準偏差は日次為替相場（2008/1/3 から 2009/12/31）の変化率を用いて計算している。
(出所) IMF，各国中央銀行のウェブサイト，Datastream（日次為替相場）。

　次に，同時期の各国通貨の対円為替相場の変動を見てみよう。この時期の円相場は対米ドルで急激に円高が進むなど激しい変動をしていたため，すべてのアジア通貨の対円相場日次為替相場変化率の標準偏差は対米ドル相場のそれよりも高くなっている。ドルペッグの香港ドル，中国元も対円相場日次為替相場変化率の標準偏差は，円/米ドル相場と同じく0.93％と高い。それ以外のアジア通貨の対円相場日次為替相場変化率の標準偏差は1％を越えており，最も相場変動が激しかった韓国ウォンの対円相場日次為替相場変化率の標準偏差は1.83％であった。日本は近隣のアジア諸国にとって重要な貿易相手国であり，このような短期間での為替相場変動がアジアに生産拠点を進出している日系企業に与える影響は少なくない。

　表3-2はアジア諸国の国・地域別の製造業貿易シェアをBISの実効為替相場算出のための貿易ウェイト（2005年—2007年）を参照して算出したものである。これによると中国を除くアジア諸国の貿易相手国第一は日本，あるいは中国（＋香港）であり，域内貿易シェアは中国，日本，韓国を除くすべての国で60％に近い数値となっている。このようにアジアの高い域内貿易シェアを考慮すると，アジア通貨の動きを対ドル相場のみで判断するのは不十分であり，対円相場をはじめとする域内為替相場を安定させることが重要である。

表 3–2　アジア各国の国・地域別貿易シェア（2008 年）

	米国	EU 諸国	日本	中国+香港	韓国	ASEAN	台湾	その他	アジア合計
中国	21.0	24.1	16.8	0.8	8.2	8.3	6.6	14.2	40.7
香港	10.9	13.1	13.2	12.4	4.9	27.6	4.9	13.0	63.0
台湾	15.7	15.7	20.6	21.6	7.2	10.4	—	8.9	59.7
日本	20.5	20.4	—	24.2	6.9	11.9	4.1	12.1	47.1
韓国	15.8	19.1	18.5	22.5	—	8.3	4.0	11.9	53.3
インドネシア	12.1	17.2	15.8	11.9	4.9	24.7	3.0	10.4	60.3
マレーシア	18.1	16.6	13.3	14.4	4.9	19.4	4.6	8.7	56.6
フィリピン	18.1	16.1	19.5	13.2	6.1	14.8	5.6	6.6	59.2
シンガポール	15.1	17.7	11.9	17.3	5.4	19.6	5.0	8.1	59.2
タイ	13.0	16.2	21.9	15.0	4.3	14.9	4.0	10.7	60.1

（出所）BIS, 実効為替相場算出のための製造業貿易ウェイト（2005 年―2007 年）。
　　　　（http://www.bis.org/statistics/eer/index.htm）

2. アジアの共通通貨バスケット提案とその動向

　1997 年のアジア通貨危機以降，東南アジア諸国連合（ASEAN）および日本，中国，韓国で構成される ASEAN＋3 の域内金融協力を推進してきた。その 1 つとして，自国通貨を買い支えるために必要な資金を 2 カ国，もしくは多国間の通貨スワップ協定によって融通するチェンマイ・イニシアチブ（CMI）の創設が挙げられる。この CMI の下では，今後の通貨危機を防止するために各国金融当局による域内経済のサーベイランス（相互監視）が行われている。小川・清水（2005）は，新たなサーベイランス基準として，東アジアにおけるアジア通貨単位（AMU）および AMU 乖離指標の創設を提案した。それらのデータは，毎日更新しながら，経済産業研究所（RIETI）のウェブサイトにおいて公表されている[3]。この節では AMU および AMU 乖離指標の算出について簡単に説明した上で，それらを用いて世界金融危機以降のアジア通貨の動向について分析する。

2–1　アジア通貨単位（AMU）の提案

　AMU は，欧州連合（EU）加盟国がユーロ導入以前に欧州通貨制度（EMS）の下で採用した欧州通貨単位（ECU）を算出する際に用いた手法に基づき，東アジア

3）　経済産業研究所（RIETI）（http://www.rieti.go.jp/users/amu/index.html）

通貨13カ国（ASEAN 10カ国＋日中韓）の加重平均値として算出される。AMUにおける各通貨のウェイトは，購買力平価で測った各国のGDPのシェアと当該国がサンプルとして抽出された国々の総貿易額（輸出と輸入の合計）の中に占める割合の双方の算術平均に基づいて算出した。購買力平価で測ったGDPシェアおよび各国の貿易額シェアは取得可能な直近の3年間のデータの平均値を用いている（2009年10月より2005年から2007年のデータの平均値を採用）。これは，東アジア13カ国の最新の貿易関係と経済規模をシェアとして反映させるためである。さらに，AMUの対価となる通貨としてここでは米ドルとユーロの加重平均値（以下，米ドル‐ユーロ）を用いる。これは，米国のみならずユーロ圏諸国も東アジア各国にとって重要な貿易相手国であり，AMUの相場は米ドルとユーロの

表3-3 ASEAN10＋3（日本，韓国，中国*）の貿易収支（百万米ドル）

	対日本**	対 ASEAN＋3	対世界
1990	−23,437	−1,695	35,814
1991	−33,084	−4,666	56,599
1992	−41,172	−811	87,582
1993	−54,184	−4,940	86,698
1994	−65,089	9,572	95,364
1995	−73,856	14,672	61,450
1996	−59,680	12,278	7,639
1997	−54,531	26,484	83,680
1998	−29,802	12,131	231,587
1999	−32,065	4,819	215,785
2000	−38,676	2,365	181,164
2001	−23,997	1,953	123,959
2002	−40,063	12,966	162,818
2003	−55,834	37,488	195,760
2004	−73,130	47,816	227,571
2005	−67,135	61,800	264,315
2006	−74,037	61,840	327,093
2007	−84,267	119,411	445,281

（注）貿易データはDOTS（IMF）に基づいている。
　　* 中国に関するデータはDOTSの"China, P.R.: Mainland"と"China, P.R.: Hong Kong"の両方を合わせて用いている。
　　** 対日本の貿易収支は，日本を除くアジア12カ国の対日貿易収支の総額である。

加重平均として扱われるべきと考えるからである。米ドル-ユーロは、東アジア各国の米国、およびユーロ圏との貿易額に基づき、米ドルとユーロに対する加重値はそれぞれ 65% と 35% に設定して算出される。

次に問題となるのは、AMU 乖離指標を算出するためのベンチマーク期間の設定である。ベンチマーク期間は、加盟各国の総貿易収支、日本以外の加盟国の対日貿易収支、および加盟国とその他世界の総貿易収支が均衡状態に最も近い期間として定義される。1990 年から 2007 年までの東アジア 13 カ国の貿易収支を精査した結果、3 つの貿易収支が最も均衡に近づいたのが 2001 年であった（表 3-3）。ただし、為替相場の変動が貿易額に影響を及ぼすまでに 1 年のラグがあると仮定し、2000 年—2001 年をベンチマーク期間とした。

表 3-4　東アジア通貨単位（AMU）算出のバスケット・ウェイト
（2009 年 10 月更新****、ベンチマーク期間＝2000/2001）

	貿易額シェア*、%	購買力平価で測った GDP シェア**、%	算術平均シェア、%（a）	基準為替相場***（b）	AMU ウェイト（a）/（b）
ブルネイ	0.33	0.14	0.23	0.589114	0.0039
カンボジア	0.15	0.17	0.16	0.000270	5.8666
中国	26.08	44.97	35.52	0.125109	2.8395
インドネシア	5.27	5.61	5.40	0.000113	477.8761
日本	23.12	29.76	26.44	0.009065	29.1705
韓国	13.01	8.12	10.56	0.000859	122.9905
ラオス	0.11	0.08	0.10	0.000136	7.0288
マレーシア	7.51	2.40	4.95	0.272534	0.1818
ミャンマー	0.33	0.30	0.31	0.159215	0.0198
フィリピン	2.37	1.99	2.18	0.021903	0.9964
シンガポール	12.80	1.50	7.15	0.589160	0.1213
タイ	6.59	3.51	5.05	0.024543	2.0580
ベトナム	2.33	1.45	1.89	0.000072	262.4862

*：貿易額は DOTS（IMF）における 2005 年、2006 年、2007 年の輸出・輸入のドル換算合計額の平均値。
**：購買力平価で測った GDP は、世界銀行の「World Development Report」における 2005 年、2006 年、2007 年の平均値。
***：基準為替相場（米ドル・ユーロ／当該通貨）は、ベンチマーク期間（2000 年と 2001 年）における米ドル・ユーロに対する日次為替レートの平均値。
****：AMU シェアおよびウェイトは 2009 年 10 月に更新された第 5 バージョンである。
（出所）Ogawa and Shimizu (2005)、経済産業研究所 (RIETI)。

以上のように，AMU の加重値は直近 3 年間の購買力平価で測った GDP シェアと貿易額シェアに基づいたウェイトで構成され，各通貨のベンチマーク為替相場は 2000 年から 2001 年の間の AMU に基づき定義される。表 3-4 は，各通貨の貿易額シェア，購買力平価で測った GDP シェア，およびその算術平均によるシェア，ベンチマーク為替相場と AMU のウェイトをまとめたものである。

AMU に対する東アジア通貨の名目為替相場を利用して，サーベイランスとして利用可能な AMU 乖離指標を計算する。AMU 乖離指標は，各通貨の AMU に対する実際の為替相場が AMU に対する基準為替相場からどれほど乖離しているかを示す指標であり，次式で計算される[4]。

$$\text{AMU 乖離指標}(\%) = \frac{\text{AMU に対する実際の為替相場} - \text{AMU に対する基準為替相場}}{\text{AMU に対する基準為替相場}} \times 100$$

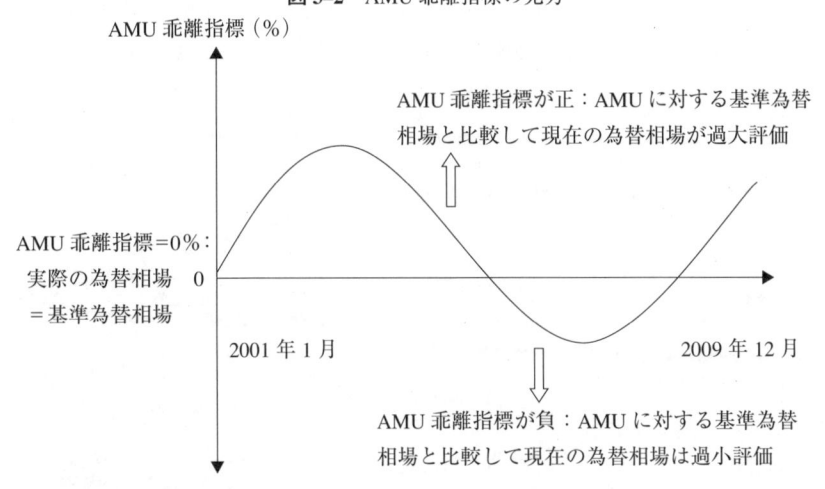

図 3-2 AMU 乖離指標の見方

AMU 乖離指標（%）

AMU 乖離指標が正：AMU に対する基準為替相場と比較して現在の為替相場が過大評価

AMU 乖離指標=0%：
実際の為替相場
＝基準為替相場

2001 年 1 月　　　　2009 年 12 月

AMU 乖離指標が負：AMU に対する基準為替相場と比較して現在の為替相場は過小評価

（出所）経済産業研究所（RIETI）。

---

4) REITI のウェブサイトでは，ここで計算される名目の AMU 乖離指標の他に各国の消費者物価指数で割り引いた実質の AMU 乖離指標（月次ベース）も計算・公表されている。

図3–2 は AMU 乖離指標の見方を表している。AMU 乖離指標が正の値をとる時は，当該通貨の現在の為替相場が AMU に対する基準為替相場と比較して過大評価されていることを示し，AMU 乖離指標が負の値をとる時は，当該通貨の現在の為替相場が AMU に対する基準為替相場と比較して過小評価されていることを示している。それでは，この AMU 乖離指標を用いて，世界金融危機前後のアジア通貨の動向を見てみよう。

2–2 AMU 乖離指標で見る世界金融危機以降のアジア通貨の二極分化

まず東アジア13カ国通貨の加重平均値であるアジア通貨単位（AMU）が，主要通貨（米ドル，ユーロ）に対してどのように推移しているかを見てみよう。図3–3 は，2005年1月以降の AMU 対米ドル – ユーロ・バスケット，対米ドル，対ユーロの推移を表したものである。これによると，AMU 対米ドル – ユーロ・バスケットは世界金融危機下においても安定的に推移していることがわかる。ただし，この安定はアジア各国通貨の上下変動がそれぞれ相殺された形となって実現している点には注意が必要である。2009年以降ほぼ1に近い水準にあり，

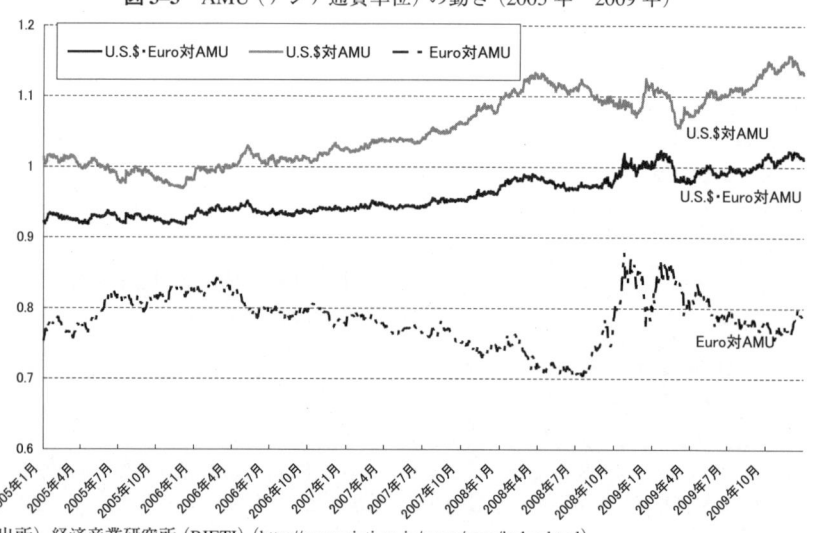

図3–3 AMU（アジア通貨単位）の動き（2005年―2009年）

（出所）経済産業研究所（RIETI）(http://www.rieti.go.jp/users/amu/index.html)。

AMU のベンチマーク期間である 2000 年・20001 年時の水準に回復してきたことがわかる。AMU 対米ドルは 1.10 であり，世界金融危機以降対米ドルで円高傾向にある日本円の影響から強含みで推移している。一方，AMU 対ユーロは，2008 年 9 月のリーマン・ショック以降はそれ以前の水準である 0.70 から 0.85 まで増加したものの，現在は 0.80 を下回る水準で推移しており，依然として基準年に対して，ユーロ高の傾向にある。

図 3-4 は 2000 年 1 月から 2009 年 12 月までの月次ベースでの主要通貨の AMU 乖離指標の動きを示したものである。これによると，2005 年までの AMU 乖離指標はインドネシア・ルピアと日本円を除き上下ほぼ 5% の狭い変動幅内で推移していたが，それ以降は徐々に変動幅が拡大し始め，2008 年後半にアジア域内通貨の乖離幅は 40% 超になったことがわかる。アジア通貨の中で最も変動が大きかったのは韓国ウォンである。韓国ウォンは，2004 年後半から増価し始め，2006 年 2 月から 2007 年 11 月初めまで，2000–01 年のベンチマークに比較して 20% の過大評価をされていた。しかし，2007 年 11 月以降，韓国ウォンは急速に減価し続け，リーマン・ショック直後の 2008 年 10 月末には，2000–01 年の

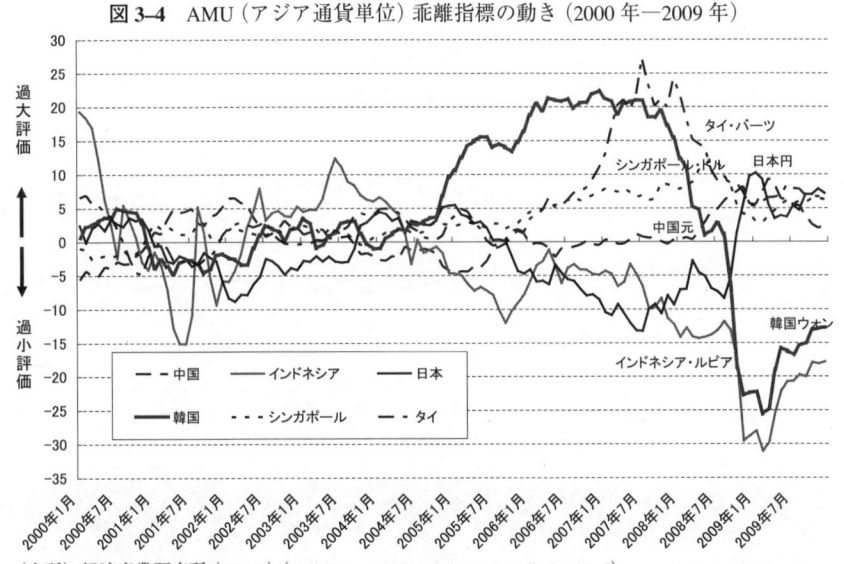

図 3-4 AMU（アジア通貨単位）乖離指標の動き（2000 年—2009 年）

（出所）経済産業研究所（RIETI）(http://www.rieti.go.jp/users/amu/index.html)。

ベンチマークに比較して30%弱の過小評価をされるまでに減価した。この1年間で韓国ウォンは，アジア通貨の中で50%も減価したことになる。その他のアジア通貨も，韓国ウォンほどではないが，タイ・バーツなども，同時期に減価している。

円と中国元は，前述した韓国ウォンやタイ・バーツとは異なり，アジア通貨の中で増価している。円は，2007年7月においては，2000-01年のベンチマークに比較して14%程過小評価されていたが，その後，増価傾向にあり，2008年11月末には7%の過大評価となっている。この1年ほどの間に円はアジア通貨の中で20%以上の増価となった。また，中国元は，2008年3月までは一貫して，2000-01年のベンチマークに比較して過大評価もなく過小評価もなかったが，2008年3月以降，アジア通貨の中で増価に転じて，他のアジア通貨が減価するなか，2008年11月末には相対的に8%程の過大評価となった。

図3-5は2008年1月から2009年12月までのASEAN5カ国と日中韓3カ国のAMU乖離指標を表している。これによると，リーマン・ショックが起こった2008年9月以降東アジア通貨の二極分化が鮮明となっている。強い通貨のグ

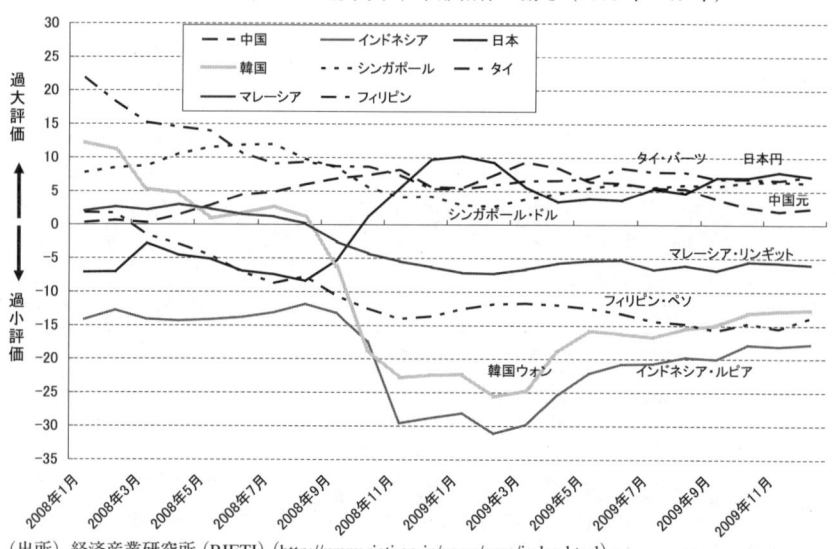

図3-5 AMU（アジア通貨単位）乖離指標の動き（2008年—09年）

（出所）経済産業研究所（RIETI）(http://www.rieti.go.jp/users/amu/index.html)。

ループ（円，中国元，タイ・バーツ，シンガポール・ドル）と弱い通貨のグループ（その他東アジア通貨）の乖離は依然として縮まっていない。

このようなアジア通貨間での為替相場変動が実体経済に与える影響は少なくない。例えば，アジア通貨間のなかでも最も変動の激しい円対韓国ウォン相場は，2007年半ばにはAMU乖離指標の差でみると韓国ウォンが30％以上の過大評価であったのが，2008年以降韓国ウォンが急落し，2009年8月時点で円がほぼ20％の過大評価で推移している。この結果，韓国の主要な電気・電子産業は2009年4-6月期には世界金融危機以前の水準まで業績が回復しており，依然として業績不振が続く日本メーカーに圧倒的な差をつけている。また，2005年7月の中国人民元の為替相場制度改革以降，徐々に対米ドルで増価してきた中国元に対して，依然としてドルペッグ政策を続けるベトナム・ドンは割安に推移しており，アジアに製造拠点を展開する日系企業の中で中国からベトナムなどの弱い通貨グループ国へ生産拠点の割合を高める傾向が顕著となっている（もちろん，中国以外への生産拠点の分散化は，通貨以外の要因もある）。

ASEANと中国は2009年8月に自由貿易圏の投資合意を正式に調印し，2010年1月からは発展途上国で構成される世界最大の自由貿易圏が誕生することになる。このような状況において，アジア域内における通貨切下げ競争を回避し，通貨の安定を図るという観点からも，AMU乖離指標を用いてアジア通貨間の域内為替相場を注視する必要が高まっていくと予想される。

2-3　AMUを巡る新たな提案

現在東アジアにおいては，ASEAN＋3，ASEAN＋3にオーストラリア，ニュージーランド，およびインドを加えたASEAN＋6，さらにアメリカを含めた環太平洋地域を対象とするAPECという重層的な枠組で，将来の経済統合に向けた地域統合に関する議論が行われている。ASEAN＋3においては2009年にCMIのマルチ化（CMIM: Chaing Mai Initiative Multilateralization）を進展させる合意に至った。一方，ASEAN＋6においても，域内貿易の急増，国境を超えた生産ネットワークの拡大など，経済実態としての結びつきが強まっており，この地域を含

めた EPA/FTA の取組の進展を基礎とする広域経済連携（例えば，東アジア共同体構想）が模索されている。アジアにおける共通バスケットの構成通貨については，さまざまな議論がある。AMU は ASEAN＋3 財務大臣会合会議におけるサーベイランス指標を提案する，という政策的な意図で計算されたものであるが，このような東アジアを中心とする地域経済統合の新たな動きに対応して，AMUに加えて以下の2つの共通通貨バスケットが提案される。

・AMU-ワイド

2005年12月に初めて開催された ASEAN＋3 各国，インド，オーストラリア及びニュージーランド（ASEAN＋6）を参加国とする「東アジア首脳会議（EAS）」では，EAS の定期開催や，EAS がこの地域における共同体（東アジア共同体）形成の「重要な役割（significant role）」を果たすことなどを確認する共同宣言が発出された。そこで，東アジアを中心としてより広範囲にわたった経済を対象とした共通通貨として ASEAN＋6 の16カ国で構成される共通通貨バスケット「アジア通貨単位ワイド（AMU-ワイド）」が 2008年9月より RIETI のウェブサイトでデータが公表されている。

AMU-ワイドは，近年経済成長が著しい BRICs 諸国の内の1つであるインドと OECD 加盟国のオーストラリアとニュージーランドが構成通貨として加わることによって，バスケット・ウェイトが AMU と比較すると，地域性だけではなく，経済の特性の上でも，分散している点が特徴となっている。表3-5 によると，バスケット・ウェイトの第一位が中国の29.55％，第2位が日本の23.63％と上位2カ国の順番は変わらないが，第3位はインド（9.68％）になり，韓国（9.00％）は第4位となる。オーストラリアは，シンガポール（6.31％）に次いで第6位となっている（5.13％）。

図3-6 は AMU-ワイドを用いて計算された AMU-ワイド乖離指標である。これを見ると，東アジア諸国より金利水準の高いオセアニア2カ国の通貨が上位に位置していることがわかる。一方，インド・ルピーは2000年から2008年半ばまではゼロからマイナス10％の間で推移していたが，世界的な金融危機に見

表 3-5　AMU-ワイドのバスケット・ウェイト

	貿易額シェア*, %	購買力平価で測ったGDPシェア**, %	算術平均シェア, % (a)	ベンチマーク為替レート*** (b)	AMUウェイト (a)/(b)
オーストラリア	6.29	3.98	5.13	0.615285	0.0835
ブルネイ	0.30	0.11	0.20	0.587476	0.0035
カンボジア	0.13	0.13	0.13	0.000264	4.9517
中国	23.40	35.70	29.55	0.121326	2.4355
インド	3.35	16.01	9.68	0.022829	4.2399
インドネシア	4.71	4.45	4.58	0.000125	367.3403
日本	20.79	23.63	22.21	0.009100	24.4015
韓国	11.56	6.44	9.00	0.000868	103.7352
ラオス	0.09	0.07	0.08	0.000158	4.9820
マレーシア	6.67	1.91	4.29	0.264305	0.1622
ミャンマー	0.30	0.23	0.27	0.161891	0.0165
ニュージーランド	1.05	0.63	0.84	0.494035	0.0170
フィリピン	2.03	1.58	1.81	0.024204	0.7462
シンガポール	11.43	1.19	6.31	0.587478	0.1074
タイ	5.82	2.79	4.31	0.025777	1.6703
ベトナム	2.10	1.15	1.63	0.000071	227.4460

*:　貿易額はDOTS (IMF) における2005年, 2006年, 2007年の輸出・輸入のドル換算合計額の平均値.
**:　購買力平価で測ったGDPは, 世界銀行の「World Development Report」における2005年, 2006年, 2007年の平均値.
***:　ベンチマーク為替レート (米ドル・ユーロ/通貨) は, 1999年と2000年における米ドル・ユーロに対する日次為替レートの平均値.
(出所) 経済産業研究所 (RIETI) (http://www.rieti.go.jp/users/amu/index.html).

舞われてからはアジア通貨の中では弱い通貨となっている[5]。したがって, 上記3カ国を加えたAMUワイド乖離指標の変動幅は, AMU乖離指標よりも大きくなっている. Ogawa and Yoshimi (2010) とOgawa (2010) による経済成長論で使われているβ収斂とσ収斂の実証分析において, ASEAN＋3通貨のみの収斂 (あるいは発散) 状況に比較して, ASEAN＋6通貨の方がその収斂度が低く (発散度が高く), 乖離の程度が高いことが示されている. このことは, 経済関係の強いアジア・オセアニア地域においても依然として為替制度や金融政策で格差が大きいことを示唆している.

5) インドはドルペッグ政策を採っており, インド中央銀行が適時, 為替介入を行っているために, BRICs諸国の中でも米ドルに対する為替相場は安定している.

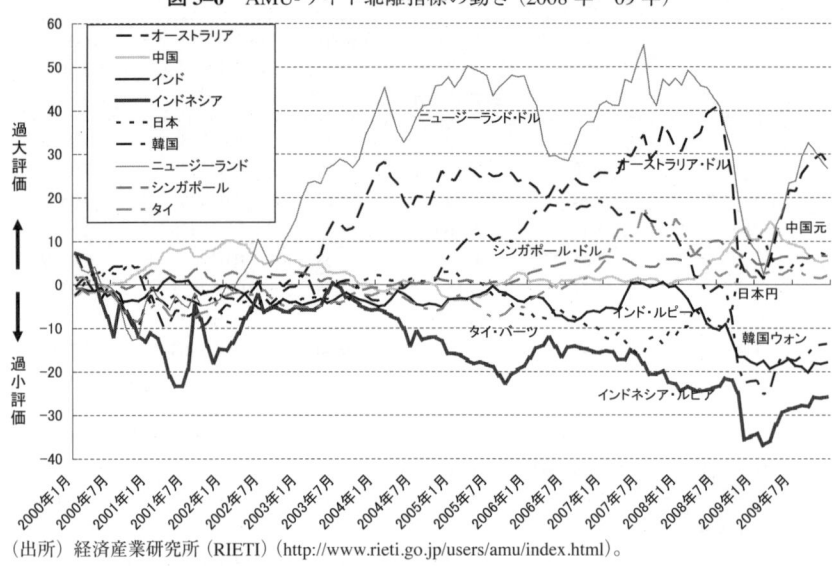

図 3-6 AMU-ワイド乖離指標の動き（2008 年―09 年）

（出所）経済産業研究所（RIETI）（http://www.rieti.go.jp/users/amu/index.html）。

　AMU-ワイドは，東アジアを中心としてより広範囲にわたった経済を対象とした共通通貨バスケットであり，将来的に AMU と合わせて域内経済のサーベイランス指標として活用されることが期待される。

・AMU-cmi

　2009 年 5 月 3 日にインドネシアのバリで行われた第 12 回 ASEAN＋3（日中韓）財務大臣会議では CMI の強化策が提案され，その資金規模は 1,200 億ドルに増額された。さらに，CMI のマルチ化（CMIM）が 2009 年末までに機能させることで合意されたことにより，今後 CMI における独自の経済サーベイランスの実現が不可欠となり，アジア域内の金融協力の強化（1997 年のアジア通貨基金―AMF―構想の精神にかなうもの）が進むことが予想される。資金総額 1,200 億ドルの CMIM では，各国の貢献額（シェア）が決められている。これをバスケット・シェアとして採用して計算されたのが AMU-cmi であり，CMIM と連動するサーベイランス指標として用いるのに適切であると考えられる。AMU-cmi は IMF における SDR と同様の概念として，今後 CMI 参加国の既存の準備資産を補完するた

表3-6 AMU-cmi のバスケット・ウェイト

	CMIMの貢献額* （10億ドル）	CMIM シェア %，(a)	ベンチマーク 為替レート**(b)	AMU-cmi ウェイト (a)/(b)
ブルネイ	0.03	0.025	0.589114	0.0004
カンボジア	0.12	0.100	0.000270	3.6969
中国	34.20	28.500	0.125109	2.2780
香港	4.20	3.500	0.132842	0.2635
インドネシア	4.77	3.975	0.000113	352.8940
日本	38.40	32.000	0.009065	35.3024
韓国	19.20	16.000	0.000859	186.1856
ラオス	0.03	0.025	0.000136	1.8342
マレーシア	4.77	3.975	0.272534	0.1459
ミャンマー	0.06	0.050	0.159215	0.0031
フィリピン	3.68	3.067	0.021903	1.4001
シンガポール	4.77	3.975	0.589160	0.0675
タイ	4.77	3.975	0.024543	1.6196
ベトナム	1.00	0.833	0.000072	116.4928

*：CMIM の貢献額は総額 1,200 億ドルでり，2009 年 5 月 3 日の第 12 回 ASEAN＋3 財務大臣会議において決定されたものである。
**：ベンチマーク為替レート（米ドル・ユーロ／通貨）は，2000 年と 2001 年における米ドル・ユーロに対する日次為替レートの平均値。
（出所）経済産業研究所（RIETI）(http://www.rieti.go.jp/users/amu/index.html)。

めの際の準備通貨として，あるいは計算単位として活用されることが期待される。既存の AMU と大きく異なる AMU-cmi の特徴としては，以下の 2 点があげられる。

・CMIM の資金総額 1,200 億ドルに対する各国の貢献額の割合をバスケット・シェアとして採用する。
・CMIM に新たに参加する香港をバスケット構成通貨として採用する。

AMU-cmi のバスケット・ウェイトは以下のように計算される[6]。

---

[6] AMU-cmi および AMU-cmi 乖離指標の計算は，AMU および AMU 乖離指標の計算手法と同様に行われているが，AMU と異なり年毎のバスケット・ウェイト改定は行われない。各通貨のベンチマーク為替相場を決めるベンチマーク期間は，AMU と同様に加盟各国の域内貿易収支の合計，および加盟各国の対日貿易収支の合計が均衡状態に最も近い期間として 2000 年・2001 年の日次為替相場の平均値として決められている。

従来の AMU と異なり，AMU-cmi のバスケット・ウェイトでは円のウェイトが 32% と最も高くなる。2 番目が中国元 (28.5%) となるが，香港を含めた中国のウェイトは 32% と日本と同じウェイトになる。また，韓国ウォンのウェイトが 16% と AMU (約 10%) よりも高くなっており，日中韓で全体の 80% を占めている点に大きな特徴がある。北東アジア主要 3 カ国のウェイトが高くなっているのは，金融や経済の現状を反映している結果であるが，その意味において，日中韓は今後の東アジア地域協力の主導的な役割を果たす責任がある。

3. アジアにおける段階的な通貨システム改革

今後アジア通貨の域内安定を目指した為替協調政策を推進していくためには，具体的にどのようなステップが考えられるだろうか？ 本節では，2 節で説明した AMU，および AMU 乖離指標を用いた域内為替協力の段階的アプローチについて小川・清水 (2007) に基づいて以下のように提案する。

- 第 1 段階
  - ➢為替相場政策を協調していくための定期的な政策会合を設ける。
  - ➢ASEAN＋3 の経済サーベイランス指標として AMU 乖離指標を採用する。
- 第 2 段階
  - ➢各国が個々の通貨バスケットを参照とした管理フロート制度に徐々に移行する。
  - ➢AMU 乖離指標を用いたサーベイランスを開始する。
- 第 3 段階
  - ➢各国が AMU を参照とし，BBC ルールに沿ったバスケットペッグ制を採用する。
  - ➢AMU 乖離指標に一定の許容変動幅を設け，そこから逸脱した通貨については協調介入を行う。
  - ➢AMU 乖離指標の許容変動幅に合わせて金利差を一定限度内に抑える協調的な金融政策を実施する。

・第4段階

➤アジア共通通貨 AMU の導入。

　将来的に東アジアに共通通貨を導入するという目的の下で為替相場制度協調政策を行うためには，東アジア各国間でコンセンサスを得る必要性があるだろう。しかし，多くの東アジア各国では資本取引や為替取引の規制が残されており，採用している為替相場制度にも大きな隔たりがある現時点において，共通通貨構想に基づいた為替相場政策に関するコンセンサスを得るのは難しい。そこで，第1段階では為替相場政策に関する政策会合を設けて，対米ドルではなく対 AMU での各アジア通貨の動きを定期的にサーベイすることを提案する。

　前節で示したように，制度的には多くの東アジア各国は個々の通貨バスケットを参照とした管理フロート制を採用している。通貨バスケット制度の主な目的は実効為替相場の安定にあるため，バスケット・ウェイトは主に貿易シェアに基づいて決められている場合が多い[7]。表3-2で示した通り，東アジア通貨の実効為替相場における米国のシェアは10%台から20%まで，EU諸国のシェアは香港を除くと15%から24%，アジア域内のシェアは日本と中国を除くと50%台から60%台であり，主要3地域への大まかなウェイトは似ている。Ma and McCauley（2009）も指摘している通り東アジア通貨の実効為替相場のバスケット・ウェイトは互いに近似しているため，各国が自国通貨を実効為替相場に対して安定させる為替相場政策を採用することにより，自ずと東アジア通貨間の安定を図ることができる。すなわち，政策的なコンセンサスがなくても東アジア各国が対米ドルの為替相場安定を重視した為替相場政策から実効為替相場を安定させる為替政策に変更することにより，第2段階は実行可能となる。

　第3段階では，個別の通貨バスケットを参照とする管理フロート制から域内

---

[7]　中国人民銀行が参照とする通貨バスケットは，貿易取引のシェアに加えて資本取引のシェアを考慮しているため，米ドルのウェイトが高いと考えられる。それに対してシンガポール通貨庁が参照としている通貨バスケットは貿易取引のみのシェアで構成されていると推定される。これは資本取引の変動は激しいため，バスケット・ウェイトに換算するには適していないと考えられるためである。

共通の通貨バスケットを参照とする管理フロート制に移行する。Ogawa and Shimizu (2006) では，東アジア各国の実効為替相場と AMU および AMU 乖離指標の関係について回帰分析を行っているが，その結果両者は有意に相関していることが実証されている。したがって，個別の通貨バスケットから共通通貨バスケット AMU へ参照とし，AMU 乖離指標を用いてサーベイランスを行う為替協調政策は実際にはさほど大きな政策修正を必要としない。

　ここで問題となるのは，第1に許容変動幅をどのような数値で設定するか，第2に変動幅から逸脱した通貨に対してどのような為替介入を行うか，である。例えば，AMU 乖離指標にある範囲内での許容変動幅を設けて域内通貨サーベイランスを行ったと仮定しよう。前述の AMU 乖離指標のグラフ（図3-4）に許容変動幅としてプラス/マイナス 15% のバンドを設定するとすれば，2000年1月から2005年半ばまでは主要なアジア通貨は変動幅内で推移していたことがわかる[8)9)]。このことは，特別な政策合意がなくても東アジア通貨が許容変動幅内で安定的に推移することが可能であることを示唆する。

　それでは，AMU 乖離指標に一定の許容変動幅を設けて監視する為替協調体制を構築するならば，どのような介入方法が必要となるだろうか。欧州通貨制度（EMS, 1979年～1998年）では，実質的にはドイツ・マルクをアンカーとする2カ国間のパリティ・グリッド方式が採用されており，例えばイタリア・リラ等がバンドの下限を逸脱しそうになった場合には，ドイツおよびイタリアの通貨当局によってマルク売りリラ買いの市場介入が行われる，あるいはマルク対リラの中心レートの切り下げが行われていた。しかし，ドイツ・マルクのような支配的な通貨は存在していない東アジアでは，通貨バスケット乖離方式（欧州の ECU 乖離方式）を採用し，AMU 乖離指標が許容変動幅を逸脱した国が市場介入，あるいはその他の対策（逸脱した通貨に対してベンチマーク為替相場を切り下げ

---

8) 1992年の欧州通貨危機以後の欧州通貨制度（EMS）下における欧州為替相場メカニズム（ERM）と ERM II の変動バンドは，デンマークを除いてプラス/マイナス 15% であった。

9) AMU の13カ国通貨を全て表示しても，この期間内で変動幅外に推移した通貨はフィリピン・ペソとラオス・キップのみであった。

る）を採るというシステムが当面適していると考えられる[10]。

　第3段階で為替相場の協調政策を行う場合には，金融政策の協調も当然必要となる。ただし，上述した通りAMU乖離指標に許容変動幅を設けていれば，その変動幅に合わせて裁量的な金融政策が可能となる。前述のAMU乖離指標のグラフ（図3-4）によれば，2006年以降は円のAMU乖離指標がマイナスに転じ，それと同時に韓国ウォンのAMU乖離指標は15％の上限バンドを越えて上昇し始め，タイ・バーツとシンガポール・ドルがこれに追随した結果，AMU乖離指標の乖離幅が全体的に拡大していった。このようなAMU乖離指標の拡大をもたらした原因の1つにアジア通貨間の金利差の拡大が指摘される。この時期は，持続的な低金利政策が行われていた円を金融市場から調達し，それを為替市場でその他の高金利通貨と交換して運用するという円キャリートレードが活発に行われていた。アジア通貨についても例外ではなく，ある一定限度内の金額で非居住者の資本取引が可能であった韓国ウォンやタイ・バーツに対しても円キャリートレードが行われていた。これらの事実は，AMU乖離指標を用いた為替協調政策を行う場合に，乖離指標に対して設けた許容変動幅に合わせてある程度の金利差を維持する協調的な金融政策を行う必要があることを示唆するものである。

　現時点では，AMU構成通貨となっている東アジア13カ国の経済発展状況には大きな差がある。したがって，上述した為替協調政策の段階的なステップは同時に進行するものではなく，次段階への移行が可能な国から進めていくというアプローチが望ましいと考えられる。そして，各国の経済成長に合わせて東アジアの共通通貨が導入できる通貨圏を徐々に拡大していくことが最終的な目的となる。

4．おわりに

　世界金融危機の直接の影響が小さかったアジア地域においても，経済のグロー

10）　これについては，例えばKim（2009）のように日本円，中国元，韓国ウォンの東アジア主要3通貨を用いた為替介入システムを提案することも可能である。

バル化の中で，アメリカへの輸出の減退（輸出チャンネル），株価の下落（資本移動チャンネル）などから，国内経済が大きな影響を被るようになっている。金融危機に起因する資金フローの突然の変化により，アジア通貨の為替相場は大きな影響を受ける可能性がある。2008年後半以降，中国の通貨当局はドルペッグ政策に回帰しており，相場が乱高下する韓国ウォンやキャリートレードの巻き戻しで上昇する円のように，東アジアの主要3カ国間の為替相場は大きく変動し，それぞれの国の輸出企業に多大な影響を及ぼしている。自国通貨の安定化を図る政策が結果的には競争的切り下げとなっているケースも少なくない。米ドルの先行きが不透明な中で持続的なアジアの成長を促すためには，域内通貨間の安定を図る為替協調政策が必要不可欠となるだろう。伊藤・鯉渕・佐藤・清水，他（2009）が行った日本企業のインボイス通貨選択の研究においては，日本，およびアジア各国の貿易の多くが米ドル建てで行われている現状が確認されているが，現在の日系企業が内包するこうした東アジアの為替リスク上の課題に対して，アジア共通通貨バスケットの導入は検討に値する[11]。今後，アジア共通通貨バスケットを参照する域内の為替政策協調体制の構築によって，アジア各国に残存する為替取引規制が徐々に緩和されることが期待される。

　世界的な景気後退のなかでは，中国をはじめとするアジア経済は急速な落ち込みの主因であった製造業の収益が回復の兆しを見せており，比較的早く景気回復の芽が出ている。若年層の人口が多く成長率の比較的高いアジア諸国における消費・投資を増やすことが世界経済にとっても大きなプラスになるという期待もあり，今後もアジア諸国のプレゼンスはさらに高まってくると予想される。為替相場の変動からは目を離せないが，重要なことは，対米ドルの二国間為替相場だけに注目することではなく，貿易相手国通貨全般に対する為替相場に注視することである。米ドルやユーロに対する為替相場のほか，アジア通貨

---

11)　伊藤・鯉渕・佐藤・清水（2009）が行った日本企業のインボイス通貨選択に関するヒアリング調査では，日系企業がアジア生産拠点を通じて米国に輸出するという構造が，日系企業のアジア向け輸出における米ドルの役割に大きく寄与していることが示された。

間の域内為替相場の動きを示す AMU と AMU 乖離指標は重要な役割を果たすだろう。

参考文献

伊藤隆敏（2008）「中国の為替政策とアジア通貨」RIETI ディスカッションペーパー 08-J-010。

伊藤隆敏，鯉渕賢，佐藤清隆，清水順子（2009）「インボイス通貨の決定要因とアジア共通通貨バスケットの課題」RIETI ディスカッションペーパー 09-J-013。

Kim, I. (2009), "The Optimum Currency Basket Approach to East. Asia's Coordinated Exchange Rate Intervention," *Fukino Project Discussion Paper*, No. 014, Hitotsubashi University.

Ma, G. and R. McCauley (2009), "The evolving East Asian exchange rate system," for Keio/ADBI/FSA workshop on "Asian exchange rates and currency markets" on March 24, 2009.

Ogawa, E. (2010), "Regional Monetary Coordination in Asia after the Global Financial Crisis: Comparison in Regional Monetary Stability between ASEAN＋3 and ASEAN＋3＋3," Public Policy Review, Vol. 6, No. 5, pp. 837–858.

Ogawa, E. and J. Shimizu (2005), "A Deviation Measurement for Coordinated Exchange Rate Policies in East Asia," *RIETI Discussion Paper Series*, 05-E-017.

Ogawa, E. and J. Shimizu (2006), "AMU Deviation Indicators for Coordinated Exchange Rate Policies in East Asia and their Relationships with Effective Exchange Rates," *World Economy*, Vol. 29, Issue 12, pp. 1691–1708.

Ogawa, E. and J. Shimizu (2007), "Progress toward a Common Currency Basket System in East Asia," *RIETI Discussion Paper Series*, 06-E-038.

Ogawa, E. and T. Yoshimi (2008), "Widening Deviation among East Asian Currencies," *RIETI Discussion Paper Series*, 08-E-010.

Ogawa, E. and T. Yoshimi (2010), "Analysis on β and σ Convergences of East Asian Currencies," International Journal of Intelligent Technologies and Applied Statistics, Vol. 3, No. 5, pp. 237–263.

第 4 章

中国人民元の通貨戦略

はじめに

　2008年のグローバル金融危機の勃発と1997年のアジア金融危機が東アジア金融協力に与えた影響とを比べてみると，その一番の違いは，今回の世界金融危機が東アジア各国間の協力を促すことができなかったことにある。そればかりか，各国間の協力関係に一部亀裂が生じるに至ったのである（例えば日中間におけるASEAN10＋3とASEAN10＋6における矛盾など）。このような現象は以下の問題を反映するものである。第1に，東アジア通貨金融協力は新しい局面の下で新たな矛盾をたくさん抱えている。第2に，従来の地域的な通貨金融協力の成果が，今回の危機において各国が直面した新たな問題と困窮との解決に役立たなかったことである。

　これと同時に，今回のグローバル金融危機が東アジア経済に与えている影響は次の点に強く現れている。それは，中国の巨額の外貨準備（その中の60～70％はドル資産）が直面しているドル切り下げの危機とFRBの危機救済措置に伴う「量的緩和」政策のリスクとに対応するため，中国政府が新たに自国の国際金融戦略を調整して明確化し，人民元の国際化，地域通貨協力，国際通貨制度改革の3段階の戦略的措置をとったことである。

この三者の間には非常に緊密な関連がある。2009年3月下旬，ロンドンG20の直前に，中国人民銀行の周小川総裁は超主権通貨を創出することを主張し，国際社会に大きな波紋が広がった。しかし，中国の政府と学術界は，国際通貨制度改革には制約要因があまりにも多いため，中国の統制力が極めて低いことをよく理解していた。このことを考慮すると，周総裁の発言は戦略的な意図が勝っていたという見方も出てくる。すなわち，G20においてアメリカと話し合う際の立場を強めるためか，あるいは世界の主要先進国と主要途上国の反応を打診するとともにアメリカに責任を取るよう促すという意図があったということである。

　これと比べると，中国政府は東アジア域内通貨協力の進展を重視しており，より積極的な姿勢で域内通貨金融協力のプロセスに参加している。しかしながら，ここ数十年間続いた東アジア通貨協力の経過からみると，その制約要因こそ国際通貨制度改革の場合よりも少ないが，その発展過程にはいろいろな紆余曲折があったのも事実である。その将来の発展方向に関する不確実性は依然として大きく，その問題にかかわる大国相互の関係，例えば日中関係などの要因も非常に複雑なものがある。対照的に，金融危機がもたらす一連のリスクに直面して，中国政府自身で統制することができ，また操作能力が最も高いのは，人民元の国際化戦略なのである。そして，その必要性も明らかである。まず，中国経済の対外依存度はGDP比60〜70%と高く，海外貿易の90%がドルで決済されている。そのため，人民元の国際化戦略を実施することは，中国企業のリスクを減少させる役割を果たすだけでなく，中国政府の保有する巨額の外貨準備が減価するリスクを減少させることもできる。次に，東アジアの経済発展，特に地域通貨協力における中国の地位と役割を高めることもあげられる。

　言うまでもなく，上述の三段階戦略に対して中国の学術界でも論争がある。その中で最も激しいのは，人民元の国際化を巡る論争である。中国政府と通貨当局は2008年末から人民元の国際化戦略を実施し始めているが，その目標や経路など重大な問題に関してはいまだに明確な方針や計画が提出されていない。そのため，自ずから学術界の議論の焦点になり，また国際社会の関心を集めて

いる。

　本章の主な目的は，中国政府による3段階の国際金融戦略の主要な論理を明らかにし，それに基づいて，現段階の「ドル体制」の持続可能性を分析しつつ，東アジア通貨協力について再検討することである。その上で，人民元国際化問題に関する中国学術界の主流の見解を紹介し，人民元国際化の主な進展と将来の発展の趨勢について考察を進めることにしよう。

1. グローバル金融危機と「ドル体制」の持続可能性

　ウォール街発の金融危機がグローバル金融危機へと発展した後，国際学術界には次のような言説が流行した。すなわち，ドル覇権と東アジア各国の高い貯蓄率がグローバルインバランスをもたらしたというのである。このような言説の結論は，ドル覇権を弱め，国際通貨制度または東アジア各国の経済成長モデルを変えることで，グローバルインバランスを解決できるというものである[1]。それに対して一部の中国の学者たちは，グローバル金融危機の勃発は現行の「ドル体制」を終焉させることになるであろうから，中国は今回の金融危機によってもたらされた歴史的な偶然の機会を捉えて国際通貨制度の調整と改革を推進するとともに国際通貨体制と国際経済秩序の再構築過程でより大きい発言権を勝ち取らねばならない，と主張している。

　しかしながら，ブレトンウッズ体制そのものがグローバルインバランスを基盤に，もしくはグローバルインバランスの中で生まれたということを著者は改めて強調したい[2]。ブレトンウッズ体制とポンドを中心とする国際金本位制の間には次の2つの重要な違いがある。第1は，条約化ということである。すなわち，それは人類史上初めて世界中の主要国家が条約を締結する方式で確定した国際通貨制度である。第2は，中心国の市場開放である。これはブレトンウッ

---

1) 夏斌 (2009)「グローバルインフレからアメリカ金融危機へ―今回の世界経済周期の発展ロジックと中国の対策」(『新金融』2009年4月号)，9〜13ページ。
2) 1945年アメリカのGDPは世界の56%を占めており，工業生産総額は資本主義世界の60%を，対外貿易は資本主義世界の32%を，金準備は世界の59%を占めていた。

ズ体制の重要な特徴でもある。特に1970年代以降の「ドル体制」の下で，市場の開放がドルを中核としたグローバルな信用循環システムの形成と維持にとって格別に重要であった。また，一部の学者は，ドル取引の利便性と，広範な金融市場を持つ点こそドルに国際通貨としての地位を維持させる重要な基礎があると主張しているが，これは恐らく半分だけ正しいと言わざるを得ない。もしアメリカの市場が開放されていなかったら，今日工業化を達成したアジア各国はそのために必要だった経済成長を実現することはできなかったであろうし，自国通貨を米ドルにペッグさせて自発的に対ドルレートの安定性を維持する必要もなかったであろうから，現在の「ドル体制」の重要な支持者にまでなるということはまず起きなかったであろう[3]。ブレトンウッズ体制と「ドル体制」の下でこそ東アジア各国の工業化と経済発展は大きく成功し，それら諸国は「ドル体制」の主な受益者となったのである。すなわち，東アジア各国そのものが「ドル体制」の重要な構成部分となったのである。

　グローバル金融危機が勃発してから多くの学者は「ドル体制」が持続不可能であるとの認識を公表してきた。これは国際通貨制度の改革を大きく主張する学者たちの主要な論拠でもある。しかし，我々はこの2つの問題を客観的に分析しなければならない。第1は，改革というものは国際通貨制度全体を改革するのかそれともその制度の問題点だけを調整するのかという問題であり，第2は，もし問題点だけを調整するとした場合，我々はこの制度がこれからまだまだ長く持続すると認めたことになるので，さまざまな努力——例えば地域通貨

---

[3]　東アジア諸国の工業化プロセスには3つの重要な特徴がある。まずは類似した輸出指向型の経済成長モデルを採用したため，外需の経済成長に対する影響が重要であるということである。発達した内部貿易ネットワークを形成したとしても，最終製品の市場提供者は依然として外部にある。次には長期的かつ安定的な資金供給が工業化プロセスと経済成長に重要な役割を果たしたことである。そのため，お互いの資金導入競争がかなり激しかったのである。そして，価格安定，特に対ドル名目為替レートの安定がかなり重要であった。それによってこれら諸国の外貨準備は輸出の増加につれて増加する一方であった。為替安定から「市場の提供」まで，東アジア各国はブレトンウッズ体制と「ドル体制」の主な受益者であり，「ドル体制」の支援者と依存者になったのである。

金融協力など——を通じてこの制度がもたらすリスクを最小限にしなければならないということである。しかし，国際通貨制度全体に対する改革またはまったく新しい制度を構築するとした場合，以下の4つの問題に関して考察しなければならない。① そもそも完璧な国際通貨制度というようなものが存在するのだろうか。② ドルは本当に衰えたのであろうか。③ 歴史的経験からみると国際通貨制度の改革や調整は覇権の交替（または国際的構造の重大な変革）を伴うものであるが，現段階のアメリカの覇権が衰弱するか交替される可能性をどのように認識すべきなのか。④ さらに重要な問題として，今回の危機が終わった後，「ドル体制」の重要な支持者であった東アジア各国がドル体制に対する依存から迅速に脱出できるのだろうか。

次に，上述の諸問題に関して簡単な分析を試みることにする。

まず，過去の国際金本位制であれ，現代の「ドル体制」であれ，世界には完璧な国際通貨制度など存在しないということである。

今まで，人類史上に現れたいくつかの国際経済制度や通貨制度には各々特有の矛盾と問題点があった。この世界には利益だけあって矛盾がない国際通貨制度など存在しない。ポンドを中心とする国際金本位制もブレトンウッズ体制も「ドル体制」と同じく，典型的な「中心—周辺」構造である。現在の「ドル体制」には国際金本位制と比べて1つ重要な差異があるのだが，それは，資本移動のグローバル化である。国際金本位制の下では国際経済の関係を形成する主要な手段は国際貿易であった。市場は限られていて，人為的に分割・封鎖されたりする状況の下で，各国間の貿易競争の結果はゼロサムゲームであった。つまり，相手の損失は自分の利益ということである。これは2度にわたる世界大戦に至った重要な原因でもあった。しかし，第2次世界大戦以降，資本移動の自由化，特に金融自由化の発展とともに，国際経済の関係形成の手段が大きく変化した。現在の「ドル体制」の下で各国間の競争の結果は往々「プラス」であり，お互いのコストと利益は高度に関連している。今回のグローバル危機の大きな特徴は，世界各国が共同して危機のコストと損失を負担しなければならないということである。これは，経済グローバル化の下で覇権交替の環境と条

件が大きく変化していることを物語っており，そのような変化は米ドル覇権の持続に有利であるのかも知れない。

第2，1970年代以来の国際金融危機から観察される1つの特徴として，危機の間と危機以降の一定期間内にドルは強い通貨となるということがある。

危機が爆発した後，危機の原因と震源地とは関係なく，各国政府と投資家は依然として米ドルを資産安全とリスク回避の一番目の選択肢としている。ドルの地位は下落するどころか，逆に上昇した[4]（李暁，2009）。このような状況はユーロ誕生以降も大きく変わることがなかった。今回の金融危機以降にユーロ圏が受けた衝撃はアメリカを超えており，ギリシアなどの国では債務危機が爆発した。これはユーロ圏経済の問題を暴露したものであり，現段階の国際通貨体制では米ドルが依然として中心になっていること，ユーロはまだ米ドルに代わる力を持っていないということを説明するものである。

第3，国際分業変化の視点からアメリカの「金融覇権」の持続可能性を見るべきである。

国際分業に対する現代経済学の研究は工業部門内部の国際分業関係だけを重視しており，国際的な金融業と製造業との間の国際分業の発展には関心が不足していた。第二次世界大戦以降，世界各国は比較優位に基づいて仮想経済と実体経済の間の新しい分業を形成した。アメリカがその代表である。アメリカは金融業の比較優位に基づき，金融覇権を握っている典型的な「金融国家」になった。それに対して，日本，中国を初めとする先進国と途上国は製造業に優位をもつ「貿易国家」となった[5]。「金融国家」と「貿易国家」との間の経済インバ

---

4) 2008年8月初めから2009年5月初まで，米ドルの指数（実効為替相場）は15%あまり上昇した。それに金融危機が爆発してからアメリカの不動産価格やほかの資産価格が暴落し，資産価格が大きく変動した中でも国際資本の米国金融市場への流入は止まらなかった。2008年，アメリカ以外の公的債権への投資で大幅な減少が見られたが，アメリカの公的債権への投資規模は5080.65億ドルにも達しており，2007年の2302.30億ドルのレベルを遥かに超えたのである。2008年，アメリカの資本勘定では5465.90億ドルの黒字になった。（経常収支赤字は6732.65億ドル）（アメリカ通商部ウェブサイト，www.bea.gov）

ランスは本質的に金融業と製造業の長期的な分業という構造的な問題である。また，東アジア各国の工業化はその国際分業の結果であり，内生的に決定されたものである。そのために，短期的に国際通貨制度や一部の国の経済成長モデルを変更するだけではグローバルインバランスの問題は解決できない。それと同様に，アメリカの「金融覇権」がなくても，ほかの国が金融市場に優位をもつ金融国家になるのである。すなわち，グローバルインバランスとドル覇権およびドルの主導的地位とは関係がないのである[6]。第二次世界大戦以降，国際分業の変化によって「金融国家」と「貿易国家」の間には必ず深刻な経済インバランス関係が存在するようになったのである。

20世紀60年代以降，国際社会ではドル覇権を弱めようとの声が少なくなかった。しかし，アメリカ，または米ドル覇権の本質が従来の覇権主義と本質的に異なるということをわれわれは理解しなければならない。

アメリカの覇権主義は露骨に植民地から略奪を繰り返したポルトガルやオランダと違う。また植民地に「開発」を行った大英帝国とも異なる。アメリカは戦争を発動したり，植民地を構築，統制，争奪することで世界大国なったのではない。アメリカは資源配置効率の極めて高い自由市場システムに基づいて世界中の資源を調達し配置することで世界各国から信頼を得られたのである。今，アメリカは発達した金融市場をもっているので，国際収支状況と為替レートを心配せずに国内経済目標に通貨政策を集中させることができる。そして他国，すなわち「貿易国家」に調整の負担を転嫁している。また，アメリカは国際取引の主な媒介手段である自国通貨ドルの独占的地位を乱用することもできる。

---

5) いわゆる「貿易国家」とは以下の2つの意味を含む。まず，国内金融市場が十分に開放または発達できておらず，国際金融市場の発展を主導しまたそのルール制定に参加することができない国である。次に，これらの国では主に輸出に依存して経済成長が達成され，自国通貨がまだ世界で使用される通貨になっていないため，輸出によって外貨を蓄積しなければならない国を指す。一般的には「金融覇権」を握ってない国を指す。詳しくは李暁，丁一兵 (2006)『アジアの超越―東アジア地域通貨システムの構築と「人民元アジア化」』中国当代出版社, 2006, 14-18ページを参考。

6) 徐建炜，姚洋 (2010)「国際分業の新形式，金融市場発展とグローバルインバランス」(『世界経済』2010年3月号), 5-26ページ。

つまり，インフレ率と通貨切り下げの手段でより多くの「通貨発行益(Seigniorage)」を得られるのである。それと同時に，アメリカは世界に市場を提供する形でドル資金を還流させている。そのため，世界各国のアメリカに対する依存度を高め，国際貿易におけるアメリカの地位を高めたのである。これはアメリカが不均衡な経済システムを維持させることで，世界の資源，商品と富を占め続けるのに有利である。また，このようなシステムはアメリカが全世界を「拉致」するようにさせ，アメリカ向けに商品と資源を輸出する国家が「人質」になったのである——このような国は自発的に米ドルの地位を維持させ，競争力のある通貨として存続させなければならないのである[7]。

　今は「一超多強」(ひとつの超大国と多くの強国)という構造的な国際関係になっている。しかし，アメリカの政治，経済，軍事と文化などの実力を勘案すると，短期的にはまだアメリカに交替できる強国は存在しないのである。

　第4，今後，相当長い期間にわたって東アジア各国は依然としてアメリカ市場に対する依存から抜け出すことはできないのであり，東アジア地域の最終製品市場であるアメリカの地位は短期的に大きく変化することはないと思われる。

　20世紀90年代以来，東アジア域内貿易は急速に成長した。しかしその貿易商品の多くは域内生産プロセスの分散化によって生じた中間財，部品と資本財などであって，最終的な商品市場はやはりアメリカなどの外部市場に依存するものであった。統計を見ると(表4-1)，1999年以降にアメリカへの東アジア7カ国からの輸出額は減少したが，依然として当地域の最も重要な最終商品市場の提供者であることがわかる。日本の場合，大部分の国からの輸入シェアは減少しているが，ASEAN各国における割合は中国より明らかな優位を持っている。最終製品輸出シェアの比率から見ると，中国とアメリカの差異は明らかである。シンガポールを除いた6カ国を見れば分かるように，最終製品輸出のシェアはアメリカが15％ポイント以上も差をつけており，フィリピンの場合は36％ポイントの差が出ている。そして経済構造の調整の長期性と困難度を考えると，

---

7) 華民(2006)「グローバル経済インバランスの反応メカニズムと中国の選択」(『国際経済評論』2006年3〜4月号)，46-47ページ。

表4-1 東アジア各国の最終製品[1]輸出における中国,日本,米国の割合

(単位:%)

輸出国＼輸入国	中国 1999	中国 2003	中国 2008	日本 1999	日本 2003	日本 2008	米国 1999	米国 2003	米国 2008
韓国[2]	2.63	4.14	5.20	16.59	8.49	4.81	30.29	36.62	22.59
シンガポール	3.08	4.57	9.29	11.45	6.61	6.20	16.43	14.37	9.95
フィリピン	0.70	1.99	1.07	13.83	11.60	11.83	57.04	47.89	37.31
タイ	1.43	1.77	2.17	16.73	16.70	11.34	30.97	27.69	17.74
マレーシア	0.59	1.22	2.07	13.18	9.93	6.32	28.25	26.42	17.40
インドネシア	1.47	0.91	1.83	11.62	11.92	7.55	29.97	31.85	31.28
中国香港	9.53	11.65	12.47	7.16	8.09	6.32	38.21	36.96	28.87

(注) 1. ここで統計した最終製品には消費財だけを計算に入れている。製品のBECコードは112, 122, 51, 522, 61, 62, 63である。
2. 2008年度の韓国のデータはまだデータベースで提供されていなかったため,ここでは2007年度の統計データを使っている。

(出所) UN Commodity Trade Statistics Database のデータより作成。

短期間で東アジア域内にアメリカに代替できる最終製品の市場提供者が出現するとは考えにくい。日本と中国はそのような役割を果たすことができない。そのため,東アジア地域が短期間で「ドル体制」から抜け出すことは難しいのである。

　注意すべきことは,グローバル金融危機の爆発によって東アジア各国が輸出を通じて経済成長を求める願望と動力が危機以前より強くなったことである。経験から判断すると,輸出の成長は東アジア各国が危機から脱出したり経済成長を達成したりするための一番よい方法であった。危機の時期と危機以降にアメリカの国内貯蓄率や消費志向がどう変わろうとも,アメリカ市場は依然として最も重要な輸出ターゲット市場である。

　ある意味において,現段階のグローバル経済インバランスの本質は構造的な問題であるといえる。これは「ドル体制」が存続し,運営されていく基礎である。その解決の道は長期的かつ複雑である。そのため,国際通貨制度の秩序を調整するだけでは,この問題を根本的に解決するのは難しいのである。

そのため，金融危機の爆発と深化という現実が全世界に「不合理なグローバル金融秩序を改革する必要性と緊迫性」を訴えているにもかかわらず，現状から見る限り，グローバル金融秩序は実質的に調整されてはいないか，あるいはもっと深刻な状況を呈しているといってよいであろう[8]。まず，ドル覇権やアメリカの「金融覇権」が短期内に変更するようなことはないと思われる。金融危機以降，ドルを中心としたグローバル信用循環システムの影響の度合いは依然として高いものであった。東アジア各国の経済が短期内にアメリカ市場に対する依存から抜け出せないため，このシステムは支持され続けるのである。また，現段階においてドルに代替できる国際通貨がないのも現実である。ドル依存から脱出するのは多くの新興国の悲願である。しかしそのプロセスが短期的に具体化することはないと思われる。中国やロシアが自国通貨の国際化を，または自国通貨の国際的機能を上昇させてはいるが，ユーロの成長や最近浮上したその制度的な問題から見ると，国際通貨の成長というものはかなり長い歳月を必要とするだけでなく，大きな紆余曲折を経ることが予想される。総じて，「ドル体制」には今後相当長い期間にわたって根本的な変化が現れにくいのである。これは現段階において東アジア通貨金融協力の推進に関する最重要かつ現実的な背景であり，また今後東アジア通貨金融協力の複雑性と漸進的な発展過程を示唆するものでもある。

2. 東アジア通貨協力の進展，回顧と見通し

2–1 東アジア通貨協力の進展

今まで東アジア地域の通貨協力は主に3つの発展段階を経てきた。

第1段階は1997年のアジア金融危機が爆発する前である。東アジア域内の貿易・投資と技術の連携はかなり緊密になってきたし，一部の地域またはアジア太平洋地域全体にわたって貿易や投資分野の地域協力メカニズムが形成されてきた。例えば1977年に構築されたASAや1991年に構築された東アジアおよび

---

[8] 鄭聯勝 (2010)「グローバル金融秩序の短期観察」(Policy Brief No.2010.039, 2010) 中国社会科学院世界経済と政治研究所国際金融研究センター，1–2ページ。

太平洋地域中央銀行役員会議（1996年から東アジアおよび太平洋地域中銀総裁会議EMEAPに変更），などがある。にもかかわらず，通貨金融分野においては実質的な協力体制は形成できていなかった。

　第2段階はアジア金融危機が爆発してから2000年までの期間である。この期間には域内の大国から次々と救助計画や構想が提出された。例えば日本政府から「アジア通貨基金（AMF）」構想[9]が提出されており，実際には「新宮沢構想」を中核に積極かつ主動的な救助措置を取った。また，中国政府の「人民元を切り下げない」という政策もある程度は危機の蔓延を阻止した，などがある。しかしこの時期における東アジア各国はまだ域内通貨協力問題に関して基本的に

---

9)　1997年9月，日本政府はIMFとADBの共同年会で「アジア通貨基金（Asian Monetary Fund）」を設立する構想を打ち出した。つまり，日中韓とASEANの参加する総額1000億ドルの基金を設立し，金融危機にあった国に支援を提供し，IMF救助体制の欠点を補おうとするものである。日本政府の提案によるとAMFの資金収集ルートは以下の3点があげられる。それは，①IMFと類似した借款協定メカニズムで構成国からの借款，②構成国が使用していない外貨準備を担保に国際資本市場から資金を借り入れ，③構成国の借款担保の拡大により構成国がより高い信用レベルと条件で資金を集められるように支援する，などであった。この構想が提出されてからすぐアメリカとIMFの反対を受け，中国を初めとする一部の東アジア諸国も日本がこの機会を借りて東アジア経済協力における自国の地位の向上を狙っているとの懸念から反対意見を表明したのである。そのためこの構想は実施されなかった。しかし，日本はその努力を放棄しなかった。1998年10月に「新宮沢構想」（New Miyazawa Initiative）を提出し，総額300億ドルの新しい救助プランを打ち出した。そのうちの150億ドルは危機に陥った国の中長期資金需要を，残りの150億ドルは短期資金需要を満足させるということであった。この構想は東アジア各国の普遍的な歓迎を受けたほか，アメリカとIMFも支持を表明した。この構想によって2000年2月，日本は韓国，インドネシア，タイなどアジアの危機に陥った国に総額210億ドルの借款（その中135億ドルは中長期借款として，75億ドルは短期借款として）を提供した。その他，このプランによってマレーシア，タイ，フィリピンに総額23億ドルの貸出保障を提供した。日本の援助計画の順調な実施と並行して，東アジアの一部の国は日本のAMF構想に対する態度を変え始めた。1999年10月18日，マレーシア首相マハティールは「東アジア経済フォーラム」で「東アジア通貨基金（EAMF）」を構築する提言を打ち出し，東アジア各国で多国間協定を締結し，当該地域の諸国から始めて，段階的に他の国と地域に拡大することを提案した。注目すべきことは，今まで日本政府はAMF実現に向けて努力し続けてきたことである。例えば日本政府と学術界ではCMIのマルチ化に伴う管理機構の設立を主張しており，AMFの「復活」にとって必要かつ実行可能なものであると主張している。

コミットしていなかった。

　第3段階は2000年にCMIが提出されてからの実質推進段階である。東アジア各国は域内通貨協力に関して基本的なコミットメントを共有しており，一連の積極的な措置をとったのである。例えば情報交流や共同監督メカニズム，通貨スワップやアジア債券市場構築などの分野である程度の実質的な進展が得られた[10]。特に2007年からのアメリカ発の「サブプライム危機」がグローバル金融危機に拡大された後，各国は協力を強めることを意識している。2008年5月ASEAN10＋3財務大臣・中銀総裁会議のマドリード会議はCMI多角化に関して結果を出しており，2009年2月22日にタイのブーケットで開かれたASEAN10＋3会議では「アジア経済金融安定行動計画」が発表され，「チェンマイイニシアティブのマルチ化」（CMIM）により共同準備基金の規模を800億ドルから1200億ドルへ拡大することを決定した。それと同時に域内経済監視機関を構築することで合意した。2009年5月3日，インドネシアのバリで開かれたASEAN10＋3財務大臣会議では，総額1200億ドルのCMIMを2009年末までに構築することが発表された。日中韓三カ国の財務大臣の間でも自己管理の域内外貨準備プールへの出資比率に合意した。この合意によれば日中両国がそれぞれ384億

---

10) この中で，域内為替レートの協力および関連の「アジア通貨単位（ACU）」の構想は広範な注目を集めるようになった。2005年5月，イスタンブールで開かれたASEAN10＋3財務大臣会議で，各国の政策当局は会議後の共同声明文で経済政策対話（為替政策を含む）と協調の必要性を強調した。その後，日中韓3カ国の中銀総裁会議では通貨スワップ協定を継続すると決めた。それと同時に，為替レートの安定と政策協調を維持するのは3カ国の共同の願いであることを指摘した。このような背景の下で，ADBでは2006年からアジア各国通貨の加重平均を示す「アジア通貨単位」（AMU）を編成および公表し始めた。ADBはACUの具体的な形式を示してはいないが，たぶん日本の学者（Ogawa and Shimizu, 2005）が検討した「アジア通貨単位（ACU）」と類似するものだと推測できる。後者はASEAN10＋3の通貨によって構成された通貨バスケットであり，各国通貨の比重は当該国の実質GDPが全域の実質GDPとに占める割合と対外貿易額が全域総額に占める割合に比例する形で決定される。ADBはそのウェブサイトでACU為替レート指数を公表する予定であるが，これはおそらくこのバスケットと米ドル，ユーロとの加重平均為替レートだと思われる。現在，ACUの計算と操作における複雑性，特に各国の政治利益と経済利益にかかわる問題によって生まれる困難によって，実質的な操作の段階にはまだ入りにくいのである。

ドルを，韓国が 192 億ドルを出資し，それぞれ準備金総額の 32％，32％と 16％を占める（ASEAN が 20％）。金融危機が発生した場合，準備プールは貸し出しの形で流動性危機に陥った参加国に資金援助を行う。2010 年 3 月，この準備プールは正式にスタートした。

2-2 東アジア通貨協力に関する思考

2000 年以降，東アジア通貨金融協力は大きな成果をあげてきた。特に協力の展開および深化に関する共通認識が形成され，将来の更なる協力に向けて良き土台を築いたのである。しかしそれと同時に，域内通貨金融協力の中に存在する一連の問題に対して真剣に考え直す必要がある。そうすることで，将来の通貨金融協力の経路選択に関して合理的に調整し，計画することができる。

第 1，東アジアの通貨金融協力の哲学と構想にはどんな問題があるのか。

今までの東アジア通貨金融協力の過程からみると，危機の発生が金融協力プロセスの進展に与える影響が非常に大きいことがわかる。しかし，10 数年前のアジア金融危機と比べると今回のグローバル金融危機の爆発は大きく異なる。今回の危機によってアジア各国は全く異なる外部環境下に置かれており，受ける影響も大きく異なる。

A. アジア金融危機は金融グローバル化の外縁部で起きた地域的な通貨金融危機である。それはアジアの内部から発生したものであり，統御の可能性は高かった。しかし今回のグローバル金融危機はグローバル規模の危機であり，アジアにとっては外部からの衝撃である。今回の危機は金融グローバル化の中心から発したものであり，その影響は全世界に及ぶものである。そのため，統御の可能性が低く，解決には長い時間を要するのである。

B. アジア金融危機の 1 つの重要な結果は，東アジア各国の支払いに影響を及ぼしたことである。しかし今回のグローバル金融危機によってもたらされた影響は，資産価値の変化（株式市場と外貨準備など）である。

C. アジア金融危機が爆発した時，外部の市場環境はまだ健全であった。当

時はアメリカ経済が成長期であったため、アジア各国が危機から抜け出す重要な外部条件となっていた。しかし、今回の金融不安では欧米経済に問題が発生したため、輸出志向型の東アジアの実物経済に大きな影響とショックをもたらしている。

これから見ると、域内の通貨金融協力、流動性危機の防止、支払い問題の解決などを目指して構築したCMI体制も、グローバル金融危機がアジアにもたらす新問題には対処しにくいことがわかる。これはCMIM体制でも同じである。アジア各国が十年あまりの時間をかけてようやく進展を見せ始めたCMI体制が新たな挑戦に直面しているのである[11]。

東アジア金融協力の構想と哲学についてもう一度考え直す必要があるのではないだろうか。

アジア金融危機以降、東アジア各国の求めた域内金融協力の主な目標は危機の際における救助および危機の防止であった。各国はCMIのような危機管理体制を域内の危機防止システムに発展させるために努力を重ねてきた。しかし、このような実用主義的な哲学の下で構築された協力体制こそ、協力の進展を妨げる主な原因である。なぜなら、危機というものは非常事態だからである。経済グローバル化の下で、共に成長し、繁栄することこそ協力の最終目標であるべきだろう。危機に直接対応するための「危機対応型」の協力体制であるがゆえに、「アジア共同認識」や「共同体意識」は強くなれなかったのである。そのため、東アジア通貨金融協力はより長い目標を設定する必要がある。それは、新しい時代に現れる新問題を解決していくだけでなく、東アジア各国の共同繁栄と成長を求めなければならない。この問題においては域内の大国である日中両国が責任を負う必要がある。

第2、東アジア通貨金融協力の目標は何か。

東アジア通貨金融協力を研究する際に、金融危機に対すること以外に、よく「脱ドル化」が重要な目標とされている。今回の金融危機以降、国際通貨制度の

---

11) 李暁、丁一兵 (2008)「世界金融不安下の東アジア金融協力」『国際金融』2008年12月1日号)、16ページ。

改革が目標になりつつあり，さらには東アジア通貨金融協力と国際通貨制度の改革を連携して議論する学者もいた。しかし，上述のように米ドルを中心とする国際通貨制度は短期間内に大きく変化できないはずである。国際通貨制度の改革は国際政治経済秩序の変化を伴って行われるものであって，覇権交替の結果である。東アジア通貨金融協力の目標として，「ドル体制」の改革をあげるのは当該地域の持続的かつ安定的な発展に非常に不利である。現段階の東アジア通貨金融協力は依然として「ドル体制」の下で行われるものであり，「ドル体制」の抑制から抜け出すことは非現実的である。

第3，東アジア通貨金融協力を如何に推進させるべきか。

今まで，東アジア通貨金融協力の経路選択の問題において2つの問題が注目されている。1つは「最適通貨圏」(OCA) 理論によって東アジア域内で通貨金融協力の可能性を検証すること，もう1つは通貨金融協力のみをもって通貨金融協力の問題を語っており，域内産業，貿易など実体経済協力の話が欠けていることである。

OCA 理論には「共同の文化的伝統と政治意欲」と「経済発展構造と水準の類似」といった2つの重要な前提がある。近い将来に，東アジア全域でOCA 理論の前提条件をクリアすることは不可能ではない。したがって，域内通貨金融協力のさらに高いレベルの問題は域内の「アンカー」の選択である。これは政府の意欲だけで決定されるものではなく，市場の模索または選択の結果である。そのため，域内市場が如何に，どのような形に形成されるかがポイントである。現段階の東アジア金融協力が為替協力の段階に進まない重要な原因として，アメリカを丸ごと代替できる最終製品市場の提供者が域内に無いからである。そのため，域内各国はドルへのペッグといった外部「アンカー」の放棄をためらうのである。

そのため，東アジア金融協力の経路選択は2つのレベルで考えなければならない。まず，全体レベルである。短期間にOCA 理論の前提条件をクリアできないため，マクロレベルにおける各国間の各分野の交流と協調を強化すべきであり，今まで得た成果を一段と深めるべきである。その主な目的としては危機

への救助と危機の予防であり，地域的な危機管理メカニズムを強化することである。もう1つは局地レベルでの問題である。OCA理論をクリアした局地で協力を進め，通貨金融協力を一段と高いレベルと方向へと進展させるべきである。東アジア通貨金融協力はこのような2つのレベルで同時に発展させるべきである。

2–3　東アジア通貨金融協力の経路選択およびその展望

上述のように，東アジアには複雑な歴史，文化，政治のバックグランドと経済発展段階の大きな格差がある。そのため，短期間にOCA理論の前提条件を具備するのは無理であり，CMI枠組みとASEAN10＋3メカニズムとによって域内の通貨金融協力を推進させることは現実的だとはいえない。また，域内為替協力と協調は東アジア金融協力の大きな難点である。しかし，その必要性と域内通貨金融協力に対する重要な意味合いは顕著なものである。もし，この分野で決定的な進展が得られなければ，東アジア通貨金融協力の更なる発展は考えられないのである。そのため，今までの東アジア通貨金融協力の構想を徹底的に変更する必要がある。そして以下の2つの原則に従って将来の東アジア通貨金融協力の経路を設計，計画する必要がある。それは，①全体と局地を推進させあうモデルで設計すること，②域内為替協調と協力メカニズムを主なロジックとすること，である。

(1) 東アジア通貨金融協力プロセスの全体的設計

東アジア地域経済発展の特徴および現段階までの通貨金融協力の進展に基づいて，域内通貨金融協力の発展プロセスは，域内為替協調と協力を中心に，図のような4つの段階[12]に分かれる，と我々は考えている（李曉，丁一兵，2003）。すなわち，(1)危機管理と危機の予防，(2)為替政策協調と協力，(3)共同の為替連動メカニズム，(4)単一通貨の実現（図4–1を参照），の四段階である。

第1段階では，主に安定的かつ安全な危機管理と危機の予防のためのシステ

---

12) 李曉，平山健二郎（2002）「東アジア通貨システムの構築と円のアジア化」（『世界経済評論』2002年4月号），58–60ページ。

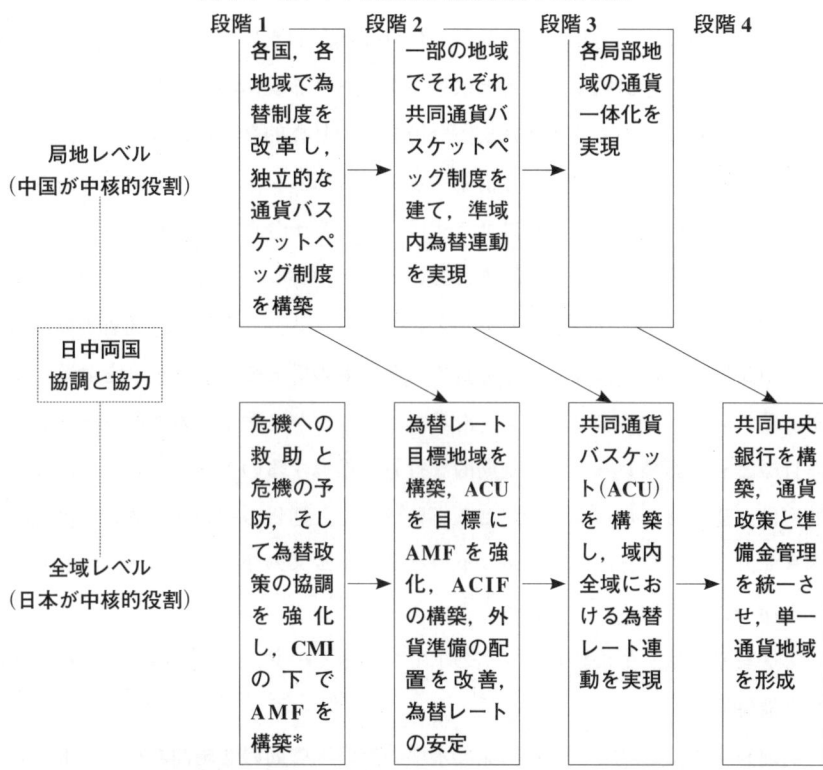

図 4–1　東アジア通貨金融協力経路の全体設計

	段階 1	段階 2	段階 3	段階 4
局地レベル（中国が中核的役割）	各国，各地域で為替制度を改革し，独立的な通貨バスケットペッグ制度を構築	一部の地域でそれぞれ共同通貨バスケットペッグ制度を建て，準域内為替連動を実現	各局部地域の通貨一体化を実現	
日中両国協調と協力				
全域レベル（日本が中核的役割）	危機への救助と危機の予防，そして為替政策の協調を強化し，CMIの下でAMFを構築*	為替レート目標地域を構築，ACUを目標にAMFを強化，ACIFの構築，外貨準備の配置を改善，為替レートの安定	共同通貨バスケット（ACU）を構築し，域内全域における為替レート連動を実現	共同中央銀行を構築，通貨政策と準備金管理を統一させ，単一通貨地域を形成

＊AMFは第1～3段階を通じて存在し，経済指標や政策協調を担いながら危機管理などの機能を果たす。それと同時に通貨協力の規律を実施する。

ムを構築し，各国の現行為替制度下で為替政策協調と情報交換を強化し，域内の2国間レートの相対的安定を維持する。

　全体的レベルから見ると，この段階では各国がそれぞれに為替レートを保留しようとする。しかし，ここでは段階的にアメリカドルへの実質ペッグを弱め，対ドル変動幅を拡大させることによって，自国通貨相場の対ドルレートが一定の独立性と弾力性を持つようにしなければならない。それと同時に，各国政策当局は実際操作において一定の介入と誘導を加えることによって，域内2国間為替レートの間に一定の協調を実現する。また，CMIMの下に制度化された金融機構すなわちAMFを設立し，域内の「準最後の貸し手」となり，域内の金

融援助資金の提供と管理を行うようにする。そして早期警告指標（early warning indicators）を作成し，各国のマクロ経済動向や国際収支についてサーベイランスを行い，各国の経済政策の協調と政策協調における規律制約を強める。

　局地レベルにおいて，各国は自国経済発展の具体的な特徴に基づいて，独立的な通貨バスケットペッグ制を構築することである。東アジア各国の対外経済モデルの特徴からいうと，域外通貨相場に対する十分な弾力性を維持した方が良いだろう。そのため，この段階においては，中心レートを公表しない隠蔽的な通貨バスケット制を採用した方がよいと思われる。すなわち，通貨当局は内部で中長期的に参考になり得る通貨バスケットの構成や中心レートを計算するが，それを公表することは無く，計算された通貨バスケットの中心レートを参考目標とし，為替レートの中長期的な行方を指導するのである。しかし，短期的には上述の参考レートにこだわる必要はなく，通貨の弾力性の維持を優先すべきである。それと同時に経済ファンダメンタルズの変動によって，中心レートを徐々に変更することも許すべきである。

　第2段階では，主に独立ペッグの下で，局地での共同通貨バスケットペッグ制を構築する。

　局地レベルにおいては，経済発展水準の近い国の間の2国間為替レートを安定化する必要が両国ともにあり，その先に共同バスケットペッグ制を採用する条件を整える。通貨バスケットの構成と経済貿易構造の類似性から，局地範囲内で共同通貨バスケットの選択と中心レートの確定（公開または非公開）を行い，各国通貨の中心レートに対する変動幅を制限することによって，準地域範囲内における為替連動メカニズムを構築する。準地域範囲内の経済規模が限られており，各国にはそれぞれ差異が残っているので，少し緩めの為替変動幅を設定し，投機による衝撃を防ぐようにした方が良いであろう。ここではBBC（basket-band-crawling）制度が推薦さるべきであろう，というのは，為替レートを基本的に安定させるという条件を満たしながら一定の弾力性も提供され得るからである（Williamson, 1999）。

　全域レベルでは，局地為替協力を基礎に，地域全体が外部通貨に対する為替

レートの目標ゾーンを設定する（目標ゾーンの境界は少し緩めにしてもよい。）。ここではACUを主な参考目標とし，地域の対外為替政策の協調を行い，価格環境の相対的な安定および各国間の悪質な競争を防止することができる。当然のことながら，各局地間の差異を考えると目標ゾーンの範囲は一定の弾力性を保ってもよいと考えられる。並行して，AMFの機能を強化するとともに，東アジア域内の具体的状況を考慮してSWF（Sovereign Wealth Fund）モデルを参考にして，域内金融資産に投資できる多国間協力投資基金を設立することも考えられる[13]。この基金の使い道としては主に域内で国際通貨（例えばドル）建ての政府または準政府債権に投資することである（李曉，丁一兵，2008）。CMIMおよび「外貨準備プール計画」と比べると，ACIFは各国準備資産のマルチ化とリスク分散の目的を有効に実現することが可能である。これによって，準備資産の多くが域内に残るようになり，特に東アジア地域の準備資産に関する協力を地域的金融市場特に債券市場の建設と結合できるのである[14]。

第3段階の主要な課題は東アジア地域の共同バスケット制度を構築し，統一した為替連動メカニズムを形成することである。

それぞれの局地で共同バスケットペッグ制度を確立してから，徐々に局地における固定相場制を構築し，準地域範囲での通貨一体化を推進する。通貨バスケットペッグ制度は不安定という特徴があるので，為替安定の維持と為替制度の持続性を長期的に保障するためには比較的厳格な固定相場制を採用した方が有利と考えられる。すなわち域内通貨一体化である。OCA理論によると，通貨圏の範囲または規模が小さければ小さいほど，経済発展の一致性は高まり，通

---

[13] 伊藤隆敏は「アジア金融安定化基金」（Asian Financial Stabilization Fund, AFSF）構想を提出している。AFSFと日本政府の提案するAMFの区別は，AFSFは外貨準備支援だけでなく民間部門への金融支援も含めていることである。（伊藤，1998）
[14] 例えばACIFを利用して域内各国の発行した国際通貨建ての公的債券と企業債券に投資するとしよう。この時，一方では債券に対する需要を高め，域内債券市場の発展に有利である。他方では準備資産の流動性を確保でき，準備資産のリスクを減少できる。その他に，ACIFを利用して現地の公的債券や半公的債券などの金融資産に投資する時にもう1つの利点がある。すなわち，参加国で支払い危機が生じたとき，上述の債券の売却を通じて資金を獲得し，融資側のリスクを減少できるのである。

貨一体化のコストも低く，最適通貨圏になる可能性が一番高い。そのため，東アジア域内通貨システムを構築するプロセスにおいて準地域レベルにおける共同バスケットペッグ制度を構築した上で，局地レベルにおける通貨一体化を試みた方がよいと考えられる。

それと同時に，全域レベルにおいて東アジア域内の共同通貨バスケット制度を構築し，統一した為替連動メカニズムを形成させるべきである。これによってACUを実際の操作と応用の段階へと発展させ，各国にペッグさせる通貨バスケットとして使い，中心レートを確定させるのである。しかし，各局地で維持されてきたペッグ目標はそのまま維持する。準地域範囲では各国で厳格な固定相場制を維持し，局地の固有ペッグ目標に基づいて，各局地がACUにペッグする際の変動幅を確定する。すなわち，ACUを目標にしながら，幅が異なる「スネーク」(李暁，平山，2002) を構築するのである。その上で，通貨一体化の「自己推進効果」を利用して，各局地の「スネーク」を徐々に収斂させ，東アジア地域で統一された為替システムを構築するのである（これは1980年代のEMSに類似している）。

第4段階では単一通貨を実現し，統一した中央銀行を構築する。

ACUおよび東アジア地域為替連動メカニズムが一定時間運営された後，各国経済の一体化が深まることによって，条件の整ったときに単一通貨を採用することが考えられる。そして統一した通貨管理機構を設立し，統一した通貨政策を実行する。もちろん，これは相当に難しくて長い過程になると思われるし，最終的に実現されるか否かは東アジア各国の共同の努力に懸かっている。

(2) 東アジア通貨金融協力の展望

今日，東アジア通貨金融協力の発展および域内主要国の政策選択の傾向を見ると，局部地域での人民元の地域化を中核に協力が推進される可能性がある。そして全域レベルでは日中両国が共同してより大きな役割を果たすと見られる。ASEANは域内各国の政治と経済の差異が大きく，経済的実力が強くないのが現実である。さらに，今まで推進してきたASEAN10＋3メカニズムも政治的目的が主であったため，将来の東アジア通貨金融協力で果たせるASEANの役割

は限られたものと見られる。今後，東アジア通貨金融協力の進展は日中韓三カ国，特に日中両国間の協力によって大きく影響されると思われる。

　今まで日中両国の学術界と政府は自身の有利な条件と地位から出発して，東アジア地域における自国通貨の影響を高めることを試みてきた。中国政府は自国の経済成長の巨大な潜在力と市場規模の拡張を利用し，周辺国との貿易などで人民元の決済機能を強化し，それによって人民元の周辺化と地域化を徐々に実現しようと試みたのである。それに対して日本は現段階で円が持つ国際的地位と自国のより発達した金融市場の影響および経験を生かして，ACU を推進することで東アジアにおける円の影響力と役割を高めようとしてきた。しかし，今後の地域通貨金融協力および自国通貨金融戦略をデザインする過程で，日中両国は次の2つの問題を考察しなければならない。

　A.　現段階の「ドル体制」の下で，日中両国はいずれも単独で域内通貨金融協力を主導する能力を具備していない。ここ数年の日本の為替制度と市場拡張の潜在力から見ると，円はまだ東アジア為替協力に直接参加する条件を整えていない。それに対して，中国が局地レベルで人民元の貿易決済通貨化を推進する戦略のほうが大きく進展する可能性がある。そしてより先に局地レベルで為替協力を推進させ，通貨金融協力を後押しする可能性がある。もちろん，これは人民元の自由交換がどの程度まで推進されるかによるものである。つまり，一部の東アジア諸国だけで円を含まない為替安定圏を構築し，徐々に円を取り入れた東アジア全域の為替安定メカニズムに推進させる条件があるということである[15]。日中両国は，この問題に関する研究を深化させ，共通認識を得た上で緊密な政策協調と協力を展開すべきである。

　B.　域内通貨統合の経験から見られるように，通貨統合は域内経済主体としての各国の経済規模の地域内シェアとその変化とに強く関わっている。ユーロの形成から見ると，ユーロ圏各国間の経済実力が比較的に均衡的で，どの国も単独で通貨統合を主導できない状況下で，相互協力を通じて最終的に統一した

---

15)　石田護（2008）「東アジア通貨協力は進行中である」（『東方早報』，2008年12月30日）。

通貨を形成したのである。北米ではアメリカの実力が他国を大きく上回ったため，最終的に米ドルが主導的な地位を獲得できたのである。東アジアでは1980年代に日本のGDPが東アジア地域の70％を占めていたが，2000年から中国のGDPの占める割合が急速に上昇するという状況である。東アジア8カ国および地域の1960～2007年のGDP成長率と将来の経済規模に対する予測から見る[16]と，2040年には中国が東アジアGDPの60％以上を，日本が23.5％以下を占めるようになるのである。したがって，時間の経過と共に東アジアでは中国を軸にした「一国独大」の現象が現れる可能性が高い。しかしながら，アメリカと違って東アジア地域には複雑な歴史，政治と文化的伝統がある。これらの要素によって，東アジアでは「一国独大」がなかなか受け入れられにくいことになる。同じく，イギリスと異なって，日本はアメリカと経済循環（商業，投資と貿易など）で明らかな非同調性が見える代わりに，東アジアとは経済循環の高度な一致性が見えている。そのため，イギリスのポンドのように地域金融協力のプロセスから独立するとは想像しにくい。そのため，中国経済の迅速な成長は中国が東アジア通貨金融協力を主導するというものではなく，日中両国の協力が不可欠であることを示すものである。

3. 人民元の国際化戦略

中国の学術界で人民元の国際化にかんする呼びかけは1980年代からあった。関連した研究分野では2000年以降一連の大きな進展がなされた。しかしサブプライム危機が爆発するまで，人民元の国際化は中国政府当局が本気で考えた選択肢ではなかったのである。なぜなら人民元の国際化には以下のような4つの制限があるからである。①経済発展段階の制限，②経済制度の制限（人民元の自由交換不可能や人民元レートの自由変動不可能を含む），③中国の金融市場の未成熟の制限（資本項目の開放程度の低さなど），④中国政府の対外戦略に対する制限（主に中国政府が長期的に実施してきた穏健な対外戦略）などである。

[16) 李暁（2009）「グローバル金融危機下における東アジア通貨金融協力の経路選択」（『東北アジアフォーラム』，2009年第5期），24ページ。

しかし，2008年9月以降サブプライム問題がグローバル金融危機に拡大してから，中国政府の人民元国際化に対する態度が大きく変化した。中国政府は国際金融戦略の再構築を急いだのである。その中核の構想は，対外貿易，国際投資と外貨準備管理などの面における米ドルへの依存を低め，ドル相場下落リスクを一定の範囲内におさめることであった。前述のように，人民元国際化を積極的に推進させることは，中国政府の戦略的選択肢の中で最も独立的で，主動的な戦略である。

　中国の人民元国際化戦略には明らかな特徴がある。
1) これは中国政府によって提出・実施される通貨国際化戦略である[17]。しかし，英ポンドや米ドルのような通貨は覇権交替や市場の選択の結果によって国際化を実現できたのである。
2) 発展途上の大国である中国ではまだ人民元の自由交換や資本項目の完全な自由化が実現されていない。その中で人民元の国際化を推進するというのであるが，それは先例のないことである。
3) 中国政府が人民元の国際化を提出した直接的な原因は危機に対応するためであり，国内外の市場の需要に応じたものではない。
4) 中国の現段階における経済発展はこれまでの大国とは異なる。グローバル化を背景に迅速に拡張した経済力の優勢は，地域的な集団化によって政治的優勢に変えるということができない。そればかりか外部からの牽制と圧力をより多く受ける可能性がある。そのため，人民元国際化の戦略を提出した後に，中国は新しい国際的矛盾と摩擦に直面せざるを得なくなるかも知れない。

　そのため，中国政府の人民元国際化にかんする戦略は，最初から困惑と矛盾に満ちていた。一方では政府の主導するプロセスであり，中国政府が公然と人

---

[17] 今まで，自国通貨の国際化を提出し推進させたのは日本だけである。1980年代に，円の国際化戦略は日本政府の受動的な政策であり，基本的に失敗したともいえる。詳しくは，李暁（2005）「円の国際化の困難およびその戦略的調整」（『世界経済』，2005年6月号）；上川孝夫，李暁（2010）『世界金融危機：日中の対話――円，人民元，アジア通貨金融協力』，春風社，を参考。

民元国際化戦略を実施し始めたにもかかわらず，他方では人民元国際化の目標と発展経路を明確に提出できなかったことである。こうしたことから人民元の国際化は国内外の学術界の注目と議論を呼ぶに違いない。

3–1 人民元国際化の新動向

　中国政府が人民元国際化のプロセスを開始した2008年末から今日まで，以下の3つの面で重要な成果が得られている。

　第1，中国政府は国際貿易における人民元決済の試行を展開した。2008年12月，国務院常務会議は広東省と長江デルタ地域，香港，マカオ地域，広西省と雲南省とASEANの貨物貿易に人民元決済の試行作業を行うことを決定した。2010年4月8日，国務院常務会議では人民元の国際貿易決済の試行作業の第一次試行地域を発表した。上海，広東省の広州，深圳，珠海，東莞など5つの都市である。2010年6月22日，中国人民銀行，財政部，商務部，税関総署，銀行業管理委員会などの部署は，『国際貿易における人民元決済試行作業の地域を拡大する通知』を発表した。これによって，人民元決済の試行地域はもともとの5都市から北京，天津，内モンゴル，遼寧，上海，江蘇，福建，浙江，山東，湖北，広東広西省，海南，重慶，四川，雲南，吉林，黒龍江，チベット，新疆などの20の省（自治区，直轄市）に拡大された。その試行業務の範囲は，貨物貿易，サービス貿易とそのほか経常勘定項目の人民元決済であり，企業は市場原則に従って人民元の決済を選択，使用する。

　第2，2008年12月以来，中国人民銀行は香港，韓国，マレーシア，ベラルーシ，アルゼンチンなど6つの国と地域の中銀や通貨当局とスワップ協定を締結し，その規模は6,500億人民元にのぼる（表4–2を参照）。これらの協定は相手国に金融危機を乗り越えるための援助を提供する目的で締結されたものではない。そのため，2国間のドルスワップではないのである。人民元は外国為替市場において介入通貨として使用されていないので，その2国間スワップは人民元の国際貿易決済の試行を展開するために実施されるのである。

　第3，為替レート形成メカニズムの改革が再開された。2010年6月19日，

表 4-2　2008 年以降，中国の中央銀行が締結した通貨スワップ協定

日次	通貨スワップ対象国	規模（人民元，億元）
2008 年 12 月 12 日	韓国	1800
2009 年 1 月 20 日	香港金融監督局	2000
2009 年 2 月 8 日	マレーシア	800
2009 年 3 月 11 日	ベラルーシ	200
2009 年 3 月 24 日	インドネシア	1000
2009 年 3 月 29 日	アルゼンチン	700

（出所）http://www.sina.com.cn　2009 年 4 月 2 日。

G20 トロントサミットの一週間前に，中国人民銀行は人民元レート形成メカニズムの改革を再開すると発表した。新しい改革は 2005 年 7 月から 2008 年 6 月までの人民元レート形成メカニズムを継続する形となる。すなわち市場の需給にもとづいてバスケット通貨を参考にする管理変動為替制度である[18]。為替レート形成メカニズムの改革を再開した理由としては，欧州各国の債務危機に対応して国内外の経済圧力を緩和することや，為替レートの弾力性を高めて国内産業構造を調整すること，そして中国の通貨政策の独立性を強化すること，などがあげられる。しかし，人民元レートの弾力性を高めたのは人民元国際化の重要な措置でもある。まず，政策面からみると，為替改革を発表した 3 日後に中国人民銀行など 6 つの部署が「国際貿易の人民元決済試行点を拡大する通知」を共同で発表した。これは国際貿易における人民元決済試行点の地域範囲を拡大しただけでなく，海外の地域制限を取り消したのである。そして，機能面からみると，為替改革の再開と人民元国際化は相互に補完しあうものである。人民元のドルペッグ制度が変わらない限り，市場では人民元の切り上げ予想が一方的になり，人民元の借入を拒むことが多くなるはずである。こうなると，輸入企業は人民元で決済する意欲を失ってしまうのである。もし人民元の対ドル

---

18)　2005 年 7 月に人民元の為替改革が行われた後，2008 年 7 月まで，21% あまり切り上げた。為替改革の再開は 2010 年末と見られ，切り上げ幅は 3～5% であると予測される。

レートが本当の意味で両方向に変動するのであれば，人民元の切り上げ予想を払拭できるのである。さらに人民元の先物レート市場までが成長できたら，国際貿易の決済などで人民元の役割を高めると思われる[19]。

3-2 人民元国際化の現状および主な障害

人民元はまだ自由に交換できないが，しかし一部の公的部門や私的部門では海外で使用されるという「事実上の国際化」現象が現れている。しかし，人民元の自由交換が実現されるまでは国際化の程度は限られるであろう。

まず人民元の国際化の現状を見てみよう。

第1，人民元の公的使用状況。アジア金融危機の爆発以降のCMI下の2国間スワップ合意やアメリカ発サブプライム危機の爆発以降に中国が一部の国と締結した2国間通貨スワップ協定の中で，すでに人民元が使われている。次の表4-3から読み取れるように，2007年7月まで中国はCMI枠組みの下で東アジアの関係国と総額235億ドルの2国間通貨スワップ協定を締結しており，その中で人民元は相当使われていた。表4-2の示すように，サブプライム危機が爆発してから，中国は韓国などの6つの国と2国間通貨スワップ協定を結んでいる。それと同時に，人民元の自由交換はまだ実現されていないものの，一部の周辺国では中央銀行の準備金に人民元を取り入れている。2006年12月からフィリピン，マレーシア，韓国，カンボジアの中央銀行は次々と人民元を準備通貨とした。

第2，個人の人民元使用状況。個人の使用を見ると，海外における人民元の使用はまず香港，マカオに集中している。香港とマカオの人民元ストックは海外の人民元ストックのおよそ半分程度を占めている[20]。近年，中国大陸と香港，マカオ間の密接な経済貿易往来および旅行，帰省活動により，人民元の流通規

---

[19] 張明（2010）「為替レートメカニズム弾力化の重要性―人民元の為替改革をどう見るか」，中国社会科学院世界経済と政治研究所国際金融研究センター Policy Brief No. 2010.038（June.25.2010），2ページ。

[20] 何帆（2010）「人民元国際化の現実的選択」（『ポスト危機時代における東アジア通貨金融協力―人民元と円の協調は可能か』，2010）吉林大学出版社，130-131ページ。

表 4-3　中国と東アジア諸国間の 2 国間通貨スワップ協議（2007 年 7 月まで）

BSA	単向/双向	通貨	協議総額	状況
中国―タイ	片方	ドル/タイバーツ	20 億ドル	締結日：2001-12-06 終了日：2004-12-05
中国―日本	双方	人民元/円；円/人民元	60 億ドル	締結日：2002-03-28
中国―韓国	双方	人民元/ウォン；ウォン/人民元	80 億ドル	締結日：2002-06-24
中国―マレーシア	片方	ドル/リンギット	15 億ドル	締結日：2002-10-09
中国―フィリピン	片方	人民元/ペソ	20 億ドル	締結日：2003-08-29 修正日：2007-04-30
中国―インドネシア	片方	人民元/ルピア	40 億ドル	締結日：2003-12-30 修正日：2006-10-17

（出所）高海紅，余永定，「人民元国際化の意味と条件」，『国際経済評論』，2010 年 1～2 月期，49 ページ。

　模は日々拡大している。特に人民元切り上げ予測により，香港とマカオでは人民元をより好んで受け入れるようになっている。中国人民銀行は，2003 年 11 月 19 日から香港の銀行に，また 2004 年 11 月 4 日からマカオの銀行に，人民元の個人向け業務と決済業務を提供し始めた。現在，香港には 38 社，マカオには 13 社の銀行が人民元の個人業務を提供している。これにより香港とマカオの金融機関の人民元預金はますます増加し続けている（図 4-2 を参考）。これと同時に，大陸と台湾の間の経済往来がより緊密化および拡大するにつれて台湾の住民は広範に人民元を使用し始めた。2001 年 1 月，海峡間では「小三通」を実現した。それから金門，馬祖地域の住民は人民元と台湾ドルを同時に使うようになったのである。2008 年 6 月に，台湾ドルと人民元の相互交換は台湾全島に広がり，1 人当たり 1 回 2 万人民元を限度に台湾住民と旅行客および外国人とが台湾で人民元を交換できるようになった。2008 年 12 月，海峡間では正式に「大三通」が実現され，台湾における人民元の使用と流通がさらに促進された。

　このほか，一部の周辺国と地域でも中国との国境貿易の増加と旅行業の発展を通じて人民元の流通が促進された。李婧の分析によると，2007 年まで国際業

図 4–2　香港の人民元預金（百万元）

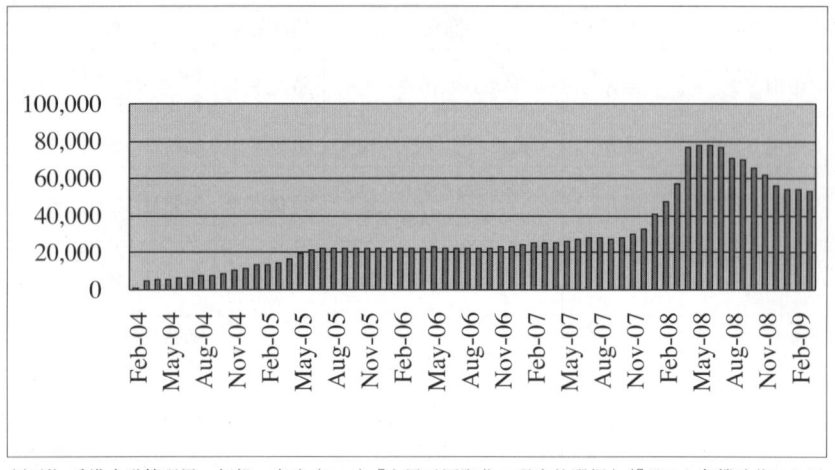

(出所) 香港金融管理局；何帆，李暁 (2010)「人民元国際化の現実的選択」(『ポスト危機時代における東アジア通貨金融協力―人民元と円の協調は可能か』，2010) 吉林大学出版社，2010 年 3 月，131 ページ。

務における人民元の国境を越えた流通規模は 810 億元に達しており，アジアにおける中国旅行客の消費支出は 1780 億元に達した[21]。現在，一部の周辺国で流通している人民元の規模はかなり大きいものである。例えばモンゴルで流通している現金の 60％ は人民元である[22]。

　国際金融分野に関しては，香港，マカオ地域の人民元の個人向け預金業務以外の展開をはかるほか，中国大陸の金融機関が香港で債券を発行し，人民元の海外流通を大きく促したのである (表 4–4 を参考)。そのほか，2005 年 10 月にアジア開発銀行と世界銀行に属している国際金融会社が 2 つのパンダ債券を発行しており，2006 年 11 月 15 日に同社は 3 度目のパンダ債券を発行した。

　第 3，国際通貨制度における人民元の地位。近年，中国の国際経済的地位がますます上昇しているが，外国為替取引における人民元の地位はそれほど高まっ

---

21) 李婧 (2010)「人民元の台頭とアジア化・国際化戦略」，上川孝夫，李暁編『世界金融危機：日中の対話――円，人民元，アジア通貨金融協力』，春風社 2010 年 4 月，213 ページ。
22) 何帆 (2010)「人民元国際化の現実的選択」(『ポスト危機時代における東アジア通貨金融協力―人民元と円の強調は可能か』，2010) 吉林大学出版社，130–131 ページ。

表4-4　海外（香港）における人民元建て債券の発行

発行機関	発行時間	規模（億元）	期間（年）	金利（％）	購入倍率
国家開発銀行	2007.6	50	2	3.00	2.91
中国輸出入銀行	2007.8	20	2	3.05	2.68
			3	3.20	
中国銀行	2007.9	30	2	3.15	2.78
			3	3.35	
中国交通銀行	2008.7	30	2	3.25	7.80
中国輸出入銀行	2008.9	30	3	3.40	3.75
中国建設銀行	2008.9	30	2	3.24	2.81
中国銀行	2008.9	30	2	3.25	5.16
			3	3.40	
HSBC（中国）	2009.6	10	3	三カ月期 Shibor＋38 ベーシスポイント	―
東亜銀行（中国）	2009.7	40	2	2.80	1.58
国家開発銀行	2009.8	10	2	三カ月期 Shibor＋30 ベーシスポイント	1.70
中国財政部	2009.10	60	2	2.25	3.00
			3	2.70	
			5	3.30	

（出所）　Ming Zhang, "China's New International Financial Strategy amid the Global Financial Crisis", China & World Economy, Vol. 17, No. 5, 2009, p. 26；関連銀行のウェブサイト；中国財政部ウェブサイト；熊愛宗，黄梅波（2010）「国際準備通貨システム改革の東アジア視点」（グローバルマクロ経済政策 GMEP シリーズ研究報告，2010）。ChangCe Thinktank, No.2010–007.

ていない。表4-5は，1995年～2007年の間の国際為替市場における取引の中で各通貨ペアの比率を占めしたものである。表からみられるようにトップ5位の通貨は米ドル，ユーロ（ドイツマルク），日本円，英ポンド，スイスフランで，比率は160％を超えている。しかも，多くの取引は米ドルと上述通貨の組み合わせであり，その比率は55％を超えている。2007年を例にとり，伝統的な為替市場における主な取引通貨をみると，米ドル（86.3％），ユーロ（37％），円

表 4–5　国際外貨取引における各通貨の割合（％）

	1995 年	1998 年	2001 年	2004 年	2007 年
1.　各通貨の割合（％）					
米ドル	83.3	87.3	90.3	88.7	86.3
ユーロ			37.6	37.2	37
円	24.1	20.2	22.7	20.3	16.5
マルク	36.1	30.1			
ポンド	9.4	11	13.2	16.9	15
スイスフラン	7.3	7.1	6.1	6.1	6.8
合計	160.2	155.7	169.9	169.2	161.6
2.　各通貨ペアの割合（％）					
米ドル / ユーロ			30	28	27
米ドル / ドイツマルク	22	20			
米ドル / 円	21	18	20	17	13
米ドル / ポンド	7	8	11	14	12
米ドル / スイスフラン	5	5	5	4	5
合計	55	51	66	63	57

（出所）BIS『為替とオプション市場活動に関する中央銀行の調査報告』，2007 年 11 月；楊栄，陳傑，「為替改革以降，中国為替市場の発展」，「銀行家」，2008 年 11 月期；李暁，丁一兵，他著，『人民元の地域化問題研究』，清華大学出版社，2010 年 6 月，113 ページ。

（16.5％），ポンド（15％），スイスフラン（6.8％），オーストラリアドル（6.7％），カナダドル（4.2％），スウェーデンクラウン（2.8％），香港ドル（2.8％），ノルウェークラウン（2.2％）などがある。取引される通貨の中で，米ドルとの通貨ペアが 86％ を占めており，ユーロ通貨ペアは 10％ を，その他通貨ペアは 4％ だけを占めている。米ドルの通貨ペアには主に米ドル / ユーロ，円 / 米ドル，米ドル / ポンドが含まれており，それぞれ 27％，13％，12％ を占めている。ユーロ通貨ペアにはおもに円 / ユーロ（2％），ユーロ / ポンド（2％），ユーロ / スイスフラン（2％）がある。

　近年の国際為替市場の発展からみると，上位 5 位は基本的に本質的な変化がなかった。通貨の国際市場における地位はその国自身の経済条件と深く関わっ

ている。これから見ると，人民元の国際化が実現されるまでにまだ長い道のりがあることがわかる。

次に，人民元の国際化が直面する主な障害について述べよう。1国の通貨が国際化を実現するには多くの必要条件がある。例えば経済規模，金融市場の発展程度およびその実力，政治と軍事の実力，通貨の内在価値の安定性と予測可能性，取引のネットワーク外部性などである。現在，ミクロレベルの条件だけを見ても，人民元国際化には明らかな困難と障害がある。

第1，為替市場の発展レベルがかなり低いこと。人民元為替市場の構築からみると，2005年の「7.21」為替改革以降，中国の為替市場は大きな発展を遂げた。2006年初に人民元の為替市場では「Market Maker制度」を導入した。マーケットメーカーは双方の売買価格を提示し，市場の流動性を増加させる。同年，直物為替市場でOTC取引（相対取引）を導入し，人民元の先物市場でもOTC取引を導入して取引コストの削減と取引規模の拡大をもたらした。2005年8月以降，非銀行金融機構と非金融工業も銀行間市場の会員資格を申請できたが，これは為替市場の取引商品を増加させた。2005年8月15日，銀行間市場では人民元の為替先物取引業務を開始した。2006年4月24日，人民元と外貨のスワップ業務を始めた。そして2007年12月，人民元の外貨スワップ取引は銀行間市場で正式に開始された。それと同時に，直物為替取引の通貨ペアを増やした。取引システムからみると2007年4月，中国為替取引センターは人民元の為替直物，先物とスワップ取引の新システムを導入した。これによって人民元と外貨，外貨と外貨の取引が可能になり，その取引形式はコール制度とOTC制度の新しい外貨取引システムを支援している。表4-6のように，為替改革以前と比べると，中国の外為市場は大きな進展を遂げたのである。しかしその規模とレベルは依然として限られている。

外為市場の取引種類（表4-7）の分布からみると，米ドル，ユーロとポンドなどの強い通貨はスワップ取引をメインに取引されており，直物取引は3割しか占めていない。人民元は為替取引で直物取引が中心であり，スワップ取引は7％しか占めていない。つまり中国の為替取引市場はまだまだ成熟しておらず，取

表 4–6　通貨別に見た外為市場取引量

	2001	2004	2007		2001	2004	2007
ドル	90.3	88.7	86.3	ルーブル	0.4	0.7	0.8
ユーロ	37.6	36.9	37	インドルピー	0.2	0.3	0.7
ポンド	13.2	16.9	15	人民元	0	0.1	0.5
円	22.7	20.2	16.5	台湾ドル	0.3	0.4	0.4
香港ドル	2.3	1.9	2.8	ブラジルレアル	0.4	0.2	0.4
シンガポールドル	1.1	1	1.2	新興国通貨	16.9	15.4	19.8
韓国ウォン	0.7	1.2	1.1				

（注）取引は二つの通貨によって行われるため，取引の割合を合わせると200％になる。
（出所）国際決済銀行（BIS）。表4–5から引用，111ページ。

表 4–7　2007年取引種類別に見た外為市場取引量

	現物	先物	スワップ		現物	先物	スワップ
米ドル	29.7	10.9	59.4	インドルピ	42.6	27.5	29.8
ユーロ	36.9	12.1	51.1	人民元	61.4	31.3	7.4
ポンド	32.5	10	57.4	台湾ドル	47.1	40.6	12.3
円	40.4	12.1	47.5	ブラジルレアル	50.2	47.3	2.5
香港ドル	18.4	7	74.6	タイバーツ	18.9	13.3	67.8
シンガポールドル	22.5	7.9	69.6	フィリピンピソ	36.9	32.5	30.5
韓国ウォン	44.7	29.4	25.9	インドネシアルピ	43.7	39.3	17
ルーブル	70.7	5	24.3	平均	32.6	11.7	55.6

（出所）表4–6と同様。

引種類が少ないことを表している。短期間の為替投機によってもたらされる為替リスクは減少したが，人民元の長期的な国際的影響力の向上に有利な状況とはいえない。

　中国の外為市場の取引規模から分析すると，2007年の中国大陸の1日当たり取引量が国際外為市場で占める割合は，伝統市場では0.2％，オプション市場では0％にすぎない（BIS）。香港の同比率は4.4％と0.9％であり，台湾は0.4％と0.1％を占めている。すべての取引通貨の中で，人民元の割合は0.5％である。香港ドルは2.8％，台湾ドルは0.4％を占めている。表4–8から見て取れる

表 4-8 銀行間為替市場の取引量（億ドル）

	年度取引件数	年度取引金額	一日平均取引量
1. 先物取引			
2006 年	1476	140.61	0.5786
2007 年	2945	22.82	0.92
2. 外貨スワップ取引			
2006 年	2732	508.56	2.99
2007 年	15896	3146.41	13
3. 通貨スワップ取引			
2007 年	4	0.8	
4. 取引量総額			
2006 年		10000 より大きい	
2007 年		20000	

(出所) BIS『為替とオプション市場取引に関する中央銀行の調査報告』, 2007 年 11 月；楊栄, 陳傑, 「為替改革以降, 中国為替市場の発展」,「銀行家」, 2008 年 11 月期；表 4-5 から引用, 112 ページ。

ように, 2007 年に銀行間外為市場における取引額は 1 日当たり 2 兆ドルを超えており, 前年同期比 90% 増となっている。その中で, 2007 年の為替スワップの取引総額は 0.3 兆ドルに達している。2007 年の先物取引総額は 0.02 兆ドルにすぎない。国際外為市場の取引規模は 1 日あたり約 3.2 兆ドルといわれているが, それと比べると中国の外為市場の取引規模は極めて限られている。

　第 2, 通貨の交換可能性と資本規制。改革開放以降の 30 年間にわたって人民元は漸進的かつ透明的および安定的な政策措置を通じて交換可能性を高めてきた。1980 年代に中国で正式に改革開放を実施し始めてから, 人民元の交換可能性を徐々に高めてきたが, その多くは模索しながら前進する過程であった。1980 年代に人民元の交換可能性プロセスに大きな進展はなかった。1990 年代に入ってから, 中国政府は市場をベースにして外貨資源を配置する改革を進め, 過去の企業外貨保留と企業外為市場を基礎に 1991 年から正式に住民の外貨調整市場を開始させた。これによって, 中国国内の住民の保有する外貨は調整できるようになったのである。1992 年 7 月, 全国外貨管理分局長会議で, 中国の経済発

展状況に基づいて人民元の自由交換を目指すということを明確に提出した。1994年1月1日に銀行の外貨決済・販売制度を推進し，経常取引項目については条件付きで交換可能とした。これは人民元の交換可能性プロセスの始まりであった。1996年12月，WTOとIMFの注視の下で，中国では4年早く人民元の経常取引項目の完全交換性を実現した。

　資本項目における人民元の交換可能性に関しても中国政府は努力を止めなかった。1996年以降，中国政府は金融システムと監督制度の構築を完成するとともに，資金の受け入れに対して緩和的な態度をとった。それに対して資金の流出には規制が多かった。2002年以降資本移動規制を緩和した。例えば外国機関投資家の証券投資上限額を100億元から300億元に拡大したことや，外資系銀行の人民元業務に関しても制限を緩和させたことなどである。この10数年間に人民元の資本項目における交換可能性は大きな進展を遂げたのである。2007年まで，資本取引に対するIMFの区分標準（全43項目）の中で，人民元は12項目で完全に交換可能かほんの少しの制限であり，16の項目では部分的な開放，15項目はまったく開放していない。現段階において，中国の資本項目の半分はまだ規制されており，残りの半分だけ居住者と非居住者に開放されていることがわかる（表4-9）。

　第3，金融体制改革と国内金融市場の発展。周知の通り，米ドルが国際通貨制度の主要通貨になった重要な原因の1つは，アメリカには欧州と日本より発達した金融市場があるからである。現在，中国の金融市場にはまだ自由な金利形成メカニズムが存在していない。そのため，中国にはアメリカの連邦準備金利やイギリスの公定歩合，日本のインターバンク市場の基準金利のようなものが存在しない。その代りに，一部の短期的な銀行間金利があるが，これは市場で決定されるものではない。中国人民銀行の金利政策は中国全体の金利構造に限られた影響力しか持たない[23]。金融体制改革の遅れは人民元国際化の推進に明らかに不利である。例えば，人民元の海外流通の拡大により，通常の輸出と

---

[23]　高海紅，余永定（2010）「人民元国際化の意味と条件」（『国際経済評論』，2010年1～2月期），59ページ。

表 4-9 中国政府の通貨・資本市場に対する規制（2007 年 12 月まで）

		流入	流出
株式市場	非居住者	B 株の購入，および一定条件の下で QFII* 流入	B 株および QFQQ の流出
	居住者	B 株，H 株（香港上場企業の株），N 株（同じくニューヨーク），S 株（同じくシンガポール）を国外に売り出し可能	QDIIs**
債権とそのほか債権型の有価証券	非居住者	QFIIs	財政部，中国人民銀行および発展改革委員会の許可の下で，国際開発機構は現地で人民元債券要求の外国債券を発行できる。
	居住者	国務院による事前許可と外貨管理局検査の下で，利益回収	保険業管理委員会と外貨管理局の許可の下，保険会社，証券会社とある程度資産規模のある銀行が一定水準の評価を持つ債権の購入
通貨市場	非居住者	QFIIs	禁止
	居住者	外貨管理局の許可で，一年期間以内の債権と CP	許可を得た機関（保険会社，証券会社と一定資質のある国内銀行）
集団投資証券	非居住者	QFIIs が国内の閉鎖型と開放型ファンドへ投資	禁止
	居住者	国務院の事前許可と外貨管理局検査の下で利益回収	禁止（許可を得た機構を除く）
デリバティブ（金融派生商品）	非居住者	禁止	禁止
	居住者	投資する前に金融機構の資質を検査し，外貨資金の開放を制限する。	銀行業管理委員会の許可により，銀行がリスクヘッジを行うことを許可，投機は禁止。すでに現地金融機関が許可を得た場合，非金融機構の参加は事前許可を取得しなくてもよい。外国金融機関業務へ参加するには外貨管理局の事前許可が必要。
直接投資		自由に人民元を流入	外貨管理局により外貨資産投資の資金源を調査

（注）流入：非居住者による現地での購買，居住者による海外での売却と発行。流出：非居住者による現地での売却と発行，居住者による海外での購買。
　　* QFII（Qualified Foreign Institutional Investors）：合格した海外投資者
　　** QDII（Qualified Domestic Institutional Investors）：合格した国内投資者
（出所）外貨管理局；IMF，『為替配置と規制』（2007 年年報）；高海紅，余永定，「人民元国際化の意味と条件」，『国際経済評論』，2010 年 1～2 月期，52 ページ。

回収ルートを構築しなければならないと同時に，海外投資家に中国の人民元建て証券の購入を許可せねばならない。通貨の国際化の経験からみると，高度に発達した国々の国債市場は通貨国際化の堅実な基礎である[24]。本国の国債発行を市場化することでノーリスクの国債収益率を確定でき，ほかの債券の発行に価格設定の参考指標（ベンチマーク）を提供する。この上で徐々に為替レートの変動幅を拡大させ，資本規制を段階的に緩和することで範囲と深度を具備した為替市場を形成でき，投資者はいろんな信用リスク，為替リスク，金利リスクをヘッジしたり，組み合わせることができるのである。これによって，自国通貨の価値尺度，媒介通貨と準備通貨機能を十分に発揮できるのである。この面における中国の道はまだまだ長いのである。

　現段階の中国では金融発展の安定性と人民元国際化の間に明らか矛盾が存在する[25]。先進国の経験からみると，資本項目の開放は経済発展のレベルとマクロ経済およびミクロ経済の成熟度にしたがって穏やかに推進させる[26]べきであるが，中国では状況が少し異なる。中国の特殊な社会構造などの制度的要素によって，「安定」の政治的意義が格別に重要になっている。もし，今後長い期間にわたって「安定」をより強く強調した場合，人民元の自由交換や資本項目の自由化のプロセスに逆に大きく影響することが予想される。しかし，このプロセスは人民元国際化の必要条件である。

---

24)　何帆（2010）「人民元国際化の現実的選択」（『ポスト危機時代における東アジア通貨金融協力―人民元と円の協調は可能か』，2010）吉林大学出版社，134～135ページ。
25)　石田護（2010）「先延ばしせず，さらに改革を――水準と制度の両面で課題抱える」，「金融財政ビジネス」2010年7月5日号，7ページ。
26)　先進国の経験から見ると，欧州や日本は1961年と1964年に経常項目通貨交換可能性を実現している。しかし1980年当たりになってから，イギリス，フランス，日本はようやく外貨規制を基本的に完全に放棄したのである。韓国とタイなどの新興国は1986年と1990年に経常項目交換可能性を実行し始めたが，1996年と1993～1994年当たりになってからようやく資本項目交換可能性を実現させたのである。インドのような経済転換をうまく乗り越えた国でも，1991年から始めて2002年になってようやく資本項目の交換可能性を実現したのである。

3-3 人民元国際化の目標

　上述のように，人民元国際化戦略の提出と実施は，かつての円の国際化とは異なり，受動的な過程である。中国政府は国際通貨体制の改革を極力主張し，またそれに対して一連の目標と操作方法などを提案している。しかし，現行の国際通貨制度と金融秩序を根本的に改革するのは非常に困難であることは中国政府もよく知っている。しかも，中国政府は現段階における東アジア地域通貨協力の進展の遅さにだんだん失望を感じ始めている。そのため，人民元の交換可能性などの問題があるにもかかわらず，中国政府は人民元の国際化でなんらかの行動をとらなければならなかった。また，この故に中国政府は具体的な目標と長期的な戦略に関してはまったく何も提出していない。また，これに応じて，学術界では人民元国際化に対する賛成派と反対派に別れている[27]。

　まず，人民元の国際化の目標である。

　中国経済学界で行われている人民元の国際化目標に関する議論は，以下の2つの重要な背景に基づいたものである。第1は，国際通貨制度改革の見込みである。すなわち，主権を超えた準備通貨を創設し，米ドルを代替することであるが，これは長くて不確実な過程である。国際通貨制度の変遷に関するより現実的な展望は，ユーロとアジア通貨が成長し，米ドルと対抗できるような国際通貨となり，三極体制を形成することである。そのため，中国政府の主な目標は，できるだけ短い時間内に人民元をアジア通貨の主な柱とすることである[28]。そして，将来の「三極」国際通貨制度が実際に構築されるかどうかは中国の選択に懸かる。第2は，東アジア地域の状況から見ると，通貨国際化の道がある[29]。すなわち，円の「再国際化」，中国のような新興大国通貨の「新国際化」

---

27) 張宇燕 (2010)「人民元国際化：賛成か反対か」(『国際経済評論』，2010年1～2月号)，38-45ページ。
28) 張明 (2010)「為替レートメカニズム弾力化の重要性―人民元の為替改革をどう見るか」(Policy Brief No.2010.038, 2010) 中国社会科学院世界経済と政治研究所国際金融研究センター，31ページ。
29) 熊愛宗，黄梅波 (2010)「国際準備通貨システム改革の東アジア視点」(グローバルマクロ経済政策GMEPシリーズ研究報告，2010)，ChangCe Thinktank，15ページ。

と地域内における主権を超えた通貨「アジアドル（AMU，ACU）」の「潜在的な国際化」，である。これは東アジアにより多い選択肢を与えているが，逆にある程度まで東アジア通貨協力の将来の発展方向を選択しなければならない難しさも増えてきたのである。

　今日，人民元の国際化は2つの交差点にたっている。大きな交差点としては，人民元を米ドルとユーロに並行する独立した国際通貨に成長させるのか，それともほかの東アジア諸国の通貨と協力して当該地域の主導的な通貨になるのかという問題である。小さな交差点としては，東アジア地域の主導的な通貨になるためには直接に将来のアジア通貨に成長するのかそれとも円などほかの東アジア諸国の通貨とアジア通貨バスケットを組んで域内の為替レートを共同で調整するのかという問題である。

　今の状況から見ると，中国の学術界では「人民元はまずアジア地域の主導的な通貨になり，地域化を通じて国際化を実現させるべきだ」という意見がよりメインになっている[30]。そのため，現在の学術界は政府の観点に沿って人民元国際化の研究を進めているが，研究の中心となっているのはやはり人民元の地域化を実現する問題である。そして，人民元国際化の目標に対する検討も主に上述の「小さな交差点」の選択をめぐって展開されている。しかし，この問題は人民元国際化の過程で直面した問題の中で最も難しい問題である。現在，より多くの研究では人民元を直接に将来のアジア通貨に成長させると言っているが，これは極めて大きな困難に直面している。制度的な問題はともかく，アジア地域の複雑な歴史，社会，政治および経済分野における問題もあれば，日米両国の態度も考えなければならない。しかし，日本などの東アジア国家との通貨協力を通じて人民元の役割を生かす方法や，さらにはドイツマルクのように自国通貨が消滅するようになる道も，かなり想像がつきにくいのである。なぜ

---

[30]　もちろん，一部の学者は人民元国際化をドルの地位の交替と直接に結びつけている。彼らの主張には「人民元国際化のプロセスが長くなればなるほど，米ドルが主要準備通貨として留まる時間が長くなる」などがある。詳しくは，黄海洲（2010）「ドルと人民元：これからの方向はどこへ」（『国際経済評論』，2010年3〜4月号），12ページを参考。

なら，中国人の主権意識が強いために，現在の状況下では考えにくいからである。

　何帆の研究は人民元国際化の目標と経路に対してある設計図を提出している。同氏の設計は上述した矛盾を反映していると同時に，ある程度の現実的な操作性も持っている。氏の研究では人民元国際化の目標と経路を初期，中期，晩期に分けている[31]。人民元国際化の初期においては，域内通貨協力の展開に有利であり，域内金融市場における人民元の影響力を高め，周辺国が人民元をより容易に受け入れるようにさせるのである。人民元国際化の中期においては，為替レートの調整が域内通貨協力のテーマとなる一方で，周辺国では人民元レートによって自国の競争力が直接に影響を受けるために，より密接に人民元レートに注目すると考えられる。また，域内経済連携の緊密化により，人民元の為替レートの変動はマーケットにおける周辺国通貨に対する評価にも直接影響すると考えられる。したがって，域内諸通貨の変動の同調性はさらに高くなるだろう。人民元国際化の晩期の段階において，東アジア通貨協力は「小さな交差点」の選択を迫られると考えられる。

　注意すべきことは，一方で中国の人民元自由交換や金融市場改革などの分野におけるさまざまな問題は人民元国際化の初期段階に対してあまり大きな影響がないが，他方では，人民元国際化の最終目的が，アジアの主導的な通貨になるか新しい域内通貨を創設するかとは関係なく，いずれ米ドル，ユーロ，日本円に肩を並べる国際通貨となることである。まだ初期段階にある人民元国際化はこの2つの目標を実現するために有利である。

　いうまでもなく，人民元の国際化はまだ十分に検討された計画に立脚していない。これは，中国の改革開放と同じく，「川底の石を探りながら川を渡る」といった過程になるだろう。何帆の観点によれば，現段階における人民元の国際化はまだ初期段階に対処しており，その主な課題は周辺国における人民元の流通と使用を増やして人民元の影響力を高めることである。

---

31)　何帆（2010）「人民元国際化の現実的選択」（『ポスト危機時代における東アジア通貨金融協力―人民元と円の協調は可能か』，2010）吉林大学出版社，138–139ページ。

3-4 人民元の国際化を推進する戦略経路と措置

現段階において人民元の国際化を推進する際の主な障害は，中国政府による資本項目の全面的な開放と人民元の自由交換が実現される可能性が低いことである。目下，中国の資本市場はまだ未成熟であり，金融機関と企業のリスク対応能力が不十分であるだけでなく，監督機関の資本移動に対する管理能力や経験も不十分であるのが現実である。そのため，資本項目の規制は中国が金融リスクや危機を防ぐ最後の堤防である。そこで，人民元の国際化は長期的かつ漸進的な過程にならざるを得ないのである。すなわち，人民元国際化の中長期目標がまだ明確ではない状況下で，われわれはまず人民元国際化の初期段階でとるべき戦略経路について客観的に議論しなければならない。

中国と東アジア地域の経済，金融，政治の現状を考えると人民元の地域化はまず周辺化から地域化への道を歩むべきである。通貨の機能から考えると，交換手段，計算単位（価値尺度），価値貯蔵の順に推進させるべきである。具体的にいうと，人民元国際化は以下の段階に分けて推進できる[32]。

第1段階

周辺国における人民元の流通を穏やかに推進させ，中国と周辺国間の一部の貿易で決済通貨機能を果たせることによって周辺国と中国との間の貿易で人民元の受容れ度を高める。これと同時に，人民元のオフショア金融市場と人民元の国際債券市場の構築を積極的に展開し，特定された範囲内で人民元に投資通貨の機能も果たせることである。

第2段階

上述の作業に基づいて，中国と周辺国そして他の東アジア諸国と公的な決済協定を結ぶことによって，中国と東アジア諸国間の一般貿易で人民元を決済通貨として普遍的に使用させるように促す。それと同時に通貨スワップ協定などの方法を通じて，東アジア諸国の中央銀行が中国人民銀行と人民元の公的取引を拡大するよう促す。それによって，東アジア諸国の公的準備に人民元の割合

---

32) 李暁，丁一兵（2010）『人民元地域化問題の研究』清華大学出版社，187-188ページ。

をある程度まで増やし，公的取引における人民元の交換可能性を徐々に推進させることである。また，国内の金融市場を開放し，資本勘定に対する規制を緩和させることによって，人民元がより広い範囲とより高いレベルで投資通貨の機能を果たせるようにするのである。

第3段階

国内経済の改革，調整，成長と対外経済貿易モデルの段階的な転換を通じて，東アジア諸国が自発的に人民元をある種の「アンカー」通貨に発展させる。さらには東アジア諸国が為替市場に介入する際の介入通貨へと発展させる。

第4段階

東アジア通貨協力の発展に関連して，域内の準備通貨および介入通貨としての人民元の魅力を高める。そして局地的な為替レート協力を通じて制度的な分野で人民元の「アンカー」通貨の地位を実現させる。それと同時に，円や米ドルなど域内外の主要通貨との関係を調整し合いながら，人民元を域内の主導通貨もしくは主導通貨の1つに発展させるのである

上述の4つの目標を実現するために，以下の5つの措置が必要になる。

第1，2国間通貨スワップの範囲と規模を拡大すること。2国間通貨スワップは中国の資本項目における通貨交換の一部の制限から抜け出すため，今の段階では更なる発展が必要である。

A．関連した制度をさらなる完成に向け，人民元の売買，資金融資，海外ストックと回収の利便性を高め，決済における人民元の獲得可能性を高め，人民元決済の取引コストを下げることである。

B．中国はASEAN諸国および一部の域外国（中国と密接な貿易関係を持つ国や地域）と2国間スワップ協定を結び，関連した内容をさらに詳細に仕上げていく。これによって国際決済における人民元の基礎を作り，人民元の使用範囲と人民元の受容度を高めることができる。

C．人民銀行と香港の人民元決済銀行との間で「人民元業務に関する決済協議」を協議・修正した上で，中央銀行および商業銀行と海外金融機関の間でより完全な決済協定を結ぶ。それと同時に，周辺国と人民元決済の公的協定を結

び，人民元の国際決済に制度的な便宜を提供できるようにする。また，すでに中国と通貨スワップ協定を結んだ国と2国間通貨決済の試行を進め，相互に便宜を提供する[33]ことにより，貿易決済の通貨に人民元をより多く使用させることである。また，中国の国境地域にある商業銀行は周辺国と地域の商業銀行と連携・協力を強め，交流メカニズムを構築することも必要である。双方の了解のもとで，実力があり信用状況の良い銀行と業務協力を展開し，代理銀行関係を構築し，辺境貿易における自国通貨決済の成長を促すのである。

　第2，人民元のオフショア市場の構築と成長を加速させること。人民元の資本項目における自由交換が制限されている状況下で，国際貿易の対象国政府と投資者に人民元を保有する意欲を持たせるために，人民元のオフショア市場を構築しなければならない[34]。その中で，次の3つの市場を大至急構築せねばならない。まずはオフショア人民元決済市場である。これによって，海外投資家が中国国外で人民元と他通貨との交換を自由に行い，人民元を保有するコストを減少させることができる。次にはオフショア人民元先物為替市場である。これは，海外の投資家が人民元の資産や負債を保有する際の為替リスクをヘッジできるようにさせるのに役立つ。そして3つ目はオフショア人民元金融商品市場である。これは海外の投資家に人民元建ての金融商品を購入できるようにし，長期的に人民元を保有する意欲を持たせるのである。これによって人民元は本当の意味での準備通貨になり得る。もしこの3つの市場が順調に構築・運営されたら，海外の投資家の通貨の自由交換，為替リスクヘッジ，金融商品投資な

---

33) 現在，人民元の国際決済には2つのルートがある。第1は，中国大陸の商業銀行が香港やマカオの代理銀行を通じて行うものであり，第2は国内商業銀行と国外商業銀行が相互に口座を開きあい，自国通貨の交換を行うことである。最近になって，中国人民元銀行支払司では3つ目の新しい決済モデルを検討している。すなわち，中国の中央銀行決済システムの端末と海外の中央銀行のシステムとを繋ぎ，海外の商業銀行が直接に本国中央銀行の決済システムと中国の決済システムとを繋ぐことである。このようなモデルは一番効率的だと見られている。アメリカの国際決済「CHIPS」システムが主な参考対象になるといわれている。『毎日経済新聞』，2010年7月8日。

34) 張明（2009）「人民元国際化は必ず長期的且つ漸進的なプロセスである」（Policy Brief No.09037, 2009）中国社会科学院世界経済と政治研究所国際金融研究センター，6ページ。

どの分野における心配を払拭でき，より長期かつ大規模に人民元を保有する意欲を持たせることになる。それによって，人民元の国際化も新しい段階に進めるのである。

　今の状況から見る限り，香港は人民元のオフショア市場の一番目の候補である。このプロセスはすでに開始されている。近年における香港の人民元業務の発展を見ると，香港はすでに人民元オフショア市場と決済センターを構築する条件をある程度具備している[35]。2003年11月，2005年11月，2007年1月と3段階に分けて，中国政府は香港の銀行が人民元業務を経営できる範囲を拡大してきた。現在まで，香港の銀行は預金，交換，送金，クレジットカード，小切手などの業務を展開できる。それ以外に，2007年1月14日，中国政府は内陸部の金融機関に香港での人民元建て金融債券の発行を許可した。それ以来，5社の内陸部銀行が香港で合計220億元の人民元債券を発行した。今現在，香港では良好な人民元即時決済システムを構築しており，豊富な人民元決済に関する経験をつんでいる。国務院は2008年末に「金融が経済の成長を促進させることに関する国務院の若干の意見」を発表し，内陸部で業務を展開している香港企業や金融機関が香港で人民元債券を発行できるようにさらに緩和したのである。これによって，香港で人民元債券を発行できる主体は香港と内陸部を含むようになり，香港で人民元債券を発行する件数と金額も徐々に増加しつつある。2009年9月28日，財政部は香港で60億元の人民元債券を発行した。これは中

---

35) 現在，国内外の学者が香港ドルと人民元の統合に関して多くの研究を行い，大きな進展を得ている。そしてこの問題に関して3つの解決策を提供している。①香港ドルは米ドルへのペッグを放棄し，人民元にペッグする。②新しい通貨—「中元」を創設し，香港ドル，台湾ドル，マカオドルを「中元」にペッグさせて，「大中華通貨圏」を構築する。③香港ドルを直接に破棄し，香港の「人民元化」を実現する。関連の研究を見ると，香港ドルと米ドルの間における商品市場と実際の資本移動における融合需要は中国大陸より低いのである。香港の現行通貨制度はあまり堅固ではないが，現段階では大陸と香港の間で需要ショックと通貨ショックに対する対称性が低いため，OCAを構成する際の機会費用が高いのである。そのため，今の香港のカレンシーボード制度は経済合理性があり，人民元は米ドルに代わって香港ドルの主要なパートナーの地位につけないのである。詳しくは，範小雲，邵建新（2009）「香港ドルと人民元の統合に関する研究」（『世界経済』，2009年3月号），3–13ページを参考。

国政府が大陸以外の地域で人民元建ての国債を発行した初めてのケースであり，香港での人民元債券発行の更なる成果と言えるであろう。2010 年 7 月 6 日，中国中信銀行 (China Citic Bank) 国際有限会社は香港で機関投資家向けに初めてのオフショア人民元預金証を獲得し，発行額上限は 5 億元，1 年期間で 2.68% の金利になった。この業務の展開は人民元のオフショア人民元投資ルートを開拓したことと見られている[36]。7 月 13 日，中国人民銀行は中国銀行に台湾向けの人民元現金業務の決済銀行となる許可を供与し，台湾の商業銀行向けに人民元の現金交換，供給および回収サービスを展開できるようにした。このことは中国・台湾間の金融協力のプラットホームになり，香港オフショア人民元業務と香港国際金融センターの地位を強化させるための重要な措置と見なされている[37]。

また，上海を国際金融センターに発展させようとする構想が話題になっている。上海市政府はこのことを重要な発展戦略としている。しかし，全体的に見ると，資本項目における人民元の自由交換が制限されるなど一連の制度的要因の制約もあり，香港と比較すると，上海の国際金融センター構想は，人民元の国際化プロセスと並んで，非常に長い過程と考えられる。

第 3，国内金融市場の構築を加速すること。人民元の地域化は中国の金融市場が十分な規模と均衡の取れた構造を持つことを前提とする。金融市場の発展，金融システムの完成といったことは人民元国際化を実現するための必要条件であると同時に，資本勘定を平穏に開放できる前提条件でもある[38]。

A．為替市場に対する介入をさらに減少し，人民元レートを市場の需給に従わせること。中国の経済成長が直面している内外インバランスを解消するために，中国の通貨当局は為替レート形成メカニズムをさらに改革し，人民元レー

---

[36] 『毎日経済新聞』，2010 年 7 月 8 日。
[37] http://www.sina.com.cn 2010 年 7 月 15 日。
[38] 中国の学術界では円の国際化の経験と教訓を非常に重視している。対外均衡のために国内金融体制の改革を犠牲にすることもできないし，対外金融調整と国内金融改革を分離させることもできない。詳しくは李暁 (2005)「円の国際化の困難およびその戦略的調整」(『世界経済』，2005 年 6 月号)，上川孝夫，李暁編『世界金融危機：日中の対話——円，人民元，アジア通貨金融協力』，春風社 2010 年 4 月，を参照。

トの弾力性を高める必要がある。

　B．資本市場をさらに発展させ，多種類の市場投資主体の育成と直接金融の比率の向上が必要である。その中で，中国政府は外国資本に金融業を全面的に開放する以前に，自国内の民間資本に銀行，証券，保険，信託などの金融業務を開放し，民間金融企業の競争力を高めなければならない。

　C．金利の市場化のための改革を急がなければならない。金利，為替レートの自由化および市場化は資産リスクの価格設定や人民元を貿易決済通貨として使用させるための前提条件である。またこれは，金融市場の十分な成長，金融オプションの十分な成長，リスク管理能力の十分な向上に必要とされる条件でもある。金利と為替レートの市場化と自由化の順序に関してはどう考えるべきか。金利は一国の監督当局の監視をより大きく受けると同時に，市場に対する影響が為替レートより大きくかつ広範である上に，対外開放が実現されてない状況下でも操作できる。そのために，金利の自由化は為替レートの自由化より先に実現させるべきである。

　D．中国政府は政府による金融監督体制を完成，強化すべきである。また中国人民銀行，銀行業監督委員会，証券業監督委員会，保険業監督委員会の監督制度と法律枠組みをさらに完成させ，監督機関の独立性の維持，監督機構の権威の樹立，監督レベルの向上などをはかるべきである。

　第4．経済構造を調整し，内需を拡大すべきである。米国は東アジア地域で依然として市場提供者として存在している。これは米ドルが東アジアで決済通貨として使われている原因でもある。人民元の地域化を実現するために，中国は必ず米国に代わって東アジアの最終製品の市場提供者にならなければならない。中国と米国との間の貿易構造を比較してみればわかるように，米国の貿易構造はずっと安定的である。米国の輸出品は主に加工品と部品であり，輸入品は主に消費財である。しかし，中国の貿易構造は上述した通り，ちょうどアメリカと正反対である（表4-10を参考）。これは中米間の巨額の貿易黒字がある種の構造的貿易黒字であることを示している。この状況は20世紀80年代の日米関係と極めて類似している。最終製品の輸入状況から分析してみると，中国の

表 4–10 中国と米国の貿易構造の比較分析（単位：%）

輸出	中国			米国		
	1995	2001	2007	1995	2001	2007
一次製品	5.2	3.4	1.1	8.4	5.2	7.7
加工品	27.6	21.8	23.8	25.0	24.5	28.5
部品	7.2	14.0	17.4	28.9	31.5	24.8
資本財	12.0	18.4	28.0	21.3	22.9	22.2
消費財	48.0	42.4	29.7	16.4	15.8	16.8

輸入	中国			米国		
	1995	2001	2007	1995	2001	2007
一次製品	9.8	12.3	19.9	8.8	9.8	15.6
加工品	44.2	37.7	27.8	21.6	21.8	23.8
部品	14.5	25.3	29.5	21.3	17.3	14.3
資本財	25.9	20.3	18.3	18.2	18.2	16.7
消費財	5.6	4.4	4.5	30.1	32.9	29.5

（注）一次製品の製品 BEC コードは 111, 21, 31；加工品の製品 BEC コードは 121, 22, 32；部品の製品 BEC コードは 42, 53；資本財の製品 BEC コードは 41, 521；消費財の製品 BEC コードは 112, 122, 51, 522, 61, 62, 63。このような区分方法は UN Statistics Division の Broad Economic Categories の区分法を参考にした。
（出所）UN Commodity Trade Statistics Database の関連データを整理したものである。李暁，丁一兵，他著，『人民元地域化問題の研究』，清華大学出版社，2010 年 6 月，221–222 ページ。

消費財輸入の割合はわずか 4.5％ にとどまることがわかる。これは米国の同比率の 7 分の 1 であり，規模の差が目立っている。

日米間の貿易構造と比べると，中国のこのような貿易構造は東アジアに最終製品の輸出市場を提供するのに非常に不利である。そのため，中国が東アジアの最終製品の市場提供者になるためには自国の貿易構造を変える必要がある。すなわち，低付加価値の加工貿易モデルから徐々に中間財の輸出と最終製品の輸入というモデルへと変更できることであるが，これには中国の経済構造を大きく調整する必要がある。

図 4–3 から見られるように，中国の消費比率は日米に比べて明らかに低いのである。それは主として住民の消費比率が低すぎるからである。そのため，将

図 4–3　中国，日本，韓国と米国の 1 人当たり GDP 水準（1980〜2007）

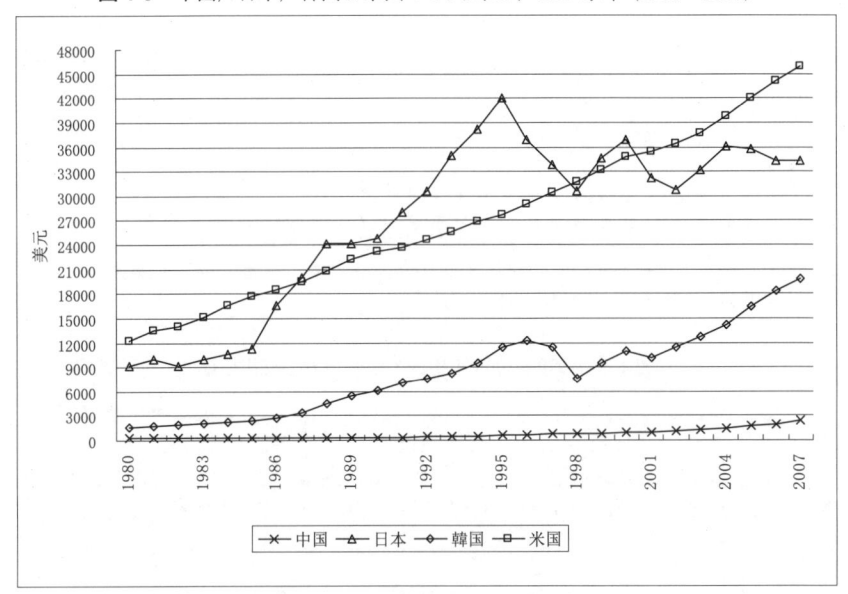

（注）　中国と韓国のデータは 2006 年以降の予測値，日本のデータは 2005 年以降の予測値。
（出所）　International Monetary Fund, World Economic Outlook Database；李暁，丁一兵，他著，『人民元地域化問題の研究』，清華大学出版社，2010 年 6 月，224 ページ。

来に内需を拡大するためには住民の消費水準と消費性向を高める必要がある。中国自身の二重構造により，都市部と農村部の 1 人当たり所得には大きな格差がある。この格差は 1990 年代以降趨勢的に拡大している。2006 年の農村住民の 1 人当たり消費水準は都市部住民の 3 分の 1 に満たなかった（図 4–4 を参考）。中国の消費支出の構成を見ると，最終消費支出における政府消費支出の比率はほぼ変わらなかった。しかし，都市部と農村部住民の消費支出はそれぞれ大幅な上昇と下落の趨勢を見せている。1990 年以降，都市部の住民の消費支出の割合は農村部を超えており，その格差はだんだん広がりつつある（図 4–5 を参考）。中国のこのような内需構造は消費財輸入の増加を大きく妨げるものである。しかも，さまざまな制度的な問題があるので，このような構造を変革するにはかなり長い歳月がかかるであろう。この現象は，人民元国際化の過程もかなり長い過程になるということを側面から説明している。

158　第 1 部　通貨・金融協力と通貨統合

図 4–4　1978～2008 年の中国の 1 人当たり消費趨勢

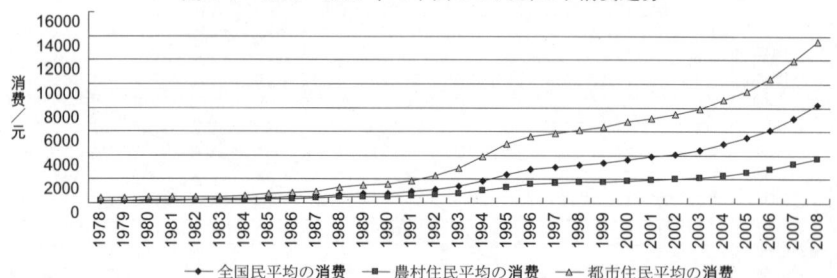

(出所) 中国統計年鑑–2009 (ここでは時価で計算)。

図 4–5　1978～2008 年中国の最終消費の支出構成

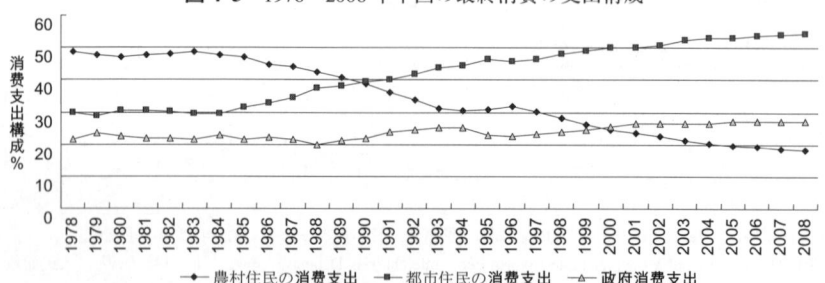

(出所) 中国統計年鑑–2009 のデータを整理したもの (ここでは時価で計算)。

　政策の選択に関していうと，中国はこれから以下の 3 つの分野でそれぞれ改革と調整を行う必要がある[39]。まず，経済が持続的かつ安定的に成長するという前提を確保した上で，経済構造を調整し，貿易構造の変化をもたらすことである。そして中間財輸出と最終製品輸入の貿易モデルに転換すべきである。次には，国民所得を高めると同時に都市部と農村部の所得格差，地域格差と国民収入格差を縮小させなければならない。特に，土地制度をはじめとする農業政策の重大なまたは根本的な改革を行う必要がある。それと同時に，第 3 次産業における国有企業の独占を解消することや，社会保障制度の改革を通じて国民の消費性向を高め，内需を拡大すべきである。さらには，中国経済の海外貿易依存度を徐々に低め，GDP に対する内需の寄与度を高めることで，外需牽引型

---

[39]　李曉，付競卉 (2010)「東アジアの市場提供者としての中国の現状と展望」『吉林大学社会科学学報』，2010 年第 2 期），28 ページ。

の経済成長モデルから内需牽引型に変革する必要がある。

　第5，積極的に東アジア域内通貨協力を推進することである。中国と東アジア周辺国で密接な経済貿易連携が形成されていることを勘案すると，人民元国際化プロセスは東アジア通貨協力を推進する過程と並行して実現させるべきである。中国は現在のCMI枠組みのもとで得られた成果に基づいて，引き続き域内外貨準備プールの規模と実質的な運営方式を発展させるべきである。そしてAMFの構築と発展を促進し，域内通貨協力を危機の防止から域内経済安定に向けた方向へと発展させるべきである。この過程において，主に次の3つのレベルで人民元の貿易決済通貨としての発展を促進すべきである。

　A．中国大陸，香港，マカオ，台湾を「大中華経済圏」に発展させ，この域内で人民元を自由に流通し，共同に使う通貨として成長させることである。2009年4月26日，「海峡両岸関係協会」と「海峡交流基金会」は南京で『海峡両岸金融協力協議』を締結した。2010年1月26日，海峡両岸経済協力枠組み協議 (Economic Cooperation Framework Agreement, ECFA) の第1次専門家ワーク商談が北京で行われた。会談ではECFAの名称，基本構造，商談のメカニズム構築などの分野で意見交換をした。6月29日に，双方は正式にECFAを締結した。ECFAとFTAの原則は一致している。これは中国と台湾が経済統合の道を進み始めたことを意味しており，将来に経済共同体を形成する可能性が極めて高いのである。それに応じて，海峡双方の開放を継続し，「海峡両岸金融協力実験区」の設立，銀行業の交流と協力の強化，資本市場における協力などの問題に関する議論も日程に上げられた。これによって香港とマカオの仲介役を最大限に生かし，大陸・台湾間の経済統合を推進し，「両岸四地」間の通貨金融協力を推進する可能性が非常に高まった[40]。

　B．中国とASEANとの自由貿易地域の内部貿易で人民元決済の規模を高めることである。2002年11月，中国とASEANは中国ASEAN自由貿易地域協定を結んだ。2010年から正式に発動されたが，これによって，19億人の人口，6

---

[40]　www.cnstock.com　2010年6月30日。

兆ドルの GDP 総額，世界貿易総額の 13％ を占める貿易総額を持つ自由貿易地域を形成したのである。現在，中国内陸部の20の省，市，自治区，直轄市の貿易企業は対外貿易を進める際に人民元で価格設定，決済することができる。国境貿易における人民元決済の試行作業が順調に展開されれば，中国は積極的に ASEAN 各国と公的な協定を締結し，人民元地域化をさらに推進すべきである。

　C．日韓との通貨金融協力を展開することである。現在，ASEAN10＋3 の枠組みの下で，日中韓 3 カ国間の金融協力は順調に推進されている。上述した通り，それは，域内の危機管理，危機の防止，外貨準備プールおよび 2 国間通貨スワップなどの面で大きな進展をもたらしている（表 4-2，表 4-3 を参考）。中国と韓国の学者は，2 国間貿易において自国通貨建てで契約・決済する問題に関して共同研究を展開している[41]。中韓両国の経済貿易連携の更なる発展とともに，2 国間貿易における人民元による契約・決済の問題は短期間で実質的な進展をもたらす可能性が高いのである。

　日中両国間の通貨金融協力は当該 2 国間に対しても，東アジア全体の通貨協力に対しても重要な役割を果たしている。現段階の「ドル体制」の下で，日中両国ともに単独で域内通貨協力をリードする能力を備えていない。中国は周辺国と地域で人民元を貿易契約・決済通貨とする戦略を展開しているが，この戦略は大きな成果をもたらす可能性が高い。そして，まず局部地域でハイレベルの為替協力を推進する可能性がある。言い換えれば，東アジアの一部国家ではまず日本円を含まない為替レート安定圏を設立し，この目標が実現された後にまた円を含む域内為替安定メカニズムを推進させることも考えられる[42]。日中両国はこの問題に関して深く立ち入って合意する必要があり，その上でより緊密な政策協調と協力を展開するべきである。

　域内通貨統合の経験から見ると，通貨統合のモデルは当該地域内での各国の

41）　筆者は「中韓専門家連合研究委員会」の中国側メンバーとして韓国の学者と共同して提案している。この提案は双方から重視され，当委員会から両国政府宛てに提供した報告書の中に取り入れられた。

42）　石田護（2008）「東アジア通貨協力は進行中である」（『東方早報』，2008 年 12 月 30 日）。

経済規模のシェアとその変化と密接に関連していることがわかる。ユーロの形成はユーロ圏各国間の経済実力が相対的に均衡していることに基づいたものである。単独で通貨協力をリードする国がない状況下で，相互協力を通じて最終的には通貨統合を実現したのである。それに対して，米州における「ドル化」の形成は「米国独大」の構造から生まれたものであり，強い通貨と弱い通貨の間の競争の末に，弱い通貨が退出するという結末になったのである。東アジア地域の現実状況を見ると，東アジアの GDP 全体に占める日本の割合は 1980 年代には 70% であったが，2000 年以降中国の割合が急速に上昇し，日本の割合が減少するようなことが起きた。東アジア地域 8 カ国の 1960～2007 年の GDP 成長トレンドから将来の経済規模に対して単純に予測すると，以下のようになる[43]。2040 年に中国は東アジアの主要諸国の GDP の中で 60% を以上の割合を占め，日本の割合は 23.5% に減少する。この意味からいうと，時間の推移により，東アジアは中国経済に主導される，ある意味「米国独大」と類似した経済構造を形成する可能性が高い。しかし，米州とは違って，東アジア地域には複雑な歴史，政治と文化の伝統があり，この要因によって当該地域では「一国独大」の経済構造を形成しにくいのである。同じく，イギリスと異なって，日本はアメリカと経済循環（商業，投資と貿易など）において明らかな非同調性を示すにひきかえ，東アジアとは経済循環の高度な一体性が見えている。そのため，イギリスのポンドのように地域金融協力のプロセスから独立することは想像しにくい。そのため，中国経済の迅速な成長は中国が東アジア通貨金融協力を主導するというものではなく，日中両国の協力が不可欠であることを示すものである。

　図 4–1 のように，東アジア通貨協力の全体協力と局部深化が同時に行われる過程において，同地域の 2 つの大国として日中両国は域内経済の安定的かつ持続的な発展を目標に，関連分野での協調と協力を強化すべきである。

　まず全体的なレベルにおいて，日中両国は以下のような分野で協調と協力を強化すべきである。

---

43) 李暁編（2010）『ポスト危機時代における東アジア通貨金融協力―人民元と円の協調は可能か』吉林大学出版社，2010 年 3 月，76 ページ。

A．CMIMのメカニズム構築を共に促進し，AMFの構築と発展を推進，および域内金融監督を強化すべきである。

　B．為替政策と情報分野における交流と協調を強化し，人民元レートと日本円レートの安定を共に推進するべきである。日中両国は現実に基づいて，まず相手国を含まない為替レート配置を構築するべきである。特に人民元は円を含まないある種の局部地域為替レート安定圏を構築し，具体的な状況に合わせながら日本との協力を段階的に進め，円をその為替システムの中に取り入れることが考えられる。この過程において，日中両国は為替政策に関する密接な交流を維持しなければならず，東アジア経済の安定的かつ持続的な成長を共に推進しなければならない。

　C．域内金融市場の完成と育成。双方はACIFの構築と発展を共同して促進するべきである。また相手国通貨建てや双方の通貨を含む通貨バスケット建ての国際債券の発行と取引において協調すべきである。そのほか，今回のグローバル金融危機において暴露されたアメリカ式の金融格付け機関およびその論理上の重大な欠陥を見ると，日中両国はこれから共同に努力して，アジアの文化と経済論理に適応した域内債券格付け機関の構築と成長を推進すべきである。

　次に局地的なレベルにおいて，日中両国は以下の分野における協調と協力を強化すべきである。

　A．AMFなど地域的機関との緊密な連携を通じて，日本は中国に協力と支援を提供することができる。例えば，中国の海外人民元流通に対する国際監督に協力することや，中国の国内金融市場の改革と発展に有益な技術支援を提供することなどがあげられる。

　B．日中両国は双方の通貨スワップ規模を拡大すべきである。特に相手国の外貨準備における自国通貨の割合である。それによって人民元と円との域内準備通貨としての地位と役割を共に発展させるべきである。

　C．日本は，人民元オフショア金融センターの構築に対して制度的な提言と技術支持を提供できる。また，香港，上海などの国際金融市場と東京国際金融市場の取引関係を強化し，東アジア地域の金融センターの間のネットワークの

形成と発展を推進できる。

　総じて，グローバル金融危機とその世界経済および東アジア地域経済への影響に直面して，域内の将来における安定的かつ持続的な経済発展に着眼すべきであり，東アジア通貨金融協力もまた更なる深化と発展が期待されている。この過程で，日中両国は高度な責任意識と共同の使命感を持つべきであり，理性的な政治合意と決断で東アジアの通貨金融協力を共同に推進し，新しい共同繁栄のアジア時代を迎えるべきである。

おわりに

　グローバル金融危機の爆発は国際社会に現行の国際通貨体制に対する改革を考えさせ，域内通貨協力の更なる深化にチャンスを提供した。この過程で，中国を含む新興国は積極的に自国の国際金融戦略を調整し，国家レベル，地域レベル，国際的レベルの各方面において国際通貨制度に対する改革において積極的な役割を果たそうとしている。

　しかし，私たちは国際分業の変遷およびその趨勢に基づいて現行の国際通貨制度の持続可能性に冷静な判断を下す必要がある。本章の結論は以下のようである。すなわち，現段階の中国はドルの覇権的地位に挑む力がなく，人民元国際化戦略の提出と実施は，中国が国際金融リスクに対応するためのものである。これは受動的で，漸進的かつ長期的なプロセスである。人民元国際化の空間経路としてはまず周辺化を実現させながら地域化を実現し，最後に国際化に向けるという順で進めるべきである。通貨機能から見た経路選択を見ると，まず決済通貨から価値尺度に，そして準備通貨へと進めるべきである。

　理論的に見ると人民元国際化はまだ様々な障害と問題に直面している。しかし，中国政府の関連戦略と政策の公然たる実施は初期段階である程度の進展をおさめたと考えられる。だが，より先の部分ではさらに多くの障害と困難に直面すると考えられる。1国通貨の国際化は市場選択の結果であって，政府が推進した結果ではない。中国政府は積極的に金融体制などの一連の制度改革を通じて経済成長モデルを調整することによって，人民元の国際化により多くの有

利な条件を創出しなければならない。それ故，人民元の国際化は必ず長期の過程になるであろう。

※日本語翻訳は中央大学大学院経済学研究科博士課程の張虎が担当し，田中素香が監修した。

参 考 文 献（訳名付）

夏斌（2009）「グローバルインフレからアメリカ金融危機へ―今回の世界経済周期の発展ロジックと中国の対策」(『新金融』2009年4月号)。

Michael P. Dooley, David Folkerts-Landau, Peter M. Garber (2009)「ドル中心の国際通貨制度は根本的な変革が起こりにくい」(『新金融』2009年4月号)。

徐建炜，姚洋（2010）「国際分業の新形式，金融市場発展とグローバルインバランス」(『世界経済』2010年3月号)。

華民（2006）「グローバル経済インバランスの反応メカニズムと中国の選択」(『国際経済評論』2006年3～4月号)。

鄭聯勝（2010）「グローバル金融秩序の短期観察」(Policy Brief No.2010.039, 2010）中国社会科学院世界経済と政治研究所国際金融研究センター。

張明（2009）「人民元国際化は必ず長期的且つ漸進的なプロセスである」(Policy Brief No.09037, 2009）中国社会科学院世界経済と政治研究所国際金融研究センター。

張明（2009）「グローバル金融危機の背景の下での国際通貨制度改革」(Working Paper No.0919, 2009）中国社会科学院世界経済と政治研究所国際金融研究センター。

張明（2010）「為替レートメカニズム弾力化の重要性―人民元の為替改革をどう見るか」(Policy Brief No.2010.038, 2010）中国社会科学院世界経済と政治研究所国際金融研究センター。

高海紅，余永定（2010）「人民元国際化の意味と条件」(『国際経済評論』，2010年1～2月期），52ページ。

張宇燕（2010）「人民元国際化：賛成か反対か」(『国際経済評論』，2010年1～2月号)。

黄海洲（2010）「ドルと人民元：これからの方向はどこへ」(『国際経済評論』，2010年3～4月号)。

熊愛宗，黄梅波（2010）「国際準備通貨システム改革の東アジア視点」(グローバルマクロ経済政策GMEPシリーズ研究報告，2010），ChangCe Thinktank。

範小雲，邵建新（2009）「香港ドルと人民元の統合に関する研究」(『世界経済』，2009年3月号)。

何帆（2010）「人民元国際化の現実的選択」(『ポスト危機時代における東アジア通貨金融協力―人民元と円の強調は可能か』，2010）吉林大学出版社。

李婧（2010）「人民元の台頭とアジア化・国際化戦略」，上川孝夫，李暁編『世界金融危機：日中の対話――円，人民元，アジア通貨金融協力』，春風社。

篠原興（2009）「東アジア地域の金融協力の道」(『国際経済評論』，2009年3～4月号)。

石田護（2008）「東アジア通貨協力は進行中である」(『東方早報』，2008年12月30日)。

石田護 (2010)「先延ばしせず，さらに改革を――水準と制度の両面で課程抱える」(『金融財政ビジネス』，2010年7月5日号）．
李暁，丁一兵 (2006)『アジアの超越―東アジア地域通貨システムの構築と「人民元アジア化」』中国当代出版社，2006．
李暁，丁一兵 (2010)『人民元地域化問題の研究』清華大学出版社．
李暁，丁一兵 (2010)『東アジア地域通貨協力と人民元為替レート制度改革』経済科学出版社．
李暁，付競卉 (2010)「中国が東アジアの市場提供者としての現状と展望」(『吉林大学社会科学学報』，2010年第2期）．
李暁 (2010)「ドル体制の持続可能性と東アジア通貨金融協力の経路選択」(『学術月刊』，2010年6月号）．
李暁，丁一兵 (2008)「グローバル金融不安の下での東アジア金融協力：政策選択と提言」(『国際経済評論』）．
李暁 (2009)「グローバル金融危機下における東アジア通貨金融協力の経路選択」(『東北アジアフォーラム』，2009年第5期）．
李暁 (2005)「円の国際化の困難およびその戦略的調整」(『世界経済』，2005年6月号）．
李暁，李俊久，丁一兵 (2004)「人民元のアジア化に関して」(『世界経済』，2004年2月号）．
李暁，丁一兵 (2003)「東北地域通貨システムの構築：必要性，可能性と経路選択」(『社会科学戦線』，2003年第4期）．
上川孝夫，李暁編『世界金融危機：日中の対話――円，人民元，アジア通貨金融協力』，春風社2010年4月．
李暁，平山健二郎：「東アジア通貨システムの構築と円のアジア化」(4)，「世界経済評論」2002年4月号．
李暁，丁一兵：「東アジア通貨体制の構築」(上，下），「国際金融」2005年7月1日号，15日号．
李暁：「円国際化―挫折から戦略調整へ」，「国際金融」2006年7月1日号．
李暁：「人民元の切り上げ動向とアジア戦略」，「国際金融」2007年7月1日号．
李暁，丁一兵：「世界金融不安下の東アジア金融協力」，[日]「国際金融」2008年12月1日号．
李暁：「グローバル金融危機下における東アジア通貨金融協力の経路選択」，「国際金融」2009年10月1日号．

第 5 章

東アジア通貨統合は実現可能なのか
——韓国・日本・中国の社会的厚生効果を中心に——

はじめに

　最近，世界金融危機の進展とともに基軸通貨役目を担うドル貨とアジア地域通貨間の為替の不確実性が大きく増大している。このような現象は，ブレトン・ウッズ体制の崩壊直後に生じた混乱を連想させる。ヨーロッパ連合は，1970年代にもうメンバー国通貨間為替安定を目標に地域通貨制度と金融支援基金を創設し，1999年にEURO貨を共同で経過を辿っている。世界金融危機を契機としてドル貨の国際金融体制で占める役目が長期的に下落するのが不可避となっており，東アジア国々もこの事態にどのように対応するかについて深く論議する必要に迫られている。

　東アジア地域での通貨協力論議は端緒的な段階である以上，度が外れた楽観論も悲観論も禁物であろう。現在のようなリスク発生時の外為保有高の相互支援による流動性確保，地域債券市場の活性化を通じた経常収支黒字の効率的活用に焦点をあてた地域金融協力は，それなりの有用性がある。だが，東アジア国々の為替を安定させてドル貨の衝撃に対する耐久性を上げることには自ずと限界がある。為替安定のための通貨政策協力は，通貨政策の自律性を諦めなければならないことを意味するが，そのプラスの効果は長期にかけて徐々に現わ

れる。一方，通貨主権放棄によるコストを早期に負担しなければならないという短所がある。従って，東アジア諸国がまだ実現できない利得を担保に，このようなコストを支払う準備ができているかどうかが疑問として出てくる。然るに，通貨協力を深化させようとする場合には，メンバー国にとってそれが経済的に役に立つという確信を与えられることが肝要である。このような脈絡でとらえると，ヨーロッパの経験では政治的共感形成と集中的なリーダーシップ確保が極めて重要であることが示されている (Wyplosz 2001, Eichengreen 2002)。東アジア地域では，このような政治的な中心軸がないだけではなく，中国と日本との微妙な対立が早期に解消される可能性もあまり高くない。

　それでは，韓国，中国，日本は，最近の国際金融市場不安と為替変動幅の拡大に対して，どのような共同の対策を取らなければならないのであろうか。ASEAN国諸国と相違する東アジアの3国間にはより緊密な通貨協力が可能であろうか。本章は，これらの問に応えるためにも，韓国，中国，日本の3国を中心とする東アジアの通貨協力の望ましい政策が何なのかについて分析することに目的がある。3カ国対外開放度が高く国際取り引きでドル貨幣に対する依存度が高いなか，長期的にドル貨幣に対する依存度を減らしながら，その他のアジアの国家通貨との間での為替安定性を向上させなければならない。然るに，3カ国の金融市場の発展段階やマクロ経済事情の差を考慮すると単一通貨導入のような形態の通貨協力は期待しにくい。短期的には地域通貨で構成されたバスケットペッグによる現実的な対応策になると考えられる。

　本章は次のような構成となる。1節では金融協力と通貨協力の概念について整理し，IMFとEUの事例について検討する。2節では東アジア金融・通貨協力の現況と問題点について検討する。3節では通貨統合に関するモデルを提示し，これを基づいて多様な通貨統合方案の予想効果について比較分析する。最後に，主要結果を要約して結論として結ぶ。

1. 金融協力と通貨協力の概念と事例

1-1 金融協力と通貨協力の概念

　金融協力は広義には為替政策協力，または通貨協力としてとらえられる。しかし，厳密にみると，この2つは別個の概念である。金融協力は，流動性不足によって困難に陥っているメンバー国に対する支援体制を意味する。地域レベルでの流動性支援または市場リスクに対する監視監督は，国際公共財的な性格が強い。ある1国の金融不安は他国の金融市場にも負の影響を与える。従って，金融市場安定を図ることができる環境を構築するようになれば，それは地域全体の利得になる。しかし，どちらがそのコストを分担するかについて，典型的な問題が発生する。

　国際協力に対する関心が次第に高まっている。この高まりは，国民経済に対する相互依存の拡大や，ある1国の経済政策が不可避に他の経済に影響を及ぼす外部効果の増加が原因である。通貨についての政府間の協力が必要な理由も同様である。通貨協力とは，通貨政策の共同目標を設定し，このための政策協力をとることを意味する。為替政策協力は，メンバー国間での為替安定を目標に通貨政策を推進する通貨協力の一形態である。

　一般的に国際協力は諮問，政策協力，政策調和，政策統合を包括する多様な形態を持つ。諮問は，低レベルの協力であるが，より高いレベルの協力に進む基礎として重要な意味を持つ。各国の政府は，金融市場の動向や通貨政策に対する情報を交換し，相互に助言を求めるようになる。実は，このような諮問はOECDの主要な機能の1つとなっている。

　政策協力は，諮問から1レベル進んで，共同の利得のための協調的理解を求めることを意味する。G-7財務長官会議では為替の安定や，インフレーションの抑制，成長率の確保などの共同目標のために，通貨政策の共同歩調がとられたが，その代表的な例と言える。一方，政策調和は協力に参加している国々の政策目標および手段を一致させることを意味する。1920年代の金本位制度を復活させるための制度的整備，またはブレトンウッズ体制の下で為替を一定に維

持することで一致し，ここに合わせて通貨政策が推進されたが，その例に該当する。

　最後に，政策統合は協力している中で最も力強い形態である。即ち，通貨統合は，通貨協力の究極の形態として参加国が通貨政策の自律性を完全に諦めて共同で政策決定を下すことを意味する。その例としては，EUメンバー国が自国通貨を諦めてEUROという共同通貨を使うことになり，ヨーロッパ中央銀行に一体通貨政策権限を委任したこと，アメリカの各州などがそれぞれの行政，司法，立法の独立権を持ちながらも連邦支給準備銀行制度を採択して，ドル貨幣という単一通貨を使うようになったことがあげられる。

　政策協力が確実に社会的厚生を増加させるかについては，反論も強い。Rogoff (1985) は国際的政策協力によって通貨当局と民間部門との間で信頼性が損われる結果が生じるとすれば，通貨政策協力は害を及ぼすと主張している。Obstfeld and Rogoff (2000) は一歩進んで政策協力は望ましくもなく，また必要なことでもないと主張している。これらは国際的政策協力を通じて外部衝撃に対応し柔軟性ある賃金と物価の均衡が維持されるように対応しても，優れた結果を期待しにくいことを意味している。問題は，現実世界が新古典学派が理想形でとらえる市場の完全性によって左右されるかどうかということである。また，戦略的協力，メンバー国の構成数，周辺国とのかかわりあいなども政策協力の利得を決めるのに重要な要因になる。

1-2　通貨政策協力と為替制度選択

　通貨政策協力において重要な問題の1つは，どのような為替制度を選定するかである。一端，為替を政策目標で設定するようになれば，通貨量や利率は内生変数になるしかない。相手国が自国と違なる為替制度を選定のうえ協力を導き出すのであれば，事態は困難になる。通貨協力のためには程度の差はあれ，通貨政策の自律性を諦めるのが必須であり，互いに等しい形態の為替制度を選択することによって通貨協力の効果を得ることができる。

　表5-1は，変動為替を除いた固定相場制度，通貨統合などの代案とそれぞれ

表 5–1　通貨および為替政策協調の諸類型

通貨統合の形態		長所		短所
単一通貨ペッグ	ドルペッグ	表示通貨としてドル活用 アメリカの物価安定	—投機的攻撃 —通貨政策自律性減少	ドル貨弱気で物価上昇への圧力が発生 アメリカの金融及びマクロ経済不安
	円ペッグ	地域通貨間の為替安定 ドル依存度減少		経済成長の低調とデフレーションリスク 域内/域外での政治的摩擦
	人民元ペッグ	地域通貨間の為替安定 ドル依存度減少		通貨価値上昇の見込み 域内/域外での政治的葛藤
バスケット通貨ペッグ	G–3	地域通貨間の為替安定 単一通貨より現実的		域内為替体制の中心軸の欠如
	ACU			
通貨統合	対称的統合	メンバー国間の利得と責任均等配分	通貨主権の放棄	経済発展及びマクロ経済与件の差で高い維持費用
	非対称的統合	基軸通貨国のマクロ経済安定		統合コストの一方的負担

の長・短所を整理したものである。周知のように，固定為替制度下では資本自由化が成り立つ状況では，投機的攻撃の対象になるリスクが高まるといった主張と，変動為替制度下では，為替変動の増加による国際競争力の不確実性に外債負担が加重されることになるといったと主張の対照が示される。一方，単一通貨ペッグとバスケットペッグとの間にはこのような点での差がなく，バスケットペッグは単一通貨ペッグより為替の変動性を減少させ，政治的な抵抗が少ないといった長所が示される。通貨統合は，固定為替制度の長所と信頼性を確保する代策として注目されている。

通貨統合は，ドルのような特定国家の通貨を一方的に自国の法定通貨で取り替える非対称的通貨統合と，ヨーロッパ通貨同盟 (EMU) の場合のように EURO という新しい通貨を基盤とする単一通貨統合とに区別することができる。従来の通貨統合が望ましいという主張は，主としてそれが貿易を増大させ実質為替の変動性を減少させるという実証分析の結果に基づいている (Rose and Engel (2000), Rose (2000))。しかし，実際には通貨統合を推進するには通貨統合の形態，制度

的基盤,シニョレッジ配分問題,通貨政策の自主権喪失,中央銀行の最終貸し付け者としての役目の消滅など考慮しなければならない多くの問題を伴う。端的な例では,アメリカと自由貿易協定を締結しているカナダがアメリカの通貨を使っていないことに注目する必要がある。カナダがドル通貨制度を採択するのが望ましいかどうかについて,研究結果はその多くがドル貨幣の有用性についての否定的な結論を導出している (Buiter (1999), Chriszt (2000), McCallum (2000))。

一方,マクロ経済の与件も,通貨統合のコストと利得を決めるのに重要な変数になる。Alesina & Barro (2000) は,取引コストを勘案した2国モデルを用いて通貨統合の便益一費用を分析し,適正通貨統合に及ぶ要素を提示している。これによると,通貨の安定的な大規模国家に対して,インフレーション・バイアスが大きく,景気変動の動向性が大きい小規模国家であればあるほど,通貨統合に積極的に参加しようとするインセンティブが存在することが示されている。

1-3 IMFとEUの金融・通貨協力

金融協力の代表的な例としては,国際通貨基金 (IMF) で運用している多様な種類の救済金融支援があげられる[1]。基本的に国際通貨基金の救済金融は,メンバー国からそれぞれ拠出された引当金を活用して成り立っているが,大規模支援が行われる場合には基金枯渇の可能性がある。このことから,一部先進国相互の間で別途,支援体制を構築している。1962年に先進国8カ国とほか2カ国の中央銀行の参加によって一般借款協約 (General Arrangements to Borrow) の締結がなされ,これとは別に,メキシコ金融危機直後の1995年に,10カ国の先進国と15カ国の新興市場国の参加によってNAB (New Arrangements to Borrow) が新たに誕生している。

IMF金融支援体制は,当初は固定為替制度の維持のために一時的に国際収支赤字に陥っているメンバー国を支援するのに目標を置いていたが,変動為替制度への移行後は,深刻な流動性不足が生じたために金融及び外国為替市場の混

---

1) 多国間金融支援体制に関する論議はKim, Ryou and Wang (2000) を参照。

乱が発生したメンバー国を支援し、よって国際金融市場を安定させる目的で活用されるようになっている。1997年のアジア金融危機でIMFの救済金融の役割が俄に注目されるようになっているが、1976年のイギリスのように先進国の中で金融支援を受けた国は少なくない。

　IMFとWTOとで併せて、それが全世界を対象とする多国間金融支援体制であるとすれば、ヨーロッパのケースは地域レベルでの金融支援体制の代表格といえる。ヨーロッパは、1970年に6カ国の中央銀行間の流動性支援を目的にする短期通貨支援協約 (the Short-term Monetary Support Facility) を取り交わした。短期通貨支援協約は、短期的に国際収支の赤字に陥っているメンバー国に対し、予め決められた限度内で流動性を与えて支援することを内容にしている。一方、1972年に創立の中期金融支援協約 (the Medium-term Financial Support Facility) は、深刻な国際収支不均衡を経験しているメンバー国に対し、2年から5年までの中長期的な借款の提供を目的にしている。前述した短期金融支援体制と中期金融支援体制は、為替安定とは別に国際収支赤字を解消する目的で運用されるという点で注目されている。

　一方、ヨーロッパでは、ブレトンウッズ体制の崩壊と前後してドル貨幣に依存するメンバー国の為替が不安定になることによって、メンバー国の通貨間の為替を一定地域内で維持する地域為替制度 (European snake) が取り入れられた。為替を固定させようとすれば外為市場への介入が必須となるので、このために流動性支援を目的に創出されたのが1972年4月に開始した超短期金融支援 (Very Short-term Financing Facility) である。超短期金融支援によれば、強い通貨国は弱い通貨国に為替の変動幅を防御するに十分な流動性を提供しなければならない。例えば、仏のフランが独のマルクに対して弱くなる場合には、ドイツ中央銀行はフランス中央銀行に十分な規模のマルクを貸付け、フランス中央銀行が外国為替市場にマルクを供給することで為替安定を図ることが可能となる。

　1979年に地域為替制度は、メンバー国の相互間の為替安定を目的とするヨーロッパ通貨制度 (European Monetary System) へと発展した。これにより、各国通貨は中心レートに対して上下2.25%以内で変動し、域外通貨に対しては変動制と

表 5–2 　IMF と EU の金融・通貨協力

	金融支援体制		新しい貨幣単位	為替政策協調
IMF	一般支援	待機性借款	SDR	アジャスタブル・ペッグ（1973 年以降放棄）
		拡大基金支援		
	特別支援	補償及び条件付き財源調達支援		
		緩衝在庫調達		
	両許性支援	構造調整支援		
		拡大構造調整		
	別途金融支援	一般借款協定（GAB）1962 年創設　基金：170 億 SDR		
		新借款協定（NAB）1997 年創設　基金：340 億 SDR		
EU	SMSF （Short-term Monetary Support Facility）		ECU（1979–1988）	EMS（1979–1988）
	MFSF （Medium-term financial Support Facility）			
	VSFF （Very Short-term Financing Facility）		Euro（1999–現在）	

なるような共同フロート制となった。これと同時に，ヨーロッパ諸国は，ドル貨幣の代わりに取引手段，価値基準，価値保存手段としての国際通貨の役割を担う欧州通貨単位（European Currency Unit）を新たに設定し，1999 年にはユーロ（Euro）貨の始まりとともに EMS と ECU は消滅する経過を辿った。

　ヨーロッパの経験では，通貨政策の協力は為替安定を目的に始まり，共同通貨の採択まで徐々に進行する道筋を辿っている。最終段階である通貨統合は，参加国政府が超国家的機構に通貨政策に関する政策決定権限を委任することを意味する。超国家的機構は，通貨統合に参加している国々が規定事項を確実に履行しているかどうかを監視・監督し，参加国全体の共同目標に沿うように通貨政策を遂行している。EU は通貨協力の代表的な事例であり，これほどの規

模とレベルの通貨協力のモデルは他に探し難いといえる。

2. 東アジア金融・通貨協力の現況と問題点

2–1 ASEAN＋3のフレームワーク

　東アジア地域での金融・通貨協力では，ASEAN（10 カ国）の協力パートナーである韓国，中国，日本の参加による ASEAN＋3 がその主体となる経過を辿っている。外為危機直後の危機再発を防止するために，1999 年に ASEAN＋3 財務長官会議の場で本格的な協力論議が開始したのであるが，それは 2008 年 5 月 4 日のスペインのマドリードで第 11 回目の開催を迎えた[2]。ASEAN＋3 金融協力の主要手段は，CMI（Chiang Mai Initiative）と ABMI（Asian Bond Market Initiative）である。これ以外にも，協力課題の解決のために共同研究グループ（Research Group）がある[3]。ASEAN＋3 金融協力の課題と主要内容は表 5–3 と以下の要点に示される。

　第 1 は，CMI は金融危機の際に，速やかな流動性の支給を目的として取り決められたが，基本的に該当国家の通貨を担保してドル貨幣を支援する双務的な通貨スワップ協定で成り立っている。満期 3 カ月に最大 2 年まで延長が可能であることが規定されている。現段階では，双務協約によるメンバー国の共同出資基金であるが，これを基盤として多国間支援体制にまで発展させる方策を計画中である。この計画によると，総額 800 億ドル以上の共同ファンドが創出される。これによって金融危機の直後に，日本が提案したアジア通貨基金の設立が現実化される見通しである[4]。

---

2) ASEAN＋3 の財務長官会議の開催にあわせて，韓中日間では別の財務長官会議が開催されている。

3) 東アジアの金融・通貨協力の現況は次のようになっている。

	金融支援体制	新しい貨幣単位	為替政策協調
ASEAN＋3	中央銀行間通貨スワップ協定（CMI）	ACU（論議中）	

4) 第 11 回の ASEAN＋3 財務長官会議では，ファンドの分担比率については韓中日と ASEAN が 80：20 とし，国別分担金をグループ内の討議を通して決定するように合議されている。

表 5-3　ASEAN＋3 金融協力の現状

項目	内訳	備考
Chiang Mai Initiative (CMI)	16 カ国間の通貨スワップ協定（総 830 億ドル規模）を基礎とする流動性支援体制（危機の際，当事国の要請によって 2 日以内に召集，1 週間内に執行）	実質的なアジア通貨基金形態の多国間での推進
Economic Review and Policy Dialogue (ERPD)	アジアの緊密な経済・金融現況の評価と政策協議のための財務借款，中央銀行副総裁級協議体	事前での危機防止のための共同監視体制の構築 民間の専門家グループ（Group of Experts）の支援
Asian Bond Markets Initiative (ABMI)	アジア域内債券市場育成のためのアジアの余剰資金（外為保有高）の活用	韓国の中小企業債券を流動化して円表示，P-CBO の発行（2004.12） ADB など国際機関の外国債券発行増加（2005 年 3 件 2.7 億ドル→2006 年 5 件 6.4 億ドル）
Research Group	ASEAN＋3 の中長期金融通貨イシューの民官合同研究推進	地域通貨単位 地域金融市場発展方策 信用情報データベース構築 中小企業金融発展方策
Monitoring of Short-term Capital Flow	両者間資本移動の現況把握及び政策対応の効率性向上	双務・自発的な資本移動に関する資料の収集と蓄積

（出所）日本財務省 (http://www.mof.go.jp/english/if/regional_financial_cooperation.htm)。

　第 2 は，アジア債券市場の発展のための協力課題がアジア地域の過多な外為保有額の一部を域内通貨に表示された域内債券市場に投資するように誘導することであり，金融危機の再発を防止し，域内での投資活性化の促進の目的として推進されている点である。自国通貨表示での債券市場の発展と域内債券市場の開発が主要課題となっており，これを推進するために実務レベルの会議では，供給拡大，需要促進，規制改善，そしてインフラ改善といった 4 つの課題を掲げその運用に取組んでいる[5]。

---

5)　ABMI は，アジアの債権発行，域内信用保証・投資制度，決済制度，信用評価，技術支援および運営委員会など，6 つの実務グループを置いている。

ASEAN＋3協力体制は，東アジアの主要国の包括的協力体として，この地域の貿易および投資依存度が高くなるにつれ，その重要性も高まると考えられる。また，この協力体制の構築によって中国と日本の政治的な主導権の対立もある程度は解消するものと考えられる。しかし，ASEAN＋3体制の推進による金融支援体制が，EUのような形態の本格的な金融協力まで至ることができるかどうかについては疑問視される。まず，ヨーロッパの金融支援体制でドイツが果した中心的役割を韓・中・日或いはASEAN＋3がどのように分担するかの問題を解決しなければならない。さらに，ヨーロッパの場合には経常収支の赤字国に対する金融支援が超短期，短期，中長期に分けられて運営されている。域内金融支援体制も短期支援のみならず，中長期的な支援まで多様化されなければならない。それぞれの支援条件も差別化する必要がある。中長期の支援体制の場合，モラルハザードの防止のために受容国の構造調整が担保されなければならない。

最近のアメリカの金融危機について言えば，先進国国内の金融危機にとどまらず国際金融不安を惹起させるほどにその衝撃が大きいということを先進国自体が認識するようになっている。域内金融支援体制は，危機が発生した場合にその被害を最小にすることに焦点を合わせている。従って，金融支援体制をとるとしたらそれは危機発生の可能性を基本的に封鎖することではなく，むしろ事前危機防止のための共同監視体制の構築が重要な課題であると言える。各国は，金融市場の効率性を高めるとともに監視監督体制を整備するのに力を注がなければならない。域内金融協力も，相互検討を通じて金融システムの問題点を改善していくのに力を注がなければならない。

アジア債券市場の育成についても，債券市場のインフラを構築するのに重点を置かなければならない。アジア債券市場に対する外国人投資の規模が小さな理由は，アジア債券市場規模が大きな水準になく，投資する価値がある債券が多くないことによるものである。このような問題を解決しようとすれば，個別メンバー国の金融市場の発展を制約している要因が何なのかを見極め，対策を講じなければならない。

2–2 地域通貨単位導入の論議

地域通貨単位 (Regional Currency Unit) は，域内諸国の通貨について各国の経済力を考慮した上で加重平均したバスケット通貨として定義づけられる。ヨーロッパの通貨統合過程で，ECU (European Currency Unit) は，域内貿易及び資本取引きの表示通貨，域内の為替安定のための基準，為替市場への介入手段，外為保有資産の価値保存などの面で重要な機能を果たしてきた。アジア地域でも，このような共同通貨単位が創出されると通貨協力面で画期的な転機になると推測される。

東アジア地域で地域通貨単位を創出しようという主張は，1997年のASEAN首脳会談でマレーシアのマハティールが主唱したのが最初である。東アジアでの政府間では2006年5月3日にインドのハイデラバードで開かれた韓・中・日の3国財務長官会議で域内通貨単位 (RCU) の構成および関連イシューについての共同研究を推進することに合議したのが最初といえる。しかし，域内通貨単位に関する論議は未だ手始めの段階に過ぎず，韓国・中国・日本の3カ国の間にもその必要性や妥当性について合意が成り立っていない。例えば，ADBでは2006年に域内通貨単位としてACU (Asia Currency Unit) を構成する各国通貨の比重を試算して発表しようとしたこともあるが，このような試みはメンバー国の反対でできなかったこともある。

ACUの導入についての東アジア国々の立場は，予測されるACUの機能によって変わるしかない。ACUが域内の貿易や投資，及び資本取引きの価値の基準として，価値保存の手段として活用される場合には，ドル貨について依存度を低めながら国際流動性を増大させるということでのプラスの効果が期待される。しかし，ACUを為替政策協力のための手段で活用する場合には，現段階では共感を得ることは容易ではない。

表5–1で言及したように，ACUをバスケットペッグのための基準で活用する場合，単一通貨ペッグに比べて為替変動が減るという長所があるが，域内為替制度の中心軸を欠くという短所がある。より根本的には，資本自由化の下での固定為替制度の1つであるバスケットペッグは投機的攻撃に晒されやすいというリスクをかかえている。個別メンバー国の立場で，為替政策協力が変動為替

制度を維持することより純利益をもたらす確信がない限り，ACUを域内通貨間の為替安定の梃で活用しようとする意見は受け入れ難いであろう。

これと別に，ACUそれ自体の不完全性に対しても指摘しておく必要がある。Moon, Rhee, Yoon (2006) は，地域通貨単位に係わる様々な技術的な特性を分析してACU導入に伴う問題点を指摘している。ACUの最大の問題点として，各国通貨の価値が変わることによってACU構成で強い通貨の比重が増大する一方，弱い通貨の比重が小さくなるいわゆる"通貨比重の傾き現象"を指摘している。特定国の比重が大きくなると通貨金融の協力過程で非対称性の問題が現われるようになる。比重が高い，いわゆる中心国通貨は，ACUの動きと近似的に連動して動くようになり，比重が低い周辺国の通貨はACUから乖離する可能性が大きくなる。したがって，特に為替共助を推進するための外国為替への市場介入時には，周辺国は為替安定のための負担を大きく引き受ける可能性が示される[6]。

2-3 東アジアの通貨協力論議と争点

中国を除いたASEAN＋3国は，管理変動為替制度または自由変動為替制度を採択している[7]。これらの大多数の国では，資本自由化が進行している状況にあって固定為替制度に回帰することは起こりそうもなく，国ごとにマクロ経済の情況に差異があることから，通貨政策の自律性の譲歩することについても期

---

[6] これら研究者の計算によると，2000年代に入って，RCUはドル貨に対して弱い動きを見せたが，2002年以降は，強い動きに変わった。RCUの変動性は概して個別国通貨の変動性より小さいが，RCUに対する個別国通貨の動きは大きな差異が示される。具体的にRCUを取り入れるためには，比重構成，含ませる通貨の数，基準年度，比重の再調など追加的に論議されなければならない事項が多い。とりわけ，特定通貨に対する比重が過度になる傾き現象を止揚するためには，域内貿易などを基準で構成比を決めるのが望ましいとされる (Moon, Rhee, Yoon 2006)。

[7] 自由変動：韓国，日本，フィリピン；管理変動：シンガポール，マレーシア，タイ；クローリング・ペッグ：中国
　　変動為替制度を採択している国の中で，韓国，インドネシア，フィリピン，タイは物価目標を採択している。

表 5-4 東アジア金融・通貨協力関連の研究動向

著者	主題	協力の方向および方策
Yang Doo Young (2007)	東アジア通貨・金融協力	東アジア通貨協力期での設置 東アジア通貨協力の支配構造 持続的な研究支援とレバレッジの確保
Lee & Yoon (2007)	東アジア通貨統合のためのロードマップ	マクロ経済、為替の協力 共同為替制度の導入 通貨統合の推進
Moon, Rhee, & Yoon (2007)	アジア域内通貨単位の経済的効果	特定通貨に対する傾き現象の止揚 公的支給決済手段の使用勧奨(スワップ通貨など) 為替協力支援と連動する通貨統合手段の活用
Fukuda et al. (2007)	通貨協力強化方策	為替安定のための国際貿易、投資及び成長促進 東アジア国々でのバスケットペッグ採択 最適為替制度選択のための協力強化 アジア通貨単位 (ACU) の導入
Kawai (2007)	域内為替政策協力のためのアジア通貨単位活用	アジア通貨単位 (ACU) 導入の域内通貨統合としての準備 域内監視機能の強化 通貨、為替政策協力の強化
Zhang and He (2006)	ACU と中国の立場	アジア通貨単位導入の反対 (RMB のドルペッグまたは G-3 通貨バスケットペッグに比べ ACU の優位性なし)
Ding (2006)	東アジア為替調整に対する中国の立場	地域為替調整制度の必要性についての認定 最適代案はバスケットペッグに対するソフトペッグ (BBC ルール) 現中国為替制度 (クローリングペッグ) の固守

待しずらい。それにも拘わらず、東アジア地域ではヨーロッパのような通貨統合を推進しなければならないという主張が活発に続いている。

　最近の東アジア地域の通貨協力に関する韓・中・日の 3 国の研究動向は、表 5-4 のように示される。研究者の見解が政府の公式的な見解を代弁することはないが、それにもかかわらず、韓国と日本、それに中国との間には通貨協力に対する微妙な立場の差異が存在する。

　通貨協力に対して最も積極的な国は、韓国であろう。学界の研究動向は、東

アジアの通貨統合が可能で望ましいととらえている。政府の公式的な見解ではないが，国策研究機関では東アジアの通貨統合について具体的なロードマップを提示している[8]。

　中国は，通貨統合問題について消極的であると考えられている。中国の資本自由化は，依然として制限的であり，景気調整のための通貨政策の自律性を重視しており政策協調への興味は持ってないように見える。しかし，アジア域内での中国経済のプレゼンスが高くなることにつれて域内での基軸通貨役割を担うのを希望しているように推測される。

　一方，日本は，自らの主導の下での通貨協力を推進しながらも，通貨政策の自律性を制限する政策代案については極めて慎重な立場をとってきた。多数の日本の研究者は，これまで東アジアの途上国を含めて共同でバスケットペッグを導入することを勧奨している。最近のACU導入をめぐる立場の旋回は，中国の影響力が次第に大きくなるのを傍観できない立場を反映している。

　Eichengreen (2002) は，通貨統合において最も重要な前提条件として，統合に対する政治的共感をあげている。東アジアでヨーロッパのような通貨統合が究極的に成り立つためには，参加国メンバー国間での政治的共感がなによりも成熟していなければならないということを強調している。政治的共感とは，東アジアのメンバー諸国が通貨統合の必要性を感じ，国民も通貨政策の自律性を諦めることを快く受け入れることを意味する。金融危機が発生してから10余年が経った現在，以前よりこのような共感が強固になったという形跡はない[9]。

---

8) 東アジアの通貨統合に対しては否定的な見方もある。その代表的な論者は，Young Chul, Park (2007) である。東アジアの国々での異質的な金融市場構造，発展段階の多様性を根拠にしている。さらに，景気循環の非同調性，自由貿易地帯形成に関する期待の集中，日本と中国の競争構図などを理由としてあげている。
9) Eichengreen (2007) は，東アジア通貨統合について否定的な見解を提示している。その根拠として次の3つの点を指摘している。第1は，ヨーロッパと違い政治的共感が形成されていないために通貨協力へと導く推進力が用意されなかったこと。第2は，資本移動が自由であり為替安定はそれだけ困難を伴うこと。第3は，変動為替制度であり再び固定為替制度に戻ることはもっと難しいこと，である。

3. 東アジア通貨統合の社会的厚生効果

3–1 通貨政府の目標と社会的厚生

東アジアの国々が通貨統合を推進しようとする時，その実現可能性を判断しようとすれば，どのような形態の通貨統合を推進し，これによる各国の社会的厚生はどのようになるかについて比較検討しなければならない。

これのためにここでは，アメリカと日本の 2 つの大きな経済国と，それと併せ韓国と中国とで構成されたマクロ経済モデルを用いる。このモデルは小規模な開放経済における為替制度の選択についての Hamada (2002) のモデルとこれに基づく Kim–Ryou–Takagi (2005) の 3 国モデルを拡張したものである。モデルの主要な仮定は次のようになる。

第 1 は，全世界がアメリカ (A)，日本 (B)，そして東アジア開途国 (韓国 (C), 中国 (D)) で構成されていると仮定する。アメリカと日本の間には変動為替制度が採択されており，両国の国際収支は自動的に均衡する。

第 2 は，労働者は名目賃金上昇率が物価上昇率を上回るように賃金契約の締結を推進する。名目賃金上昇率と物価上昇率の差，α_k は希望実質賃金上昇率である。それは，国ごとにレーバー・ユニオンの目標と労使関係によって外生的に与えられると仮定する。名目賃金上昇率が物価上昇率と希望実質賃金上昇率を併せたものより高く設定される場合には雇用が減少する恐れがあるので労働者は，次のように損失関数を最小化しようとする。

$$\min L_k = \min E[(w_k - p_k - \alpha_k)^2], \quad k = A, B, C, D \tag{1}$$

労働者の損失が，実質賃金上昇率と希望実質賃金上昇率の間の格差に対する期待値が大きくなるほど増加すると，名目賃金上昇率は，予想物価上昇率と労働者が希望する実質賃金上昇率を併せたものと等しくなるように設定される。

$$w_k = E(p_k) + \alpha_k, \quad k = A, B, C, D \tag{2}$$

第 3 は，アメリカと日本の通貨当局は，対内均衡の維持，すなわち物価およ

び雇用安定を政策目標にする。したがって，この場合の社会コストの関数 (V_k) は，物価上昇率変動と雇用変動とを併せたものとする。

$$V_k = p_k^2 + \gamma(p_k - w_k + \theta_k)^2, \quad k = A, B \tag{3}$$

式 (3) で θk は生産性の衝撃を意味し，実質賃金上昇率が労働生産性の増加を上回る場合に，雇用が減少することを仮定している。θk は正規分布を持ち，衝撃の国別での差異に応じて統計上の公分散の大きさが変わると仮定する。

一方，相対的に規模が少ない韓国と中国の場合は，変動為替制度を採択していない限り，対内均衡のみならず外為保有高を適正レベルで維持することも政策目標に含ませる。

$$V_j = p_j^2 + \gamma\{(p_j - w_j + \theta_j)^2\} + \beta(z_j - r_j)^2 \qquad j = C, D \tag{4}$$

式 (4) では，z_j と r_j はそれぞれ国際収支による外為保有高の実際変化率と外為保有高の希望増加率（政策目標値）を表わしている。

第4は，アメリカと日本は変動為替制度であるので国際収支は常に均衡している。しかし，CとD国の場合は，変動為替制度を選んでいない限り，国際収支は通貨供給と通貨需要との間の均衡関係によって決まる (Hamada (1976))。この場合，インフレーション，超過与信供給と外為保有高との間の関係は，次のように導き出される。

一般に，k国の通貨量供給 (M) は，国内与信 (DC) と外為保有高 (R) とを併せたものに等しい。

$$M_k = DC_k + R_k \tag{5}$$

一方，貨幣に対する実質需要は，国民所得 Y_k の関数と仮定する。

$$\frac{M_k}{P_k} = L(Y_k) \tag{6}$$

貨幣市場の均衡条件を利用して，式 (5) と式 (6) を整理すれば，次のようになる。

$$\frac{\Delta DC_k}{M_k} + \frac{\Delta R_k}{M_k} = \frac{\Delta P_k}{P_k} + \eta_k \frac{\Delta Y_k}{Y_k} \tag{7}$$

この時，η_k は貨幣需要の所得弾力性（$=\frac{\Delta L/L}{\Delta Y/Y}$）を意味する。

一方，所得増加による貨幣需要増加率を超過する国内与信増加率を超過与信増加率（x_k）と定義する。

$$x_k = \frac{\Delta DC_k}{M_k} - \eta_k \frac{\Delta Y_k}{Y_k} \tag{8}$$

式（7）と式（8）から物価上昇率は，超過与信増加率と外為保有増加率（$z_k = \frac{\Delta R_k}{M_k}$）とを併せたものとして表わすことができる。

$$p_k = x_k + z_k \tag{9}$$

アメリカと日本の場合，z_k が 0 なので，物価上昇率は超過与信増加率と同じになる。

$$p_k = x_k, \quad k = A, B \tag{10}$$

第5は，国家間には購買力評価が成り立つ。例えば，E_{kA} は A 国の通貨，すなわち米ドル貨幣に対するk国の通貨の交換割合とする場合，以下のようになる。

$$P_k = P_A E_{kA}, \quad k = B, C, D \tag{11}$$

従って，国家別の物価上昇率（p_k）と為替変化率（e_k）の間には，次の関係が成り立つ。

$$p_B - e_{BA} = p_A \tag{11.1}$$
$$p_C - e_{CA} = p_A \tag{11.2}$$
$$p_{CD} - e_{DA} = p_A \tag{11.3}$$

3–2 東アジア通貨統合と予想効果

東アジアの通貨統合は，大きく3つのケースに類型化することができる。第1は，EU の EMS と同様に，参加国が自国の通貨価値を ECU のような参加国通

貨で構成された共通の通貨バスケットに固定させる場合である。この場合の共通のバスケットは ACU（Asian Currency Unit）と称される。

このケースでは，参加国通貨間の為替は固定できるが，域外通貨，例えばドル貨に対しては，共同の変動為替制度が採択される。この下で，各国は自国通貨を維持して単独の通貨政策を遂行することができる。

第2は，すべての参加国が共通の通貨で円を使う円通貨制度を仮定するケースである。これは非対称的通貨統合（Asymmetric Monetary Integration）といえる。この場合には，貨幣鋳造差益の配分問題が重要な1つの論議事項となる可能性が出てくる。

第3は，EUのユーロ貨と同じように，新しい通貨をつくって流通させる通貨統合，すなわち共同の中央銀行が通貨政策を遂行する対称的通貨統合（Symmetric Monetary Union）を想定するケースである。

このような形態の通貨統合は，個別メンバー国が通貨政策の自律性を諦めることを意味し，通貨統合のコストを共同で分担することになる。このような通貨統合の形態以外には，現在のアメリカと日本，それにアジアの発展途上国が採択している変動為替制度の維持が考えられる。

前述したように，東アジアの発展途上国の立場では，通貨統合を推進することから期待することができる効果はマクロ経済的安定である。その代わり，外為保有高を目標レベルで維持することができる自律性は諦めなければならない。一方，現在，変動為替制度を採択している日本の立場では，外為保有高の目標は初めから問題がない。従って，対称的通貨統合を推進する場合，マクロ経済的安定という目標達成が難しくなる可能性が高い。なお，個別通貨統合の類型別予想効果については付録を参照されたい。

本モデルでマクロ経済の安定を決める重要な指標は，実質賃金増加率と，供給衝撃（労働生産性）の大きさと変動性であるといえる。したがって，通貨統合の際には，個別の国のマクロ経済の指標のみならず相互関連性も問題になる。東アジアの3カ国，日本・韓国・中国についてのこれらの指標の推移は，図5–1のように示される。

図 5-1 東アジア3国の実質賃金増加率及び労働生産性増加率の推移

A. 労働生産性増加率

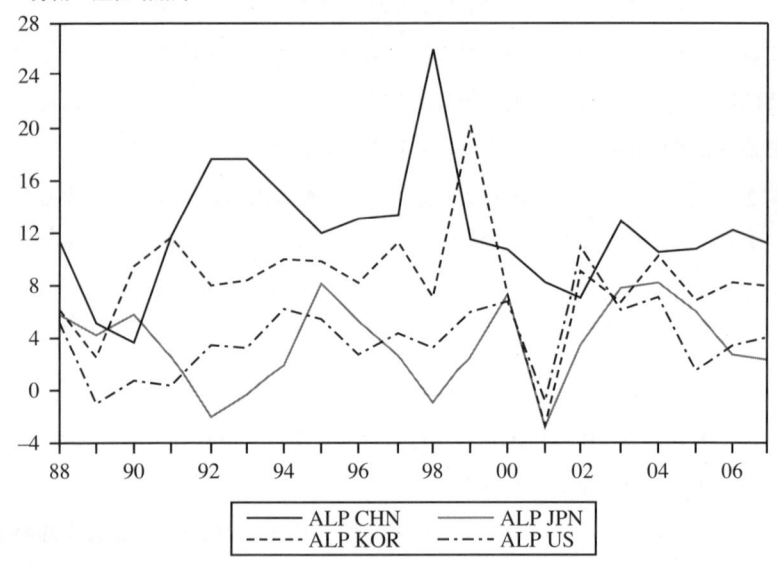

― ALP CHN　　― ALP JPN
---- ALP KOR　　-･-･- ALP US

B. 実質賃金増加率

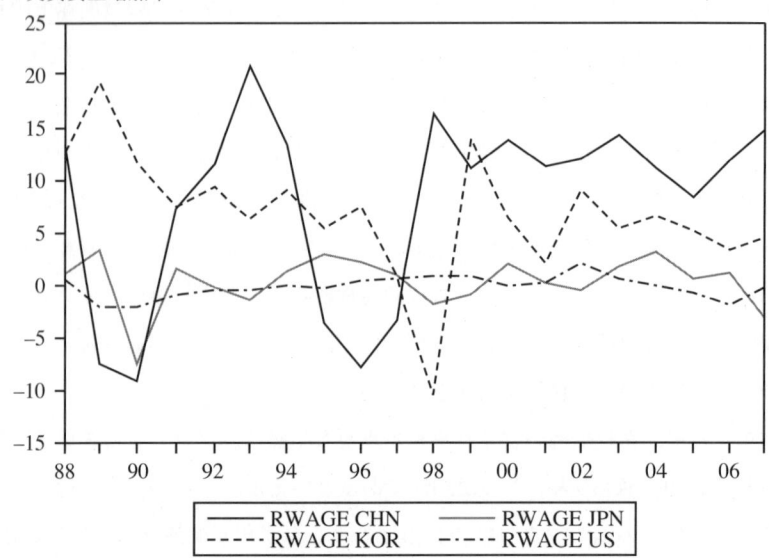

― RWAGE CHN　　― RWAGE JPN
---- RWAGE KOR　　-･-･- RWAGE US

(出所) IMF, *International Financial Statistics*, 各号.
KLI,『海外労働統計』, 各号.
National Bureau of Statistics of China, Yearly Data, ホームページ.

1988年から2007年までの間の労働生産性の年平均増加率は中国が11.98%で最も高く次いで，韓国の8.25%，アメリカの3.93%，日本の3.49%の順になっている。一方，労働生産性増加率の分散ではアメリカが0.0042，日本が0.0023，韓国が0.0009となっている。これら労働生産性の変化率の間の相関係数を求めてみると，アメリカと韓国が0.28で最も高く，日本と韓国が0.22となっている。日本とアメリカがゼロに近い0.04を記録したのは，1980年代と1990年代前半期の経済成長の経過での対照を反映している。

　一方，実質賃金はアメリカ，日本はそれぞれ −0.14% と 0.30% となっている。一方，韓国と中国はそれぞれ6.72%と8.02%であり，先進国と途上国との間で大きな差異が生じている。中国は1997年の金融危機以降，韓国の実質賃金増加率が減少したこととは対照的に高いレベルを維持している。

3–3　東アジア通貨統合の厚生効果

　「2＋2」マクロ経済モデルに依拠して予想損失関数の値を決めるために，媒介変数 (β, γ)，各国の賃金上昇率賃金上昇目標値 (α_k)，供給衝撃 (θ_k) について，次のように仮定する。

　第1に，予想損失関数の設定において対内均衡では物価安定と雇用安定が等しい比重を持つと仮定し，$\gamma=1$ で設定する。一方，ドルペッグ，ACUペッグまたは円通貨制度のような場合は，対内均衡と対外均衡の比重が同じであるとみて $\beta=2$ を仮定する。

　第2に，労働契約の際，労働者サイドで推進，設定する賃金上昇目標値が長期的には実質賃金の増加率に収斂すると仮定する。すなわち，実質賃金増加率の年平均を，(α_k) の相当分とする。

　第3に，供給衝撃 (θ_k) は，労働生産性の変化を表わすと解釈する。労働生産性は，製造業労働者1人当り付加価値とする。

　表5–5は通貨統合が日本（B国），韓国（C国），中国（D国）に及ぶ予想効果を比べている。Case1は，賃金上昇目標値と供給衝撃の分散で，1988–2007期間中に適用した場合の基本シナリオで設定した。一方，Case2とCase3は，1997年

表 5–5　通貨統合と予想損失

シナリオ	Case 1 (1988–07)			Case 2 (1988–97)			Case 3 (1998–07)		
	韓国	中国	日本	韓国	中国	日本	韓国	中国	日本
仮定	$\sigma a^2=8.75$, $\sigma b^2=11.06$, $\sigma c^2=17.97$, $\sigma d^2=22.71$, $\alpha a=-0.14$, $\alpha b=0.30$, $\alpha c=6.72$, $\alpha d=8.02$, $\mathrm{cor}(a,b)=.33$, $\mathrm{cor}(a,c)=.44$, $\mathrm{cor}(a,d)=.13$, $\mathrm{cor}(b,c)=.20$, $\mathrm{cor}(b,d)=-.44$, $\mathrm{cor}(c,d)=.12$.			$\sigma a^2=6.02$, $\sigma b^2=10.04$, $\sigma c^2=7.06$, $\sigma d^2=24.00$, $\alpha a=-0.46$, $\alpha b=0.39$, $\alpha c=8.91$, $\alpha d=3.50$, $\mathrm{cor}(a,b)=0.0$, $\mathrm{cor}(a,c)=.34$, $\mathrm{cor}(a,d)=.62$, $\mathrm{cor}(b,c)=-.07$, $\mathrm{cor}(b,d)=-.64$, $\mathrm{cor}(c,d)=.32$.			$\sigma a^2=10.21$, $\sigma b^2=18.59$, $\sigma c^2=33.69$, $\sigma d^2=41.39$, $\alpha a=.16$, $\alpha b=0.20$, $\alpha c=4.54$, $\alpha d=12.55$, $\mathrm{cor}(a,b)=.54$, $\mathrm{cor}(a,c)=.55$, $\mathrm{cor}(a,d)=.13$, $\mathrm{cor}(b,c)=.33$, $\mathrm{cor}(b,d)=-.29$, $\mathrm{cor}(c,d)=-.19$.		
ドルペグ	62.17	89.74	—	87.66	33.17	—	50.35	206.96	—
ACU ペグ	65.98	94.58	5.71	92.16	32.83	5.32	57.48	205.51	9.37
円通用	74.45	103.05	5.71	99.99	40.66	5.32	71.51	219.54	9.37
AMU	83.24	108.58	36.61	108.58	49.50	29.71	79.27	224.54	50.74
変動為替	99.30	139.99	5.71	162.30	36.50	5.32	58.06	335.70	9.37

（注）物価および雇用安定の比重同一，対内外均衡比重同一（$\gamma=1$，$\beta=2$）
（出所）IMF, *International Financial Statistics*, 各号.
　　　　KLI, 『海外労働統計』, 各号.
　　　　National Bureau of Statistics of China, Yearly Data, ホームページ.

のアジア金融危機以降の構造変化を考慮してそれぞれ 1988–1997 年の期間と 1998–2007 年の期間を対象にした。実際において，金融危機と前後して，供給衝撃の性格が大きく変わったことが示される。金融危機以前の韓国の供給衝撃は，アメリカと中国との連関性が高かったが，危機以降には，アメリカと日本との連関性が極めて高くなり，中国とはむしろ負の相関関係が表われている。一方，中国の場合は，金融危機以前はアメリカとの相互連関性が高かったが，危機以降には，他国との連関関係が高くないことが示される。それにも拘わらず，東アジアの通貨統合による予想損失においては期間に関係なく一定の特徴

を見つけることができる。

　第1に，韓国と中国の立場で見れば，ドルペッグの方が東アジア通貨統合の他の形態より優る結果が示される。また，ACUペッグは，円通貨制度や対称的通貨統合制度を採択するより望ましい結果となる。円通貨制度がACUペッグより劣る結果となるのは，一方的通貨統合の下では，国内与信調整を通じて通貨政策を部分的でも推進できる余地がないからである。

　第2に，対称的通貨統合の場合，ACUペッグは非対称的通貨統合よりむしろ劣る結果となる。このような結果は，マクロ経済の安定性で大きな差がある日本，韓国，中国の間では通貨政策協力は望ましいが，その実現が難しいことを示唆している。本モデルは固定為替制度の弱点である投機的な攻撃下での混乱を考慮していないということに留意する必要がある。

　第3は，アジアの発展途上国の立場で，通貨統合が形成される誘引があるかどうかを判断しようとすれば，現在，採択されている変動為替制度より有利なのかどうかについて計算してみなければならない。韓国と中国の場合は，興味深い点が指摘できる。全体期間（1988–2007年）については，非対称通貨統合，単一通貨統合の双方ともに変動為替制度より有利である結果が示された。しかし，期間別に分けて比べると，金融危機以降，韓国の場合には，変動為替制度がACUペッグよりは少し劣るが，通貨統合よりはむしろ優れていることが示される。一方，中国の場合は，金融危機以前には同じような結果を導出することができるが，金融危機以降には変動為替制度が最も劣る結果となった。予想損失は，自国の賃金上昇率および供給衝撃の分散にかかっているので，該当期間にこのような指標がどのくらい安定できるのかが重要な要素となる。

　最後に，日本の立場では，東アジア通貨統合に参加する場合でも，単一通貨統合を形成する場合を除けば現在のような変動為替制度をそのまま維持することができる。したがって，単一通貨統合が変動為替制度より有利になるのかどうかが問題となる。これに対しては否定的な解答となる。すなわち，日本にとって現在のような変動為替制度は単一通貨統合を推進するより有利な結果が示される。日本の賃金上昇率は韓国や中国よりかなり低く，これらの発展途上国と

通貨政策協力を推進する場合には，通貨増加率が上向き修正されて自国経済の安定にマイナスの影響を及ぼすからである。

シミュレーションの結果は，社会的コストの関数を構成する対内均衡の要素，雇用安定の比重 (γ) にあまり関係ないことが結果となった。一方，韓国と中国の実質賃金上昇率 (α) が低くなるほど変動為替制度下での予想効果は改善されることが示された。

おわりに

本章は，最近の世界金融危機を契機として再び関心が高まっている韓国，中国，日本との間の通貨協力の可能性について，アメリカを含む4カ国のマクロ経済モデルを用いて分析を行った。本モデルでの分析では，通貨統合の予想効果は通貨統合の形態と該当国家の経済状況と密接に関連していることが示された。とりわけ，韓国，中国，日本との間で通貨統合を推進するのが望ましいのか，または逆に日本はアジアの発展途上国と通貨統合を推進する誘引があるのかという問題は，相互に経済構造がどのくらい類似しているかによって大きく左右される。本モデルにおいては，供給衝撃の大きさと分散，レーバー・ユニオンが追い求める実質賃金の上昇率が重要なファクターとなっている。

金融危機以降，韓国の経済成長率が鈍化する一方，中国での高度成長が続いている状況を考慮することによって，ACUペッグが最も望ましい結果が示された。一方，対称的通貨統合は，3カ国間の経済的異質性を考慮に入れると，韓国の立場では現在のような変動為替制度よりも社会的厚生を減少させることとなった。中国の場合は，通貨政策の協力を通じてマクロ経済の安定を図ることができるので変動為替制度よりは望ましいが，ドルペックよりは劣る結果が示されている。円通貨制度ではACUペッグより劣る結果となったが，これは国内与信調整を通じて通貨政策を部分的でも推進することができる可能性が低いことを意味する。

日本の場合，通貨政策の自律性を諦めることになる対称的通貨統合を推進す

る場合，マクロ経済での不安定性が大きく増加するので，通貨統合に参加する可能性は乏しいといえる。したがって，積極的な役割分担が求められる通貨統合の形態において，日本が主導的役割を担当しにくいと判断される。しかし，ACU制度を取り入れる場合には，実質的な基軸通貨国として通貨政策の自律性を維持できるので，変動為替制度の維持や社会的厚生の大きさは全く変わらないと予測される。

　要約すれば，韓国，中国，日本の利害を同時に考慮すると，ヨーロッパのEMSのような形態のACUペッグが最も現実的の高い方策になることができると判断される。もちろん，この場合，投機的攻撃による固定為替制度の崩壊可能性を最小化するために，より強固な金融支援体制を構築することが課題として残るであろう。

〈付録〉　東アジア統合の類型と予想効果

　現在，東アジア発展途上国の為替制度は，中国のドルペッグと韓国の変動為替制度に大別される。一方，日本の場合は，変動為替制度を選んでいる。以下では，ドルペッグ下での予想効果を分析した後，通貨統合の3つの類型別効果を検討し，最後に変動為替制度の効果を分析する。この時，予想効果は，本文で述べた通貨当局の損失関数値を意味する。

　1）　ドルペッグ

　現在，中国が採択している実質的ドルペッグの効果を分析してみよう。韓国も中国と同じドルペッグを採択すると，両国間の為替は固定される効果をもたらす。しかし，日本は変動為替制度を採択しているので，このような形態が地域統合段階の通貨であるとみることは難しいであろう。

　東アジア発展途上国であるD国がドルペッグを採択すると，購買力評価によってD国の物価上昇率は基軸通貨国であるA国の物価上昇率と一致するようになる。D国の通貨当局は，国内超過与信を調整して外為保有高を適正水準で維持させ，通貨当局の目的関数については次のようになる。

$(x_j = p_j - r_j = p_B - r_j = x_B - r_j, \ j = C, D)$

$$V_D|_{\$peg} = p_D{}^2 + \gamma(p_D - w_D + \theta_D)^2 = p_A{}^2 + \gamma(p_A - w_D + \theta_D)^2$$
$$= x_A{}^2 + \gamma(x_A - w_D + \theta_D)^2 \qquad (12)$$

一方,A 国の超過与信供給率 (x_A) は,式 (3) の目的関数から式 (10) の利用によって導出される。

$$x_A = \frac{\gamma}{1+\gamma}(w_A - \theta_A) \qquad (13)$$

式 (13) を式 (12) に代入すると,D 国通貨当局の目的関数は,次のようになる[10]。

$$V_D|_{\$peg} = (\frac{\gamma}{1+\gamma})^2 (w_A - \theta_A)^2 + \gamma[\frac{\gamma}{1+\gamma}(w_A - \theta_A) - (w_D - \theta_D)]^2$$
$$= (\frac{\gamma}{1+\gamma})^2 [(1+\gamma)\alpha_A - \theta_A]^2 + \gamma[\frac{\gamma}{1+\gamma}\{(1+\gamma)\alpha_A - \theta_A\}$$
$$- (\gamma\alpha_A + \alpha_D - \theta_D)]^2 \qquad (14.1)$$
$$E[V_D|_{\$peg}] = \gamma^2\alpha_A{}^2 + \gamma\alpha_D{}^2 + \frac{\gamma^2}{1+\gamma}\sigma_A{}^2 + \gamma\sigma_D{}^2 - \frac{2\gamma^2}{1+\gamma}\text{cov}(\theta_A, \theta_D) \qquad (14.2)$$

一方,A 国は,変動為替制度を採択し,D 国の影響が極僅かであるので予想損失関数は次のように導出される。

$$V_A|_{\$peg} = \frac{\gamma}{1+\gamma}(w_A - \theta_A)^2 = \frac{\gamma}{1+\gamma}[(1+\gamma)\alpha_A - \theta_A]^2 \qquad (15.1)$$
$$E[V_B|_{\$peg}] = \gamma(1+\gamma)\alpha_A{}^2 + \frac{\gamma^2}{1+\gamma}\sigma_A{}^2 \qquad (15.2)$$

2) ACU ペッグ

ACU は,東アジア諸国の通貨だけで構成される通貨バスケットである。ヨーロッパの EMS の例を見ると,地域通貨で構成されるバスケットペッグを採択する場合,その中で最も価値が安定的で経済力がある通貨が実質的な基軸通貨

---

[10] 式 (2) で $w_A = E(p_A) + \alpha_A = E(x_A) + \alpha_A = \frac{\gamma}{1+\gamma}w_A + \alpha_A$ 関係を利用することによって,次の式を導出することができる。
$w_A = (1+\gamma)\alpha_A,$
$w_D = E(p_D) + \alpha_D = E(p_A) + \alpha_D = E(x_A) + \alpha_D = \frac{\gamma}{1+\gamma}w_A + \alpha_D = \gamma\alpha_A + \alpha_D.$

役目を果して他のメンバー国の自国通貨価値が固定させられる．従って，本モデルではこのような基軸通貨の役目を円貨が担うと仮定する．ドルペッグをとるC国（D国）の通貨当局は，国内超過与信を調整して外為保有高を適正レベルで維持させることができる．（$x_j = p_j - r_j = p_B - r_j = x_B - r_j$, $j = C, D$）

ACUペッグ下でのC国通貨当局の予想損失関数は，次のように表示することができる．

$$E[V_C\text{lacu}] = \gamma^2 \alpha_B^2 + \gamma \alpha_C^2 + \frac{\gamma^2}{1+\gamma} \sigma_B^2 + \gamma \sigma_C^2 - \frac{2\gamma^2}{1+\gamma} \text{cov}(\theta_B, \theta_C) \tag{16.1}$$

一方，B国は，ドルペッグと変動為替制度を採択し，C国の影響が極僅かであるために予想損失関数は次のように導出される．

$$E[V_B\text{lacu}] = \gamma(1+\gamma)\alpha_B^2 + \frac{\gamma}{1+\gamma} \sigma_B^2 \tag{16.2}$$

3） 非対称的通貨統合：円通用通貨統合

円通貨制度は，日本の通貨である円をC国（D国）の法廷通貨として通用する制度として機能し，C国（D国）の物価上昇率が基軸通貨国であるB国の物価上昇率と一致する．この時，C国（D国）の基軸通貨国に対する国際収支がいつも均衡を達成するとは限らない．C国（D国）がB国より物価水準が低いと，純輸出が増加して国際収支が黒字になる．正反対の場合には，国際収支の赤字をきたす．

一方，C国（D国）は，国際収支を調整する政策手段を持っていない．したがって，円通貨の統合下で，C国（D国）の国際収支は，基軸通貨国の通貨発行によって決まる．例えば，円通貨の制度下で，日本の超過与信供給が発生するようになれば日本の物価が上昇し，相対的にC国（D国）の実質為替が上昇して国際収支は黒字をきたすようになる．国際収支黒字は，C国（D国）の通貨供給の増加と物価の上昇を招く．この結果，日本との物価上昇率が同じ水準になり，均衡を成すようになる．即ち，次のような関係が成立する（D国もC国と同じ）．

194　第1部　通貨・金融協力と通貨統合

$$pc = xc + z_C = p_B + e_{CA} - e_{BA} = x_B + e_{CB} \tag{17.1}$$

$$z_C = x_B - xc = x_B + \eta c \frac{\Delta YC}{YC} \quad (\because \Delta DCc = e_{CB} = 0) \tag{17.2}$$

　C国の目的関数と予想目的関数の値は，次のようである。この時，C国が外為保有高を決まった水準で増加させようとする誘引は何か。円通貨制度下ではC国の国際収支は通貨量を増加させる唯一の手段となる。国民所得の増加によって通貨需要が増加することを考慮すれば，適当な通貨供給の増加があれば円滑な経済活動が成り立つ。したがって，政策当局が外為保有高を増加させようとする目標も正当化される。以下では，政策当局の外為保有高増加の目標値が貨幣需要の増加に相応すると仮定しよう。

$$(rc = \frac{\Delta Y_C}{Y_C})\,^{[11]}$$

$$\begin{aligned}
V_C|ycu &= x_B{}^2 + \gamma(x_B - w_C + \theta_C)^2 + \beta(zc - rc)^2 \\
&= x_B{}^2 + \gamma(x_B - w_C + \theta c)^2 + \beta x_B{}^2 \\
&= (1+\beta)\left(\frac{\gamma}{1+\gamma}\right)^2 (w_B - \theta_B)^2 + \gamma\left[\frac{\gamma}{1+\gamma}(w_B - \theta_B) - (w_C - \theta_C)\right]^2 \\
&= (1+\beta)\left(\frac{\gamma}{1+\gamma}\right)^2 [(1+\gamma)\alpha_B - \theta_B]^2 + \gamma\left[\frac{\gamma}{1+\gamma}\{(1+\gamma)\alpha_B - \theta_B\}\right]
\end{aligned} \tag{18.1}$$

$$\begin{aligned}
E[V_C|ycu] &= \gamma^2(1+\beta)\alpha_B{}^2 + \gamma\alpha_C{}^2 + \left(\frac{\gamma}{1+\gamma}\right)^2 (1+\gamma+\beta)\sigma_B{}^2 \\
&\quad + \gamma\sigma_C{}^2 - \frac{2\gamma^2}{1+\gamma}\operatorname{cov}(\theta_B, \theta_C)
\end{aligned} \tag{18.2}$$

　一方，B国の予想損失は，B国がドル貨幣に対して変動為替制度を採択していることによってACUペッグの場合と同じであるように示される。

$$E[V_B|ycu] = \gamma(1+\gamma)\alpha_B{}^2 + \frac{\gamma}{1+\gamma}\sigma_B{}^2 \tag{19}$$

---

11)　労働生産性を考慮した総生産関数を取り入れ，雇用が利潤極大化動機によって労働の限界生産性と実質賃金が一致する点で決まると仮定すれば，円通貨制度下での社会的コストが大きく増加する。この場合にも，円通貨制度がアジア発展途上国にとって不利であるという結論は変わらない。

従って，ACUペッグと円通貨での通貨統合の場合，予想される損失関数の差異は，C国の損失関数の差異と同じであるが，その差異は次のようになる．

$$E[V_C|ycu] - E[V_C|acu] = \beta\gamma^2\alpha_B^2 + \beta\left(\frac{\gamma}{1+\gamma}\right)^2\sigma_B^2 \tag{20}$$

4) 対称的通貨統合：東アジア通貨同盟（Asian Monetary Union）

単一通貨統合の場合は，共同の中央銀行が通貨統合に参加する国々の目的関数の加重平均値が最小になるように通貨政策を運用する．すなわち，通貨統合に参加する国々の全体の物価上昇率と個別国家の失業率の和が最小化されるように政策を運用する．したがって，この場合，共同の中央銀行の目的関数は，次のようになる[12]．

$$\begin{aligned}V^*|_{AMU} &= \frac{1}{3}[p_{AMU}^2 + \gamma(p_{AMU} - w_B + \theta_B)^2] + \frac{1}{3}[p_{AMU}^2 + \gamma(p_{AMU} - w_C + \theta_C)^2] \\ &\quad + \frac{1}{3}[p_{AMU}^2 + \gamma(p_{AMU} - w_D + \theta_D)^2] \\ &= x^2 + \frac{1}{3}\gamma(x - w_B + \theta_B)^2 + \frac{1}{3}\gamma(x - w_C + \theta_C)^2 \\ &\quad + \frac{1}{3}\gamma(x - w_D + \theta_D)^2\end{aligned} \tag{21}$$

このような目的関数の値を最小化するように x を決めると，C国の予想損失は次と同じになる[13]．

---

[12] モデルを単純化するために，通貨統合に参加する国々の目的関数の加重値は等しく，失業率に対する加重値も等しいと仮定する．すなわち，$\gamma_B = \gamma_C = \gamma_D = \gamma$

[13] 式 (21) を x について微分し，次のように示される．
$\frac{\partial V^*|_{AMU}}{\partial x} = 2x + 2/3\gamma(x - w_B + \theta_B) + 2/3\gamma(x - w_C + \theta_C) + 2/3\gamma(x - w_D + \theta_D) = 0$,
$x = \frac{\gamma}{3(1+\gamma)}(w_B + w_C + w_D - \theta_B - \theta_C - \theta_D) = p_{AMU}$,
$w_K = E(p_{AMU}) + \alpha_K = E(x) + \alpha_K = \frac{\gamma}{3(1+\gamma)}(w_B + w_C + w_D) + \alpha_K$ (K = B, C, D),
$W_B = (1 + \frac{\gamma}{3})\alpha_B + \frac{\gamma}{3}\alpha_C + \frac{\gamma}{3}\alpha_D$, $W_C = \frac{\gamma}{3}\alpha_B + (1 + \frac{\gamma}{3})\alpha_C + \frac{\gamma}{3}\alpha_D$,
$W_B = \frac{\gamma}{3}\alpha_B + \frac{\gamma}{3}\alpha_C + (1 + \frac{\gamma}{3})\alpha_D$.
$V_K|_{AMU} = x^2 + \gamma(x - w_K + \theta_K)^2$
$\quad = \{\frac{\gamma}{3(1+\gamma)}(1+\gamma)(\alpha_B + \alpha_C + \alpha_D) - (\theta_B + \theta_C + \theta_D)\}^2$
$\quad + \gamma\{-\alpha_C - \frac{\gamma}{3(1+\gamma)}(\theta_B + \theta_C) + \frac{\gamma}{3(1+\gamma)}\theta_C\}^2$

第1部 通貨・金融協力と通貨統合

$$\begin{aligned}E[V_C|_{AMU}] = &\frac{\gamma^2}{9}(\alpha_B{}^2+\alpha_D{}^2)+\left(r+\frac{\gamma^2}{9}\right)\alpha_C{}^2+\frac{2\gamma^2}{9}(\alpha_B\alpha_C+\alpha_B\alpha_D+\alpha_C\alpha_D)\\&+\frac{\gamma^2}{9(1+\gamma)}(\sigma_B{}^2+\sigma_D{}^2)+\frac{\gamma(4\gamma^2+13\gamma+9)}{9(1+\gamma)^2}\sigma_C{}^2\\&-\frac{2\gamma(3+\gamma)}{3^2(1+\gamma)^2}\{\text{cov}(\theta_B,\theta_C)+\text{cov}(\theta_C,\theta_D)\}\\&+\frac{2\gamma^2}{9(1+\gamma)}\text{cov}(\theta_B,\theta_D)\end{aligned} \quad (22.1)$$

同じ方法でB国とD国の予想損失を求めると，次のようになる．

$$\begin{aligned}E[V_B|_{AMU}] = &\frac{\gamma^2}{9}(\alpha_C{}^2+\alpha_D{}^2)+\left(r+\frac{\gamma^2}{9}\right)\alpha_B{}^2+\frac{2\gamma^2}{9}(\alpha_B\alpha_C+\alpha_B\alpha_D+\alpha_C\alpha_D)\\&+\frac{\gamma^2}{9(1+\gamma)}(\sigma_C{}^2+\sigma_D{}^2)+\frac{\gamma(4\gamma^2+13\gamma+9)}{9(1+\gamma)^2}\sigma_B{}^2\\&-\frac{2\gamma(3+\gamma)}{3^2(1+\gamma)^2}\{\text{cov}(\theta_B,\theta_C)+\text{cov}(\theta_B,\theta_D)\}\\&+\frac{2\gamma^2}{9(1+\gamma)}\text{cov}(\theta_C,\theta_D)\end{aligned} \quad (22.2)$$

$$\begin{aligned}E[V_D|_{AMU}] = &\frac{\gamma^2}{9}(\alpha_B{}^2+\alpha_C{}^2)+\left(r+\frac{\gamma^2}{9}\right)\alpha_D{}^2+\frac{2\gamma^2}{9}(\alpha_B\alpha_C+\alpha_B\alpha_D+\alpha_C\alpha_D)\\&+\frac{\gamma^2}{9(1+\gamma)}(\sigma_B{}^2+\sigma_C{}^2)+\frac{\gamma(4\gamma^2+13\gamma+9)}{9(1+\gamma)^2}\sigma_D{}^2\\&-\frac{2\gamma(3+\gamma)}{3^2(1+\gamma)^2}\{\text{cov}(\theta_B,\theta_C)+\text{cov}(\theta_B,\theta_D)\}\\&+\frac{2\gamma^2}{9(1+\gamma)}\text{cov}(\theta_C,\theta_D)\end{aligned} \quad (22.3)$$

5） 変動相場制度

A, Bの二大経済国のみならず，東アジアの発展途上国C, Dも変動為替制度を採択している場合を検討する．変動為替制度を採択する場合は，為替変動によって国際収支が均衡になるので，通貨当局の目的関数は次のようになる．

$$V_K|\text{float} = p_K{}^2+\gamma(p_K-w_K+\theta_K)^2 \quad (K=B, C, D) \quad (23.1)$$

国際収支の均衡（zK=0）という条件から，物価上昇率は国内超過与信の増加率と同一になる（pK=xK）．従って，式 (23.1) は次のようになる．

$$V_K|\text{float} = x_K{}^2+\gamma(x_K-w_K+\theta_K)^2 \quad (23.2)$$

この目的関数を最小化する x_k は，次のようである．

$$x_K = \frac{\gamma}{1+\gamma}(w_K - \theta_K) \tag{23.3}$$

従って，予想損失は，次のように導出することができる[14]。

$$V_K|\text{float} = \frac{\gamma}{1+\gamma}(w_K - \theta_K)^2 = \frac{\gamma}{1+\gamma}[(1+\gamma)\alpha_K - \theta_K]^2 \tag{24.1}$$

$$E[V_K|\text{float}] = \gamma(1+\gamma)\alpha_K^2 + \frac{\gamma}{1+\gamma}\sigma_K^2 \tag{24.2}$$

式 (24.2) で示すように，変動為替制度下では，他国の賃金上昇率などの影響をすべて為替の変化によって吸収するので，外部衝撃から解放されると言える。

※日本語翻訳は姜鎮旭が担当し，塩見英治が監修した。

参 考 文 献

Ding, Yibing (2006), "Chinese Perspective of East Asian Exchange Rate Coordination", *East Asian Monetary Cooperation and China's Perspective*, Beijing.
Zhang, Bin and Fan He (2006), "Is ACU Attractive to East Asian Economies? — The Case of China", *East Asian Monetary Cooperation and China's Perspective*, Beijing.
Chai, Hee-Yul and Yeongseop Rhee (2005), "Financial and Monetary Cooperation in East Asia in light of the European Experience", the 3rd conference of EUSA Asia-Pacific, Multilateralism and Regoinalism in Europe and Asia-Pacific, Keio University, Tokyo, December 8–10.
Chey, Hyoung-kyu (2008), "A Political Economic Critique on the Theory of Optimum Currency Areas and the Implications for East Asia", *Institute for Monetary and Economic Research*, The Bank of Korea, No. 326.
EAMC Forum, "Options for Monetary and Exchange Rate Cooperation in Asia", International Conference, NEAR Foundation, 2007.
Eichengreen, Barry (2001), "Hanging Together? On Monetary and Financial Cooperation in Asia" the World Bank conference on East Asia after the crisis.
——— (2007), "Fostering Monetary and Exchange Rate Cooperation in East Asia" EAMC (East Asia Monetary Cooperation) Forum International Conference.
Gao, Haihong (2006), "Monetary Cooperation in East Asia: How Far Can East Asin Countries Go?", *East Asian Monetary Cooperation and China's Perspective*, Beijing, August 24.

---

14) $x_K^2 + \gamma(x_K - w_K + \theta_K)^2 = (1+\gamma)x_K^2 + \gamma(w_K - \theta_K)^2 - 2x_K\gamma(w_K - \theta_K)$
$= (1+\gamma)(\frac{\gamma}{1+\gamma})^2(w_K - \theta_K)^2 + \gamma(w_K - \theta_K)^2 - 2\frac{\gamma^2}{1+\gamma}(w_K - \theta_K)^2 = \frac{\gamma}{1+\gamma}(w_K - \theta_K)^2$
一方，$w_K = E(p_K) + \alpha_K = E(x_K + z_K) + \alpha_K = E(x_K) + \alpha_K = \frac{\gamma}{1+\gamma}w_K + \alpha_K...$
したがって $w_K = (1+\gamma)\alpha_K$.

Lee, Kyung Tae and Deok Ryong Yoon (2007), "A Roadmap for East Asian Monetary Integration: The Necessary First Step", *Working Paper 07–04*, KIEP.

Kim, Tae-Jun, Jai-Won Ryou and Shinji Takagi (2005), "Regional monetary integration in the presence of two large countries: What modality makes sense for East Asia?", *Japan and the World Economy*, No. 17, pp. 171–187.

Kim, Tae-Jun, Jai-Won Ryou and Yunjong Wang (2000), "Regional Arrangements to Borrow: A Scheme for Preventing Future Asian Liquidity Crises", *Policy Analysis 00–01*, KIEP.

Moon, Woosik, Yeongseop Rhee and Deokryong Yoon (2006), "Regional Currency Unit in Asia: Property and Perspective", *Working Paper 06–03*, KIEP.

Obstfeld, M. and K. Rogoff (2000), "Do We Really Need a New International Monetary Compact?", *NBER Working Paper no. 7864*.

Oh, Yonghyup, D. R. Yoon and T. D. Willett, eds. (2004), *Monetary and Exchange Rate Arrangement in East Asia*, KIEP.

Park, Yung Chul (2007), "Wither Financial and Monetary Integration in East Asia?, *Asian Economic Papers*, 6 (3), 95–131.

―――― and Dooyong Yang (2006), "Prospects for Regional Financial and Monetary Integration in East Asia", *policy analysis*, 06–06, KIEP.

Rogoff, K. (1985), "Can International Monetary Policy Coordination Be Counter-productive?", *Journal of International Economics*, 18, pp. 199–217.

Rose, A. K. (2000), "One Money, One Market: Estimating the Effect of Common Currencies on Trade", *Economic Policy* 30, pp. 435–448.

―――― and C. Engel (2000), "Currency Union and International Integration", *NBER Working Paper*, No. 7872.

Ryou, Jai-Won and Yunjong Wang (2004), "Monetary Cooperation in East Asia: Major Issues and Future Prospects", 『対外経済研究』 8 (1), pp. 3–34.

Wyplosz, C. (2001), *Regional Exchange Rate Arrangements: Lessons from Europe for East Asia*, mimeo.

第2部

経済協力と経済統合

第 6 章

日本の新しい貿易政策
——GATT・WTO から FTA へ——

はじめに

　日本は 21 世紀に入り，東南アジア諸国連合（ASEAN）諸国を中心として，自由貿易協定（FTA）交渉を積極的に進めてきた。現時点では，日本はシンガポールを初めとして 10 カ国との 2 国間 FTA および ASEAN との地域 FTA の合計 11 の FTA を発効させており，インド，豪州などと 5 つの FTA の交渉を進めている。FTA は特定の国々との間で関税・非関税障壁を撤廃する特恵貿易政策であり，世界貿易機関（WTO）の基本原則である最恵国待遇（WTO メンバーを同等に扱う）に反する取り決めである。日本は 1956 年に WTO の前身である関税と貿易に関する一般協定（GATT）に加盟して以来，GATT および WTO のメンバーとして最恵国待遇の下で進められる多角的貿易自由化交渉を中心とした貿易政策を実施してきた。この点を認識するならば，近年における日本の積極的な FTA 締結は日本の貿易政策の大きな転換を意味すると解釈できる。

　以上のような認識を踏まえて，本章では，日本の FTA 戦略について，さまざまな観点から検討する。第 1 節では，日本の FTA の推移や特徴について概観する。第 2 節では，日本の FTA 戦略の動機について分析し，第 3 節では FTA を締結するにあたっての障害を明らかにする。第 4 節では，これまで日本が発効

させてきた FTA を量および質の観点から検討すると共に FTA の貿易および直接投資への影響を分析する。最後の第5節では，今後，日本が FTA 戦略を推進するにあたって採るべき戦略を提示する。

1. 日本の FTA の進展と特徴

表 6–1 に日本の FTA の発効および交渉状況が示されている[1]。日本にとって初めての FTA はシンガポールとの FTA であり，2002 年 11 月に発効した。その後，ASEAN 諸国を中心として FTA 交渉を行い，2010 年 8 月時点では，シンガポール，メキシコ，マレーシア，チリ，タイ，インドネシア，ブルネイ，フィリピン，スイス，ベトナム（発効順）の 10 カ国との 2 国間 FTA と ASEAN 地域との FTA を発効させている。交渉開始から発効までの期間についてはチリとの FTA が 1 年 7 カ月と最短であるのに対して，フィリピンは交渉合意からフィリピン議会での批准に時間がかかったことから 4 年 10 カ月と最長であった。ただし，韓国との FTA 交渉は 2003 年 12 月に始まったものの，交渉枠組に関して意見が対立したことで 2004 年 11 月に中断し，その後，交渉は再開されていない。発効している 11 件の FTA のうち，10 件は 2005 年以降に発効しており，その中でも，6 件は 2008 年以降ということで，日本の FTA はここ数年で急増したことが分かる。交渉中の FTA は韓国も含めて，湾岸協力会議 (GCC) 諸国，インド，豪州，ペルーとの FTA で 5 件である。

構想あるいは検討段階にある FTA は日米 FTA や日欧州連合 (EU) FTA などいくつかあるが，政府レベルでの検討段階にある FTA としては，ASEAN 10 カ国と日中韓による東アジア FTA (EAFTA) および ASEAN 10 カ国，日中韓，インド，豪州，ニュージーランドの東アジアサミット加盟国による東アジア包括的経済連携協定 (CEPEA) がある。日本が加盟国の候補となっている FTA にはアジア太平洋経済協力 (APEC) 加盟エコノミーによるアジア太平洋自由貿易地域 (FTAAP) がある。同構想は 2006 年に米国により提案されたもので，米国では政府レベル

---

1) FTA については，浦田・石川・水野 (2007) や椎野・水野 (2010) などを参照。

表 6–1　日本の FTA

	相手国・地域	交渉開始年月	調印年月	発効年月
発効済み	シンガポール	2001 年 1 月	2002 年 1 月	2002 年 11 月
	メキシコ	2002 年 11 月	2004 年 9 月	2005 年 3 月
	マレーシア	2004 年 1 月	2005 年 12 月	2006 年 7 月
	チリ	2006 年 2 月	2007 年 3 月	2007 年 9 月
	タイ	2004 年 2 月	2007 年 4 月	2007 年 11 月
	インドネシア	2005 年 7 月	2007 年 8 月	2008 年 7 月
	ブルネイ	2006 年 6 月	2007 年 6 月	2008 年 7 月
	フィリピン	2004 年 2 月	2006 年 9 月	2008 年 12 月
	ASEAN	2005 年 4 月	2008 年 4 月	2008 年 12 月
	スイス	2007 年 5 月	2009 年 2 月	2009 年 9 月
	ベトナム	2007 年 1 月	2008 年 12 月	2009 年 10 月
交渉中	韓国	2003 年 12 月*		
	湾岸協力会議（GCC）	2006 年 9 月		
	インド	2007 年 1 月		
	豪州	2007 年 4 月		
	ペルー	2009 年 5 月		

（注）＊韓国との FTA 交渉は 2004 年 11 月より中断。
（出所）外務省資料。

での検討が進められている。日本では民主党の成長戦略の中で，2020 年までに FTAAP を設立するということが謳われている。日本，中国，韓国の北東アジア 3 カ国による FTA については，産官学による共同研究が 2010 年 5 月に開始された。

　これまでの日本の FTA の相手国についてはいくつかの特徴がみられる。1 つは ASEAN 諸国が中心になっていることである。既に指摘したように，ASEAN 諸国全体と FTA を締結しているだけではなく，ラオス，カンボジア，ミャンマー以外の 7 カ国については 2 国間 FTA も締結している。第二の特徴としては，中南米諸国の中で FTA を積極的に進めており同地域での FTA ハブとなっているメキシコとチリが含まれていることがあげられる。第 3 の特徴としては，資源供給国との FTA が多いことである。交渉中の FTA を含めれば，インドネシアや GCC 諸国は日本にとって重要な原油・天然ガスの供給国であり，豪州は石炭，鉄鉱石，チリおよびペルーは銅鉱石などの鉱物資源の供給国である。

日本のFTAは伝統的なFTAに含まれる加盟国間の関税や非関税障壁の撤廃だけではなく，直接投資の自由化，貿易及び直接投資の円滑化，人材育成や中小企業振興などのさまざまな分野における経済協力を含むものが基本である。そのような包括的な枠組みであることから，日本政府はFTAではなく経済連携協定（EPA）と呼んでいる。EPA構築の背景にはモノだけではなくヒト，カネ，情報が国境を超えて自由かつ活発に移動するようになった国際経済環境の下で，経済的に大きなメリットをもたらすためには，広範囲に及ぶ包括的な取り決めが必要であるという認識がある。さらに，発展途上にある国々に対しては，経済協力を提供することで経済成長を後押しすることが重要であるという認識がある。もちろん，それらの国々の経済が成長すれば，日本からの輸出が増加し，日本経済の成長が期待できるのである。

2. 日本のFTA戦略

日本にとっての最初のFTA交渉は2001年1月に始まったシンガポールとの交渉であるが，2005年になって開始されたASEANとの交渉開始に至るまでは，確固たるFTA戦略がない状況で交渉が行われていたと思われる。実際，シンガポール，メキシコ，チリなど多くのFTAについては日本が積極的に働きかけたというよりは，相手国からの要請に応える形で交渉が開始された。そのような状況の中で，日本はASEANとのFTAについては積極的に働きかけたが，その背景には，中国がASEANとのFTA交渉を迅速に進めていることがあった。東南アジアでの経済・政治において重要な位置にあるASEANとの関係を緊密にすることは，東アジア地域全体での影響力の拡大に極めて重要なのである。本節では日本のFTA推進にあたってのさまざまな動機を検討する。初めに日本政府により発表された日本のFTA戦略を検討し，続いて，さまざまな情報を基に日本のFTAの動機を考えることにしよう。

2–1 日本政府の見解

日本政府の中でFTA戦略について最初に文書を発表したのは外務省であった。

外務省（2002）は「日本のFTA戦略」という文書を発表し，FTAについての見解を記した。外務省（2002）によると，FTAを推進することで経済上と政治外交上メリットを獲得することが可能であるとしている。経済上のメリットとしては，輸出入市場の拡大，より効率的な産業構造への転換，競争条件の改善の他，経済問題の政治問題化を最小化し，制度の拡大やハーモニゼーションをもたらすことなどがあげられている。他方，政治外交上のメリットとしては，世界貿易機関（WTO）交渉における交渉力の増大，FTA交渉によるWTO交渉の加速化，FTA相手国との政治的信頼の醸成，日本のグローバルな外交的影響力・利益の拡大などがあげられている。同文書では，目指すべきFTAの内容としては，包括性，柔軟性，選択性をあげている。具体的には，貿易自由化だけではなく，投資自由化，貿易・投資円滑化，経済協力などを含む包括的なFTAを目指すべきであるが，FTA相手国によってその内容は柔軟かつ選択的に捉えるべきであるとしている。さらに，FTA相手国の選択にあたっては，経済的基準，地理的基準，政治外交的基準，現実的可能性による基準および時間的基準などを論じている。これらの基準でFTA相手国を選別するならば，韓国やASEANなどの東アジア諸国の優先順位は高いとしている。

日本政府においては，2004年3月にFTA政策の基本方針などを検討するために経済連携促進関係閣僚会議が設立された。同会議は同年12月に基本方針を発表した。内容は外務省（2002）の文書と似ているが，同文書と比べると簡潔な内容になっている[2]。具体的には，経済連携協定は経済のグローバル化が進む中，WTOを中心とする多角的な自由貿易体制を補完するものとしてわが国の対外経済関係の発展および経済的利益の確保に寄与すると同時に，わが国および相手国の構造改革の推進にも資するものであると位置づけている。また，地域としては東アジアを重視する一方，内容としては貿易だけではなく投資を含めるべきであるとしている。

2009年9月にそれまでの自由民主党に替わって民主党政権が発足したが，選

---

[2] 首相官邸，http://www.kantei.go.jp/jp/singi/keizairenkei/kettei/041221kettei.html

挙公約ではアジアを初めとして各国とのEPA・FTAの交渉を積極的に進めるとともに，投資規制の自由化・緩和などの国内制度改革に一体的に取り組むということが謳われている。より詳細なEPA・FTA戦略については2010年秋を目処に発表するとしている。

2–2 海外市場へのアクセス拡大

　日本のFTA戦略の1つの動機は，日本企業による海外市場へのアクセスの拡大である。世界におけるFTAの数が急速に増大する中で，21世紀の初めまで日本はFTAを結んでいない数少ない国の1つであった。その結果，日本企業は世界の多くの市場で差別的な扱いを受け，輸出市場を失いつつあった。そのような不利な状況に対処するために，FTAが選択された。FTAは加盟国間の貿易障壁を取り除くことから，日本企業にとって多くのビジネス・チャンスをもたらすのである。

　日本企業にとって輸出市場の拡大はWTOの下での多角的貿易自由化によっても達成できる。しかし，WTOでの多角的貿易交渉は遅々として進んでいない。そのような状況においては，FTAが輸出市場拡大のために有効な選択肢となる。FTAによる海外市場へのアクセスを拡大するという動機は，日本のすべてのFTAに当てはまるが，この動機が最も明確に現れている例としてメキシコとのFTAがある。日本がメキシコとのFTAの交渉を始める前の状況では，米国企業は北米自由協定（NAFTA），欧州企業はEU・メキシコFTAにより，これらの企業によるメキシコ市場への輸出に際しては関税が課されていなかった。一方，日本企業がメキシコへ輸出する際には関税が課されていた。実際，メキシコの平均関税率は2001年時点で16.2%と非常に高率であったことから，日本企業はメキシコ市場において著しく不利な状況におかれていた[3]。また，日本企業によるメキシコの政府調達市場への参入問題もあった。メキシコはWTOでの政府調達協定に調印していないことから，FTA加盟国にのみ政府調達市場

---

[3] 世界銀行，World Development Indicators 2003 CD-ROM より。

表 6-2 東アジア諸国における貿易自由化の進展

		一次産品 単純平均	一次産品 輸入額ウェイトによる加重平均	工業製品 単純平均	工業製品 輸入額ウェイトによる加重平均	全商品 単純平均	全商品 輸入額ウェイトによる加重平均
中国	1992 年	35.1	14.1	40.6	35.6	40.4	32.1
	2007 年	9.0	3.0	8.9	6.3	8.9	5.1
インドネシア	1989 年	18.2	5.9	19.2	15.1	19.2	13.0
	2007 年	6.6	2.5	5.8	4.4	5.9	3.9
韓国	1988 年	19.3	8.3	18.6	17.0	18.6	14.0
	2007 年	20.8	11.5	6.6	4.8	8.5	8.0
マレーシア	1988 年	10.9	4.6	14.9	10.8	14.5	9.7
	2007 年	2.8	2.3	6.5	3.4	5.9	3.1
フィリピン	1988 年	29.9	18.5	27.9	23.4	28.3	22.4
	2007 年	6.0	5.2	4.8	2.7	5.0	3.6
シンガポール	1989 年	0.2	2.5	0.4	0.6	0.4	1.1
	2007 年	0.2	0.0	0.0	0.0	0.0	0.0
タイ	1989 年	30.0	24.3	39.0	35.0	38.5	33.0
	2006 年	13.6	2.1	10.4	5.8	10.8	4.6

(出所) 世界銀行, World Development Indicators 2005 及び 2009, 出版物。

を開放するという差別的な措置をとっている。メキシコとFTAを結んでいないことから，同国への政府調達市場へのアクセスを阻まれた日本企業は日本政府に対しFTAを締結するように強く要請したのであった。

　日本のFTA戦略の1つの特徴として将来において高い成長が予想される東アジアへの重視があげられる。東アジア諸国は近年貿易自由化を進めてきたが，依然として高い関税によって保護されている市場も多い（表6-2）。これらの国々とFTAを締結することで日本企業による輸出が促進される。ASEAN諸国とは全体でFTAを締結しているが，ASEANの中の7カ国とは2国間FTAも締結している。日本は先進国であることからガット24条に抵触しない自由化度の高いFTAを締結することが義務づけられており，ASEAN後発メンバーのラオス，カンボジア，ミャンマーなどとはそのようなFTAを締結することが難しいと考えて，シンガポールなどのASEAN先発メンバーと2国間FTAを締結する道を選

択した[4]。その後，中国や韓国などが ASEAN 後発メンバーも含めた ASEAN 全体との間で FTA を締結したこと，さらには以下で説明するような累積原産地規則のメリットを活用できるように，日本は改めて ASEAN 全体との FTA を締結した[5]。

累積原産地規則について，ASEAN のメンバーであるタイに生産拠点を持っている日本の自動車生産企業を想定して説明しておこう。タイの生産拠点では日本から部品を輸入して自動車を組み立て，それを ASEAN のメンバーであるインドネシアに輸出しているとしよう。日本が ASEAN 全体と FTA を締結していない状態では，タイで組み立てられた自動車は，その生産に使われた部品は日本製ということで，タイ製とは看做されず，インドネシアに輸出された場合にインドネシアの輸入関税が課せられる。ところが，日本が ASEAN 全体と FTA を締結し，累積原産地規則が適用されるようになると，日本製の部品も ASEAN 製と看做されることから，タイから自動車がインドネシアに輸出された場合には輸入関税は免除される。以上の説明から分かるように，ASEAN 全体との FTA の締結は ASEAN に拠点を持つ日本企業にとって効率的な生産を可能にすることからメリットをもたらすのである[6]。

日本企業の中には，直接投資によって海外子会社を設立し，海外で事業を行っている企業は多い。それらの企業は FTA によってビジネス環境が改善されることを期待している。東アジア諸国などの発展途上諸国では直接投資に対して厳しい規制が設けられており，日本企業の自由な活動が阻害されている場合が多

---

4) ガット 24 条には，FTA を締結するには，実質的にすべての商品を自由化しなければならないこと，などいくつかの条件を満たさなければならない。ただし，発展途上国についてはそれらの条件を満たす必要はない。WTO における FTA の位置付けなどについては，浦田・日本経済研究センター編 (2002) などを参照。

5) FTA は FTA 相手国の製品を免税という形で優遇する制度であることから，製品の原産地が相手国であるということを明らかにしなければならない。原産地の定義については，さまざまな定義があるが，それらについては経済産業省『不公正貿易報告書』などを参照のこと。

6) ASEAN は 1993 年に ASEAN 自由貿易地域 (FTA) を発効させており，ASEAN 加盟国間の貿易に関しては障壁が削減されている。

い。例えば，特定の分野については直接投資が禁止されているとか，また，直接投資が許可されていたとしても海外子会社への出資に関しては全体の資本金の一定割合以下でなければいけないといった出資比率に関する制限などがある。また，海外子会社の活動に関しても，輸出義務や技術移転義務が課せられたりする場合もある。このような外国企業の自由な活動を制限するような状況をFTAで対応することが期待されている。

2–3　日本における構造改革推進

　FTA推進のもう1つの要因は，少子高齢化が急速に進み，深刻な財政状況にあり，長期不況に陥っている日本経済を復活させるために不可欠な構造改革を推進することである。1990年代初頭のバブル経済の崩壊以来，日本経済は長期間にわたる不況に苦しんできた。90年代が「失われた10年」といわれるのはこのためである。戦後の所謂55年体制といわれる経済システムが高度経済成長に大いに貢献したことは間違いないが，近年そのシステムは制度疲労を起こしてしまい効力を失っている。多くの評者は，このシステムを一新するためには構造改革が必要であると考えている。

　第2次世界大戦後，日本は関税と貿易に関する一般協定（GATT）や経済協力開発機構（OECD）などの国際的な組織や米国などの外部からの圧力を利用して，貿易および直接投資自由化を進めると共に国内の構造改革を進めてきた。その結果，国内の製造業の競争力は格段に向上した。しかし，90年代後半以降，WTOの下での貿易自由化は前述したように難しくなった。

　かつては米国が日本に対して市場開放の圧力を強くかけてきたが，近年，米国による貿易自由化に対する圧力は弱まった。これは貿易に関する問題を解決する手段として，かつてのように2国間で処理するのではなく，強化されたWTOの下での紛争解決手段が使われるようになったことが原因である。また，米国にとって2国間貿易問題の矛先が日本から中国に変わった。

　WTOの多国的貿易交渉や米国を初めとした外国からの外的な圧力が欠如している状況に直面した日本は，構造改革を推進するため1つの手段としてFTAに

関心を抱くようになった。実際，日本は，EU や NAFTA が FTA の枠組みの中で，構造改革を進めているという状況を認識したことから，FTA を好ましい政策であるとみなすようになったと思われる。

2–4　東アジアにおける経済成長，政治・社会の安定の推進

　日本にとって東アジア経済の重要性が拡大している。日本経済の順調な成長には東アジア経済の成長，社会および政治の安定が大きな役割を果たすようになってきた。日本経済にとっての重要性を増している東アジア経済ではあるが，さらなる経済成長の実現にあたっては，輸出や投資の拡大，人材育成やインフラ整備など多くの課題を乗り越えなければならない。それらの課題を克服し安定的な経済成長を実現させるには，日本との FTA が大きな意義を持つ。具体的には，日本との FTA を通して日本への輸出の拡大や日本からの投資の拡大が期待できる。もちろん，日本への輸出の拡大に当たっては，後節で詳しく議論するように，日本は農産品などの輸入自由化を実施しなければならない。日本は以上のようなチャンネルを通して東アジア経済の成長を後押しすることが可能であり，その結果，東アジア経済が成長するとともに政治および社会の安定が推進されることを通じて日本経済にも好ましい影響を与えるという認識から，東アジア諸国との FTA に積極的になったのである。

　日本にとって東アジア諸国による順調な経済発展・成長の重要性についての認識が日本による CEPEA の提案の背後にある。前述したように，CEPEA は ASEAN＋6 による FTA であるが，中国が主導的な役割を果たしている ASEAN＋3 による東アジア FTA に対抗する形で 2006 年に提案された。日本は ASEAN＋6 の統合，つまり CEPEA の推進を知的に支援する組織として，2008 年に ASEAN＋6 をメンバーとした東アジア・ASEAN 経済研究センター (ERIA) を創設し，本部を ASEAN 事務局内に置いた。同センターは国際機関としての資格を認定され，地域統合の進展および課題に関する研究，アジア総合開発計画の策定，エネルギー・環境問題への対応などさまざまな活動を行っている。

2–5　資源確保・地域政策など

　多くの天然資源を海外に依存している日本としては，天然資源の安定的供給が経済活動を進めていく上で不可欠である。近年，新興国の急速な経済成長により天然資源に対する需要が急増し，その結果，資源獲得競争のような状況になっている。海外から資源を安定的に輸入するためには，資源輸出国と友好かつ相互に依存する関係を築いていくことが望ましい。例えば，日本が資源を輸入する一方，技術を輸出するといったような関係である。このような関係を築く手段としてFTAが使われるようになっている。日本のFTAの中で，天然資源の獲得を1つの目的にしていると考えられるものとして，発効したものではインドネシアやチリとのFTA，交渉中のものでは，豪州，GCC，ペルーとのFTAなどがある。インドネシアとのFTAについては，日本は原油，天然ガスの安定的供給を確保することを目指して，インドネシアから輸出を制限するような措置はとらないという文言を協定の中に含めることを希望したとされるが，その希望は受けいれられず，輸出制限をする必要が出てきた場合には速やかに通報するという扱いになった。

　FTAの動機としては，経済的な要因だけではなく，政治的あるいは地域政策的な要因もある。米国のFTAには，NAFTAのような主に経済的な利益を追求する目的のものもあるが，ヨルダンやイスラエルなど経済的利益よりも政治的関係を強化する目的とみられるものも多い。日本のFTAには経済的利益を追求するものが多いが，政治的な目的を実現するという要素を含んだものもある。例えば，豪州とのFTAの交渉開始にあたっては，イラクに派遣された日本の自衛隊の安全を現地に駐留するオーストラリア軍が監視してくれているという行動に対する日本側の感謝の念があったといわれている。また，東アジアにおける経済だけではなく政治面での影響力を維持・拡大することを1つの目的として，ASEAN＋6を加盟国としたCEPEAを日本が提案したことはすでに述べた。

2–6　日本にとっての経済的影響

　本節では日本がFTAを締結する動機について経済面での動機を中心に議論し

てきた。ここでは，FTA の経済的影響について経済モデルを用いたシミュレーション分析により得られた結果を用いて分析を進める。

FTA の経済的影響に関する分析にあたっては，一般均衡 (CGE) モデルを用いたシミュレーション手法を用いることが多い。CGE モデルは，現実の経済を市場機能の作用を中心にモデル化したものであるが，FTA の分析では，CGE モデルを用いて FTA が存在する場合の経済状況を作り出し，FTA が存在しない現在の状況と比較するという方法がとられる。近年では，比較的容易に CGE モデルを構築し分析することが可能になったことから，FTA 構想の分析では，必ずといってよいほど，CGE モデルが使われるようになっている。CGE モデルには数種類のものがあるが，米国のインディアナ州にあるパーデュー大学で開発された GTAP モデルが最も普及している。本節でも同モデルを用いた分析結果を検討することにする。

Kawasaki (2003) は 1997 年のデータを用いて東アジア諸国を加盟国とするさまざまな FTA の経済的効果を国内総生産 (GDP) について分析した[7]。表 6–3 には日本の中国，韓国，インドネシア，マレーシア，フィリピン，タイとの 2 国間 FTA による日本経済への影響が示されている。同表の分析結果によると，2 国間 FTA は日本の GDP を 0.03–0.45％ 押し上げる効果をもつことが推定されている。この数字は極めて小さいように見えるが，近年の日本の GDP 成長率は 0 から 1％ 前後であることを勘案するならば，FTA の影響はかなり大きいものであることが分かる。この分析では通常の分析で考慮される FTA による資源配分の効率性の向上といった，所謂，静態効果だけではなく，資本蓄積や競争激化による効率向上といった動態効果が含まれていることから，他の多くの分析結果よりも大きな数値が示されている。ただし，FTA により直接投資が喚起されることが想定されるが，このモデルには直接投資は含まれていないことから，この点については過小評価されている可能性が高い。

CEPEA (2009) では，2 国間 FTA ではなく，ASEAN＋3 および ASEAN＋6 の

---

7) 消費者への影響について分析する際に用いる経済厚生水準で計測しても，GDP における影響と似たような結果になっている。

表6–3 FTA の日本経済への影響（%）

	二国間 FTA 相手国					
	中国	韓国	インドネシア	マレーシア	フィリピン	タイ
実質 GDP	0.45	0.12	0.06	0.08	0.03	0.24
穀物	−2.50	−0.32	−0.94	−0.30	−0.16	−3.97
肉類	−3.05	−1.54	0.15	−0.08	0.03	−0.60
他の一次産品	−1.34	−0.15	−0.15	−0.09	−0.35	−0.06
鉱物	−0.41	−0.15	0.26	−0.19	−0.01	−0.04
食品加工	−0.57	−0.22	−0.30	−0.06	−0.03	−0.37
繊維製品	4.54	−0.20	−0.04	−0.14	0.03	0.06
皮革製品	−9.95	−1.74	−1.24	−0.34	−0.09	−0.03
化学製品	0.36	0.18	0.06	0.00	0.02	0.19
金属製品	0.30	0.30	0.17	0.09	0.04	0.28
輸送機械	0.38	−0.67	0.75	1.25	0.27	0.89
他の機械	0.22	0.33	−0.05	−0.26	−0.02	−0.11
他の工業製品	0.07	−0.03	−0.09	−0.09	0.00	0.00
建設	0.02	0.01	−0.01	0.02	0.00	0.00
商業・輸送サービス	−0.06	−0.02	0.00	−0.02	0.00	0.01
他の民間サービス	−0.05	−0.01	−0.01	−0.01	0.00	0.00
公共サービス	−0.04	0.00	−0.01	0.01	0.00	0.00

（注）産業別項目については生産量の変化が示されている。
（出所）Kawasaki (2003)。

枠組みによる FTA の効果について 2004 年のデータを用いて分析を行った。その結果では，日本の GDP は各々 0.63％ と 0.64％ 引き上げられることが示された。これらの結果は 2 国間 FTA よりも多国間 FTA が大きな経済的メリットをもたらすことを示している。

　FTA は日本経済全体にとっては GDP の上昇という利益をもたらすことが分かったが，産業別に見ると生産拡大という形で利益を得る産業がある一方，生産の縮小を余儀なくされる産業があり，FTA の影響にはバラツキがある（表6–3）。FTA 相手国によって，日本の産業に与える影響は異なるが，大雑把にいって，穀物を初めとする一次産業の生産は縮小するのに対して，製造業，その中でも特に機械産業の生産は上昇する。このような FTA による各産業の生産に対する異なった影響はそれらの産業の競争力の違いを反映している。日本の機械産業

は競争力があるのに対して，一次産業は競争力に乏しい。他方，各産業の競争力の違いは日本経済における生産要素や天然資源の賦存状況を反映している。日本には機械産業における生産に必要な能力の高い人材や資本が豊富に存在するのに対して，一次産業における生産に必要な天然資源に乏しい。

3. FTA 促進に向けての障害

　日本は FTA を推進することで，経済的利益を獲得することができる。また，東アジア諸国との FTA は東アジア諸国の経済成長を促し，同地域における経済的繁栄，政治的および社会的安定への貢献が可能となる。東アジア諸国の経済的繁栄，政治的・社会的安定は日本からの輸出拡大や東アジアから日本への観光客の増加などを通じて日本経済の成長に繋がる。このように好ましい効果が期待できる FTA であるが，FTA 締結にあたってはさまざまな障害が存在する。本節では，FTA 締結にあたっての経済的および非経済的障害を検討する。

3-1　経済的障害

　前節での FTA の日本経済への分析結果から分かるように，FTA によって被害を受ける産業は一次産業である。その中でも特に農業が深刻な影響を受けることが予想される。そのような状況を避けるために農業部門は長い間保護されてきた。OECD (2010) による農家の収入に対する農家へのさまざまな形の支援金額の割合の推計によると，2007-09 年平均では日本は 47% で，OECD 諸国の平均値である 22% よりもかなり高くなっている。

　日本の農産品に対する平均関税率は，他の農産品輸入国と比べると低い水準にある。WTO (2009) に示されている 2008 年の統計によると，日本の農産品に対する平均実行関税率は 23.6% で韓国 (49%)，ノルウェー (59%)，スイス (44%) よりも低い。ただし，日本の農産品保護で特徴的な点はいくつかの農産品に対して関税や数量規制などさまざまな措置を用いて手厚い保護を提供していることである。例えば，さまざまな措置による影響を従価税換算した値によると，コメ (778%)，小麦 (252%)，大麦 (256%)，乳製品 (218%)，でん粉 (583%)，雑

豆 (403%), 落花生 (737%), こんにゃく芋 (1706%), 生糸 (245%), 砂糖 (379%), 牛肉 (50%), 豚肉 (120–380%) となっている[8]。これらの農産品の中でも，コメの自由化が最も難しいといわれているが，その理由としてはコメが日本全国広い範囲で生産されていることと，農業生産においてコメ生産が大きな位置を占めているからであると思われる。

農業は日本の GDP の 1.5% (2006 年), 被雇用者の 4.2% (2007 年) と日本経済に占めるシェアは僅かであるが，政治的な影響力は極めて大きい。数字だけでみると農業の政治力の大きさを理解することは難しいが，その背景には，農民，農協のような農業団体，政治家，官僚，さらに農業と密接に関係する農業機械産業や建設業などの利権が絡んでいる。政治家は選挙で，これらの組織に関係する人々からの支援を獲得することに熱心であり，そのために，農業保護を続けるのである。例えば，農協は飼料，肥料，農機具などの供給，農産品の販売，資金貸し付けなど農業に関するさまざまな分野で独占的地位を用いて利益を上げているが，そのような状況が継続するように保護を求める。政治家は保護を提供する見返りに農協関係者の支持を取り付けるのである。

農林水産省による食料安全保障，自然環境保全，農村文化の継承など（いわゆる，農業の多面的機能）を実現するための農業保護の議論は国民にはある程度支持されているように思われるが，経済学的観点からは正当性に欠ける議論である。農業の多面的機能を実現するにあたって最適な政策は農業保護ではなく，多面的機能の1つ1つに対して最も効果のある政策を適用することが望ましい。例えば，自然環境保全を実現する最適な政策は農産品の輸入を制限する保護政策ではなく，植林などを行うための補助金供与である。輸入保護政策が食糧安全保障（食料自給率の向上）を実現するにあたって効果的ではないということは，数十年も継続的に実施されてきた輸入保護政策の下で，食料自給率が大きく低下したことから明らかである。実際，輸入保護政策が継続されてきたことが，食料自給率の低下をもたらしたと考えられる。

---

8) 本間 (2010) による。

農業自由化は実際にFTA交渉を進めるにあたって大きな障害となってきた。日本・シンガポールFTAでは日本はシンガポールからほとんど農産品を輸入していないにもかかわらず，日本は農産品を自由化から除外した。日本・メキシコFTAの交渉では，豚肉を初めとして，さまざまな農産品の輸入自由化が大きな問題となった。他の国々とのFTA交渉でも農産品の輸入自由化が厳しい議論となった。現在，交渉中のペルーとのFTAでは魚，豪州とのFTAでは酪農製品や砂糖などの自由化が障害になっており，交渉が難しくなっている。

農業に対する手厚い保護政策の継続は日本のFTA推進を難しくするだけではなく，労働や資本などの生産要素の非効率的使用を継続させることで，日本経済の復活および将来における成長を難しくすることを理解しておかなければならない。

3-2 非経済的障害

非経済的障害について議論しよう。日本が東アジア諸国とのFTAを構築する場合には，政治，安全保障問題，さらには歴史問題などが障害になっている場合もある。日本や韓国は米国との間に安全保障の協力関係を築いているが，この協力関係に中国は加わっていない。具体的には，台湾問題をめぐっての見方の対立が大きい。したがって，日本が中国とのFTAを構築することは難しいとする見方もある。

日本にとって中国や韓国とのFTA設立にあたっては，歴史問題も障害になっている。中国や韓国とのFTAを進めるにあたり，日本は第2次大戦中にこれらの国々（中国についてはその一部）を植民地化したという歴史的な問題を抱えている。植民地支配を受けていた時代の悲惨な経験を今も鮮明に覚えている人々にとって日本のイメージは決して良いものではなく，その事がFTAなどの協力関係を築きにくくしている。ただし，日中と比べて日韓の間では，日本では小渕恵三首相，韓国では金大中が大統領であった時には，比較的に良好な関係が作り出されていた。これには2つの理由があった。1つは歴史的な問題について政治指導者同士の和解が成されている事である。もう1つは両国間に緊密な経

済的・社会的協力関係を築くことの重要性が相互に理解され始めていることである。日本が戦時中，韓国の人々に行った行為に対する小渕首相の謝罪を韓国の金大統領はその強い政治的指導力をもって受け入れ，それにより和解が成立した。緊密な経済的・社会的連携の必要性への認識が高まっているのは経済成長が実現したことにより，人々が両国の関係に対して，それまでの過去にばかり捕われていた姿勢から未来を見据えたものへと変化させてきていることが重要な理由である。このことはFTA締結には政治的指導力と経済成長が重要な要因である事を示している。その後，文化面での関係は継続的に良好であるが，日本の小泉首相と韓国の盧武鉉（ノムヒョン）大統領の時代には政治的関係が悪化したが，韓国では李明博大統領に交代し，日本では政権が自由民主党から民主党に交代してからは，政治的にも良好な関係が続いている。現時点では，政治面からの障害はそれほど大きなものにはなっていないと思われる。

4．日本のFTAの評価

本節では日本のFTAを他の国のFTAとの比較で評価する。初めに量的な側面，次に質的な側面から分析する。その後に，日本のFTAの貿易と直接投資の影響について検討する。

4-1　量的評価

日本は現時点（2010年9月12日）で11のFTAを発効させていることは既に述べた。その内訳は10の2国間FTAと1つのASEANとのFTAである。ASEANは10カ国が加盟しているが，そのうち7カ国と2国間FTAを発効させていることから，日本と何らかの形でFTA関係にある国の数は13カ国である。主要な国の発効済みFTAの数は，米国（17），中国（10），韓国（9），EU（30）となっており，欧米諸国よりも少ないが，FTAに対する関心を持つのが遅かった東アジアの主要国とは同じような状況である[9]。

---

9) WTOホームページによる。http://rtais.wto.org/UI/PublicSearchByMember.aspx

日本の貿易全体に占める FTA 発効済み国との貿易（輸出入）の割合（FTA カバー率）は 2009 年時点では 16.5%（2008 年時点では 15.9%）であった[10]。現在，交渉中の FTA を含めると FTA カバー率は 36.5% へと大きく拡大するが，それでも全体の 3 分の 1 である。日本にとっての大きな貿易相手国・地域である，中国，米国，欧州連合（EU）などとの FTA が締結されれば，日本の FTA カバー率は 90% 近くなる。2008 年時点で主要な国の FTA カバー率を見ると，米国（34.4%），EU（72.7%），メキシコ（82.3%），インドネシア（57.8%），タイ（54.2%）などが日本よりもかなり高いが，中国（10.2%），韓国（13.9%）は日本よりも低い数字となっている。ただし，韓国については調印している米国，仮調印している EU を含めると 35.3% まで上昇する。

4–2　質的評価

　初めに FTA の内容の包括性について比較しよう。日本の FTA は一般的に，財貿易の自由化のみならず，サービス，投資，知的財産権，競争など包括的な内容を含んでおり，他の先進諸国の FTA と比べても遜色ない。また，発展途上国の FTA については初めから包括的な内容を持つものは少なく，財貿易の自由化から始めて，段階的にサービス，投資等と内容を拡大していく傾向が強いことから，日本の FTA の方が包括的である。財・サービス貿易および投資の自由化と円滑化の包括性については，日本の FTA は他の先進諸国の FTA と同程度であり，途上国の FTA と比べるとかなり程度は高い。日本の FTA の 1 つの特徴は経済協力が含まれており，その内容が中小企業育成や人材育成など多岐にわたることである。日本の FTA の中で経済協力が重要な位置を占めている理由としては，日本の FTA 相手国として東アジアの発展途上国があり，それらの国々が経済協力に強い関心を持っているからである。

　以下では日本の FTA の質についての評価を財貿易，サービス貿易および直接投資の分野に関する取り決めの内容を検討することで行う。この分析は筆者が

10）　椎野・水野（2010）28 ページ。

表6–4　日本のFTAの自由化水準

	日本側	相手国側	往復	使用した貿易データ
シンガポール	94.7	100.00	約99	2005年
メキシコ	86.8	98.4	約96	2002年
マレーシア	94.1	99.3	約97	2004年（日），2003年（マレーシア）
チリ	90.5	99.8	約92	2005年
タイ	91.6	97.4	約95	2004年（日），2003年（タイ）
フィリピン	91.6	96.6	約94	2003年
ブルネイ	99.99	99.9	約99.9	2005年
インドネシア	93.2	89.7	約92	2004年5月〜2005年4月
ASEAN	93.2	約91	—	2006年（日），2005 or 2006年（ASEAN）
スイス	99.3	99.7	約99	2006年
ベトナム	94.9	87.7	約92	2006年

（資料）経済産業省『不公正貿易報告書』2010年版．

　主査を務めた経済産業研究所（RIETI）での「FTAの質に関する分析プロジェクト」で纏められた研究成果が基になっている．同プロジェクトでは，ASEAN自由貿易地域（AFTA），中国・ASEAN・FTA，米国・豪州FTA，豪州・ニュージーランド経済緊密化協定，チリ・韓国FTA，欧州自由貿易連合（EFTA），EU・メキシコFTA，日本・メキシコFTA，日本・シンガポールFTA，NAFTA，米国・シンガポールFTAの11のFTAを分析の対象とした．

　Cheong and Cho (2010) によれば，日本のFTAは他のFTAと比べると，自由化水準（全体の輸入に占める自由化された輸入の割合）は低い．特に農産品に関して自由化水準は極めて低い．さらに原産地規則が複雑になっており，FTA相手国からの輸入を制限する効果を持っている．表6–4に日本の発効したFTAについて自由化水準が示されているが，多くの日本のFTAでは，日本の自由化水準はFTA相手国の自由化水準よりも低い．日本は経済協力を提供することで自国の市場開放を低水準に留めておくことができた．具体的な例としては，マレーシアとのFTAでマレーシアは自動車市場の開放には反対であったが，日本側がマレーシアの自動車産業に対して技術水準の向上に貢献するような技術支援を提供したことで，マレーシアは同市場の自由化に合意したといわれている．このケースでは，日本はアメとムチを使ってFTA相手国の市場を開放したのである

から，結果として貿易の拡大に繋がり，双方にメリットをもたらしたと考えられる。他方，日本の農林水産省はこのアメとムチの方法を使って市場開放を回避した。つまり，農林水産省はFTA相手国に植物や動物の検疫能力の改善に貢献するような技術支援を提供することで，日本の農産品市場の開放を要求しないように説得したといわれている。実際，マレーシアとタイとのFTA交渉では，農林水産省がすばやく行動したことから工業製品に関する合意の前に農産品貿易に関する合意が達成された。

Ochiai 他 (2010) はFTAにおけるサービス貿易の自由化についての評価を行った。彼らは11のFTAを対象に分析を行ったが，サービス貿易における自由化水準に関しては，日本・メキシコFTAと日本・シンガポールFTAは，それぞれ，6位と8位であると評価した。日本のFTAは米国・豪州FTAなどの先進国同士のFTAと比べると自由化水準は低いが，発展途上国によるFTAよりも高い。サービス貿易には4つのモードがあり，各FTAにおいて自由化水準は異なっているが，平均値でみると日本のFTAにおけるサービス貿易に関する取り決めの質は中程度ということである。

直接投資についての取り決めに関してはUrata and Sasuya (2010) が分析をしているが，彼らの分析によると，日本・シンガポールFTAと日本・メキシコFTAは，11のFTAの中で，各々，3位と7位に位置づけられている。11のFTAについて個別の国ごとに評価を纏めた結果，8カ国の中で日本は4位であった。これらの結果から，サービス貿易と同様に，日本のFTAにおける直接投資の自由化については中程度と評価できる。

4-3 FTAの貿易と直接投資への効果

次に，日本のFTAの貿易と直接投資への効果についてみることにしよう。Ando (2010) は，統計の入手が可能な日本・シンガポールFTAと日本・メキシコFTAを対象にして分析した結果，過去のトレンドと比べて，FTAは貿易と投資を上昇させたことを明らかにしている。具体的には，日本とシンガポールとの貿易額は2001年から02年にかけて低下した後に，FTA発効後の2002年か

ら05年にかけて年間の貿易額は141億ドルから185億ドルへと大きく上昇した。日本とメキシコとの貿易額はFTA発効前の1996年から2004年にかけては年率13.5%で上昇したが，発効後の2005年には上昇率は24.1%に加速した。直接投資についても同様の上昇傾向が確認された。日本のシンガポールへの直接投資は2002年から03年にかけて550%も上昇し，また，日本のメキシコへの直接投資も2004年の200億円から2005年には690億円へと増加した。

上述したような全体の流れをFTA発効前後で比較するような分析は有益であるが，FTAの効果を厳密に分析することはできない。FTAの効果を分析するには，関税が撤廃された商品についての貿易の変化を検討しなければならない。シンガポールは自由貿易港として知られているようにほぼすべての商品に対して関税が課されていない。したがって日本・シンガポールFTA発効後においても，日本からシンガポールへの輸出については無税であり，同FTAの貿易への影響はないはずである。そこで数少ない有税品目であるビールについてみてみよう。シンガポールはビールに対しては4%の関税をかけているが，日本・シンガポールFTA発効後には日本からのビールに対する関税率が0%になった。シンガポールへの日本からのビールの輸入は2002年から04年にかけて20.3%上昇したが，その一因はFTAの影響であると思われる。日本・メキシコFTAに関しては，同FTA発効によってメキシコにより輸入自動車に対して課されていた50%の関税率が撤廃されたことで，メキシコの日本からの自動車輸入は2004年から05年にかけて36.5%上昇した。

グラビティ・モデルを用いた統計的分析の結果からは，日本からメキシコへの輸出はFTA発効後に統計的に有意な形で上昇したことが示されたが，日本からシンガポールへの輸出についてはそのような傾向は確認できなかった。FTA発効前の関税率について，メキシコでは極めて高いものであったがシンガポールではほとんどゼロであったことから，上述した統計分析の結果は，予想される影響と整合的である。つまり，FTAの貿易への効果は，FTA発効前の関税水準が高い場合においてのみ認められるということである。

FTAの貿易と直接投資への影響に関する比較的に大雑把な分析からは，FTA

が日本企業による FTA 相手国への市場機会の拡大にある程度寄与したことが認められた。ただし，その効果は期待されていたものよりも小いのではないかと思われる。FTA の影響がそれほど大きくない理由としては，日本企業は FTA をあまり活用していないことが原因である。Takahashi and Urata（2010）によれば，貿易を行っている 469 の日本企業を対象にしたアンケート調査から，日本・シンガポール FTA，日本・メキシコ FTA，日本・マレーシア FTA を活用している企業の割合は，それぞれ 6.4%，12.6%，5.5% と極めて低い。多くの日本企業がFTA を活用していない理由としては，FTA に関する情報がない，FTA 活用にあたって必要な原産地証明を取得する費用が高いといったような理由が指摘されている。FTA の活用を拡大させるためには，これらの課題に対処しなければならない。

おわりに──FTA 推進に向けて

日本をはじめとして東アジア諸国の多くは域内国との FTA の締結に積極的である。東アジア諸国の多くは東アジア全域に及ぶ FTA の締結を目標として掲げている。これが実現すれば，経済面では EU のような深化した地域統合につながるであろう。こうした期待の裏には地域統合は経済を豊かにし，政治的・社会的安定をもたらし，平和と繁栄につながるだろうとの認識がある。しかし，これまでの議論から，日本は 2 国間 FTA の形成でさえもさまざまな障害を乗り越えなければならない事は明らかであり，それが東アジア全域に及ぶ FTA ともなれば障害も多くなるだけではなく，複雑になる。そこで本節では，日本が FTA 推進に向けて取るべき対策について検討する。

FTA 締結において経済的に難しい問題は FTA により失業を余儀なくされる労働者に関するものである。解決策としては少なくても 2 つの方策が考えられる。1 つは給付期間を失業期間に限定した所得補償である。もう 1 つは，より生産的な職業への転職を促すために技術の修得などへの支援である。例えば，農業分野の自由化を含む FTA が締結された場合に予想される農業従事者の失業や転職問題を考えてみよう。農業従事者に関しては多くが高齢で転職が難しいとい

う実態を考慮すると，所得補償が現実的な対策と言える。

　農業従事者の問題とも関連するが，FTAによる自由化を実現するために，自由化に耐えうる競争力のある農業を育成するという見方もある。例えば，最大の問題であるコメの問題については，大規模で米作に専念している農家に対して所得補償を行い，競争力を強化するという前向きの農業政策も考えられる[11]。この政策により農地は統合され，農家の生産性は向上する。その結果，政府は価格維持にかかる費用を現行の水準よりも引き下げることが可能となる。その上，自由化により市場が開放されるので，消費者の負担は軽減され，FTAの障害も取り除かれるのである。

　農業部門の貿易自由化に取り組む上で，過去において実施された不適切な措置を忘れてはならない。具体的には，ウルグアイ・ラウンドにおいて米の輸入自由化に際して取られた措置である。日本政府は，米自由化への対策として農業に対して6兆円を供与したが，資金の大半は温泉の掘削や道路の舗装といった目的に使われ，農業分野の強化や農業従事者の能力向上などの目的には使用されなかった。FTAの促進にあたっては，競争力のある日本経済の構築にあたっての農業分野の役割を検討し，そのような農業を実現するにあたっての政策を構築し，その中でFTAでの農業自由化を考えなくてはならない。

　以上，日本がFTAを進めていく上での経済的障害を乗り越える措置を議論した。これらの措置の実現に当たっては，政策立案を担当する政治家がFTAの必要性を認識し，実現に向けて努力をしなければならない。そのためには，日本国民や政治家が，日本の未来について強い危機意識を持つ必要がある。そのような危機意識を持たなければ，FTA促進に当たって必要となる効果的な対策は期待出来ない。特に，東アジアとのFTAを進めるには，東アジアとの緊密な関係は東アジアに経済的繁栄と政治的・社会的安定をもたらし，それが日本の繁栄にとっても重要であることを認識する必要がある。

　日本国民が東アジアとの緊密な関係の重要性を認識するには，東アジアの人々

---

11)　この議論については，山下（2004）を参照されたい。

との相互理解を深めることが重要である。1つの効果的な方法は、あらゆるレベルでの人々の交流を促すことである。経済の相互依存が深まっていることから、ビジネスマンの相互交流はかなり進んでいる。政治家や一般の国民の相互交流をより活発化させる必要がある。日本の政治家はさまざまな機会を作って東アジアの人々や政治家と交流し意見交換をしなければならない。これまで日本の政治家や政府官僚は、アメリカや欧州を重視してきたが、今こそ、東アジア諸国との強い関係を築くべきである。また、一般国民については、なるべく若い世代の人々に重点を置きながら交流を進めることが好ましい。具体的には、交換留学制度や共同プロジェクトなどを通じて、学生や研究者などの交流を促すことが有効であろう。このような人々の交流を活発に行うことで、政治や歴史などの非経済的な障害を乗り越えることが可能になる。

　最後に、東アジアにおいて最も経済発展段階が進んでいる日本は、東アジアを包含するようなFTAの構築に向けてさまざまな貢献をしなければならない。東アジア諸国を加盟国とするような東アジアFTAが議論されるようになってきたが、日本は東アジアFTA構想に関する議論に対する知的な貢献および構想の具体化に向けて先導的役割を果たすべきである。また、FTAだけではなく、金融、エネルギー、環境問題など地域レベルでの問題に関しても主導的な役割を果たさなければならない。もちろん、それらの役割を果たすにあたっては、東アジア諸国との協力関係を構築すると共に活用していくことが重要である。

参 考 文 献

浦田秀次郎・石川幸一・水野亮編著（2007）『FTA ガイドブック 2007』日本貿易振興会。
浦田秀次郎・日本経済研究センター編（2002）『日本の FTA 戦略』日本経済新聞社。
外務省（2002）「日本の FTA 戦略」 http://www.mofa.go.jp/mofaj/gaiko/fta/policy.html
椎野幸平・水野亮（2010）『FTA 新時代：アジアを核に広がるネットワーク』ジェトロ。
本間正義（2010）『現代日本農業の政策課程』慶応義塾大学出版会。
山下一仁（2004）「直接支払で農業改革」『日本経済新聞』8 月 26 日。
Ando, Mitsuyo（2010）, "Impacts of Japanese FTAs/EPAs: Preliminary Post Evaluation," in Christopher Findlay and Shujiro Urata eds. *Free Trade Agreements in The Asia Pacific*, World Scientific, Singapore.

CEPEA (2009), *Phase II Report of the Track Two Study Group on Comprehensive Economic Partnership in East Asia (CEPEA)*, Japan External Trade Organization, Tokyo, Japan.

Cheong, Inkyo and Jungran Cho (2010), "Rules of Origin and Agricultural Trade Liberalization in Major Free Trade Agreements," in Christopher Findlay and Shujiro Urata eds. *Free Trade Agreements in The Asia Pacific*, World Scientific, Singapore.

Kawasaki, Kenichi (2004), "The Impact of Free Trade Agreements in Asia," RIETI Discussion Paper Series 03–E–018, RIETI, Tokyo, Japan.

OECD (2010), Agricultural Policies in OECD Countries: At a Glance 2010. http://www.oecd.org/document/27/0,3343,en_2649_33773_45538523_1_1_1_37401,00.html

Ochiai, Ryo, Philippa Dee, and Christopher Findlay (2010), "Services in Free Trade Agreements," in Christopher Findlay and Shujiro Urata eds. *Free Trade Agreements in The Asia Pacific*, World Scientific, Singapore.

Urata, Shujiro and John Sasuya (2010), "Analysis of the Restrictions on Foreign Direct Investment in Free Trade Agreements," in Christopher Findlay and Shujiro Urata eds. *Free Trade Agreements in The Asia Pacific*, World Scientific, Singapore.

WTO (2009), *World Tariff Profiles 2009*, Geneva, Switzerland.

第 7 章

韓国の立場からみた韓日中における経済統合の可能性

はじめに

　2007年のアメリカ発金融危機により，世界の各国では経済不況や貿易取引の減少などの問題が発生している。今回の経済危機は1997年の東アジア金融危機とは異なり，世界的な不況であるため，米国およびEUの経済回復が遅れると予想されている。かかる需要の減少を代替するために，とりわけ東アジアの域内取引の増大が，アジア各国のみならず，世界経済の回復のためにも求められている。その方策として東アジアの経済統合の必要性が高まっている。

　また，2009年10月に中国で開かれた韓国・日本・中国の首脳会談で，3カ国のトップは日本の鳩山総理が提唱する東アジア共同体構想の具体化への協力を確認している。さらに，同年にタイで開かれた韓日中の通商長官会議で，韓日中のFTAに関する産・官・学共同研究を2010年に韓国で開催することの合意がなされた。このように，韓日中の制度的経済統合に関する環境は整えられつつあると考えられる。

　韓日中の経済統合が実現すれば，3カ国のマクロ経済にプラスの効果があると予測される。しかし，韓日中の3カ国はさまざまな問題点を抱えており，経済統合の実現については現実的に極めて難しいとの意見が大多数をしめている。

以上の認識をもとに本章では，韓国のFTA政策と，すでに締結されたFTAの成果と問題点などを検討した上で，韓日中における経済統合の可能性とこれからの戦略について言及していきたい。

1. 韓国におけるFTA戦略と現状

1-1 韓国のFTA戦略

韓国は内需市場が小さいために，従来より対外市場を開拓する戦略を続けてきた。今日の対外経済政策の推進戦略も，国内市場の戦略的な開放を通じての産業構造の高度化および産業競争力の向上，積極的な海外市場の確保と拡大を基本目標にしている。かかる基本目標の達成のために2カ国協議であるFTAを中心とし，最近において停滞しているWTOを補完的に活用する戦略を推進している。

このような戦略のもと，韓国は他の国に比べてFTAの締結が遅れたこともあって，主要な取引相手国と積極的かつ同時多発的にFTAを推進しており，その結果，ある程度の成果をあげている。

初期の韓国のFTA政策は，他の国に比べて遅れを取り返すべく，できるだけ多くの国および地域とFTAを締結することに重点を置いたため，実績だけを重視する傾向にあった。これに比べ，現在では，実質的な市場開放の確保のため，巨大かつ先進経済圏とのFTAを優先しており，資源の安定的な確保のために，

表7-1 韓国のFTA推進現況

発効	署名	交渉中	共同研究
チリ（04.4） シンガポール（06.3） EFTA（06.9） ASEAN （商品07.6，サービス09.5，投資09.9） インド	米国（07.6） EU（09.10仮署名）	カナダ メキシコ GCC 豪州 ニュージーランド ペルー コロンビア	日本 中国 韓日中 MERCOSUR トルコ ロシア イスラエル SACU

（出所）www.fta.go.kr から作成。

戦略的にFTAを活用しているところに特徴がある。さらに，産業構造の高度化を重視して主に先進国とのFTAを通じて国内産業の高度化および製造業の競争力の向上をはかっており，対韓国FDIの可能性，技術移転の可能性，高付加価値の製造業の比重，サービス産業における寄与などを評価してFTAを推進している。

1-2　韓国のFTA締結の成果

韓国は2004年4月にFTAを初めてチリと締結した後，これまで，合計7つの国・地域とFTAを締結している。最近では，米国とEUなどの先進国とFTAの合意に至り，質の面でもかなり高い評価を得られているものと考える。すでに発効された4つの国・地域（チリ，シンガポール，EFTA，ASEAN）のFTAに関しても，貿易取引額のみならず，直接投資や人的交流などで高い水準の実績をあげたことを裏付ける調査結果が出ている。

表7-2のように，4つの国・地域とのFTAの締結とでは直前との対比で1.2倍から3.2倍の範囲の増加を示している。4つの国・地域に対する韓国からの輸出も，1.2倍から4.8倍の範囲で増えているのが分かる[1]。このような貿易取引額の大幅な増加が，専らFTAの効果によるものであるかどうかは断言できないが，少なからず影響があったものと思われる。すなわち，最近のアメリカ発金融危

表7-2　韓国のFTA発効以後における相手国との取引額（単位：億ドル）

	締結直前	1年目	2年目	3年目	4年目	5年目	締結直前対比
チリ	18.5	27.5	37.7	59.2	79.2	58.6	3.2倍
シンガポール	134.2	157.6	202.9	234.9	―	―	1.8倍
EFTA	35.6	41.8	61.7	―	―	―	1.7倍
ASEAN	583.6	729.9	699.8	―	―	―	1.2倍

（注）チリのFTA締結直前の取引額は03.4月—04.3月，シンガポールは05.3月—06.2月，EFTAは05.9月—06.8月，ASEAN（タイを除く）は06.6月—07.5月が基準
（出所）三星経済研究所（2009），『韓国の既締結FTAの成果と今後の先決課題』，3ページ。

---

1)　三星経済研究所（2009），『韓国の既締結FTAの成果と今後の先決課題』，7ページ。

表7-3　韓国のFTA締結国へのFDI額　　（単位：1千ドル）

	2003年	2004年	2005年	2006年	2007年	2008年
チリ	15,300	1,782	3,306	4,901	30,331	2,720
シンガポール	262,381	163,065	136,094	604,571	522,760	903,388
EFTA	3,441	5,427	3,670	5,719	860,575	495,615
ASEAN	1,340,088	751,991	965,145	3,781,836	6,397,037	5,869,110

（注）網掛け部分はFTA発効年度。
（出所）http://keri.koreaexim.go.kr/ から作成（申告金額基準）。

表7-4　FTA締結国の国民の韓国入国者数　　（単位：名）

	2003年	2004年	2005年	2006年	2007年	2008年
チリ	799	1,274	1,148	1,348	1,469	1,567
シンガポール	59,989	67,482	64,856	71,018	75,383	77,074
EFTA	11,787	12,802	14,381	15,984	18,280	21,305
ASEAN	302,465	335,581	372,078	394,724	425,404	484,170

（注）網掛け部分はFTA発効年度。
（出所）三星経済研究所（2009），『韓国の既締結FTAの成果と今後の先決課題』，10ページ。

機によって2008年以後韓国の対世界貿易取引額が縮小しているものの，FTA締結国との貿易取引額が1.5倍から1.7倍の範囲で上昇したことは，FTAによる貿易取引の増加への影響があったことを裏付ける証拠であるといえよう[2]。

　これらに加えて，FTA締結以後，相手国へのFDI（直接投資）や人的交流も増えている傾向が指摘される。2008年は，FDIは世界的な金融危機の影響でシンガポールを除いてFDIが縮小しているが，FTAの発効後には全体的に増加の傾向を見せている。特にチリ11.3％，シンガポール22.2％，EFTA830.9％の増加が目立っている。表7-4のように，FTA発効後から2008年までの間，締結国の国民の入国者が年平均でチリ5.3％，シンガポール4.2％，EFTA15.5％，ASEAN13.8％と増加しており，人的交流も活発になっていることが分かる。

　総じていえば，FTAの発効により相手国との貿易取引額，FDI，人的交流な

2）　前掲注1，4ページ。

どが増加しており，FTA による効果が確実に現れているといえる。また，FTA によって心配された農業分野などの輸入増加と，それによる韓国国内への波及効果も予想されたようには大きくなかった。とりわけ，チリからの農産物輸入による被害は，季節関税の賦課などを適切に用いたため，農業分野への被害が最小限に収められた[3]。

1-3 韓国における FTA の問題点
(1) 企業の FTA 活用率の低位

韓国は，以上でみたように同時多発的な FTA 締結戦略によってある程度の成果をあげているし，FTA 発効後には，貿易取引額や FDI の増加，人的交流の増加などのプラスの効果が出ている。しかしながら，FTA を数多く締結することで実績をあげているが，すでに発効されている FTA を韓国の企業がいかに効率的に運用し活用しているかを見極めることが重要である。この点について，韓国の KIEP や韓国貿易協会は，韓国の FTA における特恵関税の活用現況について調査を行っている。

表7-5でみるように，チリとの FTA は，1 年目を除き，90% 以上のレベルで活用率が極めて高いが，その他の FTA はまだ低いレベルにある。シンガポール

表7-5 韓国輸入に対する FTA 特恵関税活用率

期間	チリ	シンガポール	EFTA	ASEAN
1 年目	77.7%	28.2%	43.2%	27.0%
2 年目	93.8%	31.4%	41.9%	―
3 年目	93.6%	―	―	―
4 年目	93.3%	―	―	―
累積	90.5%	29.8%	42.5%	27.0%

(注1) ASEAN の場合，インドネシア，マレーシア，フィリピン，ラオス，ベトナムのみ対象。
(注2) 活用率は，一定の期間中において FTA によって特恵をうけられる輸入品の全体輸入額のうち，実際に特恵関税を利用した輸入額の比重を意味する。
(出所) キムハンソン (2009)，『韓国 FTA 特恵関税活用現況および示唆点』，KIEP，4ページ。

---

3) 前掲注1，24ページ。

表 7-6　韓国輸出に対する FTA 特恵関税活用率

国・地域	活用率				
	1年目	2年目	3年目	4年目	累積
チリ	93.1%	95.8%	96.7%	98.7%	96.9%
ASEAN	14.1%	―	―	―	14.1%

（注）シンガポールはほとんどの品目が無関税であり，EFTA は資料入手が不可能であったため，除く。
（出所）キムハンソン（2009），『韓国 FTA 特恵関税活用現況および示唆点』，KIEP，5 ページ。

の場合，貿易取引のうち中継貿易の比率が高いので，FTA の活用が少ない特徴が示される。

　ASEAN の場合は，1 年目とはいえ，27% のかなり低い活用率を見せている。このことは，ASEAN からの最大の輸入品目である鉱物，とりわけ天然ガスを輸入の際に FTA の特恵関税を殆ど活用できない理由によるものである。天然ガスなどの鉱物の取引は，流通構造が複雑であるために韓国と ASEAN における FTA の原産地規定を満たせないことが原因となっている。鉱物を除く FTA 活用率では，58% を超えており，1 年目の活用率としては悪くない数字として評価される[4]。

　韓国の企業が輸出する際の FTA 活用率を見ると，チリの場合，累積で 96.9% もの高い水準になるが，ASEAN については 14.1% の水準で，輸入と同様低いレベルに留まっている。FTA の発効 1 年目であり，輸出および輸入業者の FTA に対する認識と活用意識が低いことに基づいている[5]。

　(2)　韓国企業の FTA に対する認識不足

　韓国政府は，同時多発的にさまざまな国・地域と FTA を締結し，ある程度の成果をあげているとはいえ，韓国企業にとっては FTA による利益を十分に享受できない状況にあるといえる。かかる状況は，2009 年のアジア開発銀行の調査による報告書によっても明らかにされている。

---

4)　キムハンソン（2009），『韓国 FTA 特恵関税活用現況および示唆点』，KIEP，5 ページ。
5)　前掲注 4，5 ページ。

図 7–1　FTA 特恵関税の活用率

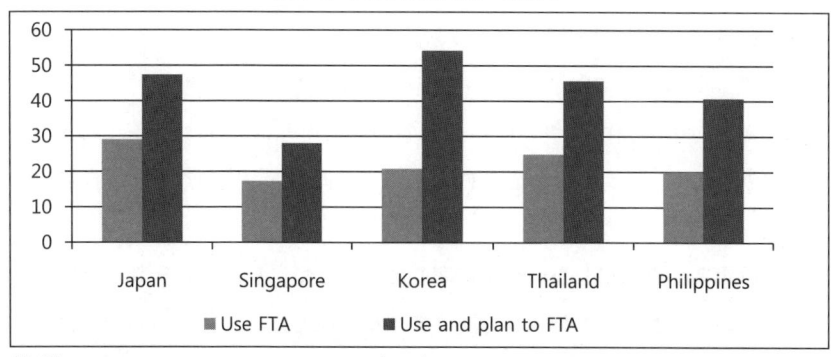

	Japan	Singapore	Korea	Thailand	Philippines
Use FTA	29	17	20.8	24.9	20
Use and plan to FTA	47	28	53	45	40

(出所)　Masahiro Kawai & Ganeshan Wignaraja (2009), *The Asian Noodle Bowl? Is It Serious for Business?*, ADB Institute, p. 11.

　図 7–1 は，2007 年にアジア開発銀行が日本，シンガポール，韓国，タイ，フィリピンの企業の 609 社を対象に FTA の特恵関税の活用に関するアンケート調査を行った結果である。活用率は日本が 29％ で最も活用率が高く，次いでタイの 24.9％，韓国の 20.8％，フィリピンの 20％，シンガポールの 17.3％ の順になっている。全体的に低いが，世界 10 位の貿易大国である韓国が，FTA 特恵関税の活用率でフィリピンと同レベルであることは極めて遺憾である。

　以上の活用率の低下は，情報の不足，EPZ (Export Processing Zone) や ITA (Information Technology Agreement) など他の条約の適用，FTA 特恵関税についての管理費用の負担，特恵関税の利用による低い利益の帰属に基づいている[6]。さらに，原産地規定の複雑さにもよっており，これは FTA 特恵関税の活用を妨げるスパゲッティ・ボール効果の要因としても示される[7]。

　また，アジア開発銀行の調査と同様の調査が韓国貿易協会によって行われているが，調査結果はほぼ同じである。2008 年 4 月に 500 の韓国企業を対象にアンケート調査を実施したもので，回答した企業のうち，80％ 以上が FTA 特恵

---

[6]　Masahiro Kawai & Ganeshan Wignaraja (2009), *The Asian Noodle Bowl? Is it serious for business?*, ADB Institute, p. 14.

[7]　Masahiro Kawai & Ganeshan Wignaraja (2009), *Asian FTAs: Trends and Challenges*, ADB Institute, pp. 13–14.

関税を活用していないと回答し，活用している企業については全体の19％に過ぎない結果が示されている[8]。このうち，大企業が26.4％で，中小企業は16.3％に過ぎず，全体として中小企業の活用率が低い。NAFTA の場合，米国・カナダ・メキシコの3カ国についての企業の平均活用率は64％であることから，韓国のみならず，アジアの企業の FTA 活用率の低調さが問題点として指摘される[9]。

FTA 特恵関税を活用しない理由に関しては，すでに無関税かそれに近い状況に至っていること，大きな利益を期待できないこと，FTA についての情報や活用方法が詳細にわからないこと，FTA 活用ための手続きや書類の準備が複雑で費用がかかること，などがあげられる[10]。

2. 韓日中における機能的経済統合の深化

2-1　韓日中における域内取引の現状

韓日中の域内取引は，2002 年から 2004 年までの期間に早いペースで拡大し

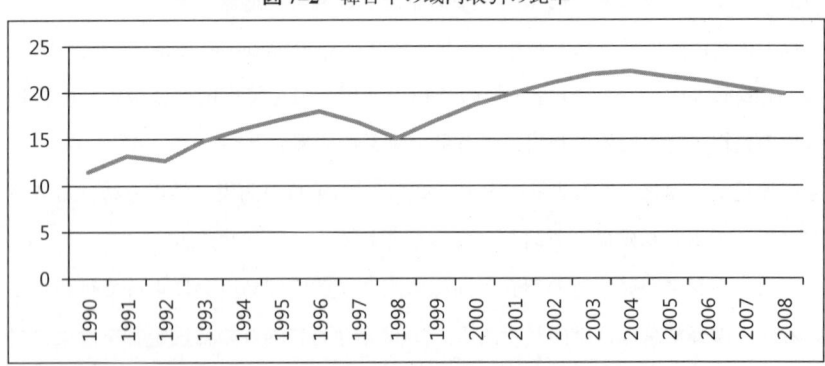

図 7-2　韓日中の域内取引の比率

(出所) KIEP (2008),「最近の韓日中3国の域内取引現況と特徴」, KIEP 地域経済 FOCUS, 2 ページ。

---

8)　韓国貿易協会 (2008),『企業の FTA 活用現況と活用度提高方案』, 3 ページ。
9)　ホンソクビン (2009),「企業の FTA 活用度まだ低い」,『LG Business Insight』, 34 ページ。
10)　カンムンソン (2009),「韓国の FTA 推進現況と推進戦略の残りの課題」,『CFE Report』自由企業院, 23 ページ。

図7-3 韓日中間における輸出入の規模変化（単位：億ドル）

2000年

韓国
185 ↔ 318
128 ↕ ↕ 205
中国 ——417—— 日本
       415

2004年

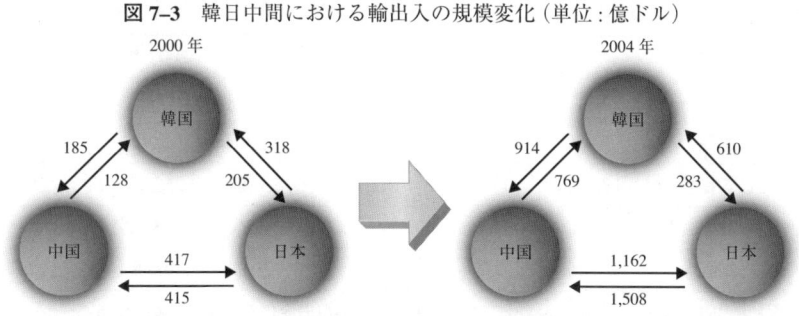

韓国
914 ↔ 610
769 ↕ ↕ 283
中国 ——1,162—— 日本
       1,508

（出所）現代経済研究院（2009），『東北アジアにおける域内取引変化の特徴と示唆点』，3ページ．

2004年に22.3％のレベルまで達したが，2005年以降に減少し始め，2008年には19.9％のレベルまでに縮小している（図7-2参照）。このことは，韓国と中国ともに日本との取引比率を減少させたこと，3カ国ともに中東，中南米，アフリカなど域外の新興市場との取引を増加したことによるものと考えられる[11]。しかしながら，韓日中の域内取引比率は減少したが，金額の面からみると大幅に伸びている。すなわち，取引の規模（韓日中間の輸出入の合計）は2000年の1,668億ドルから2008年には5,246億ドルへと増加し，この間，3倍以上の増加が示されている。

3国間の域内取引では全体的に増加したが，この中でも中国の増加が目立っている。日本が域内取引で占めている比率（日本から韓国および中国への輸出額の比率）は2000年の43.9％から2004年では40.4％（2,118億ドル）と下落しており，韓国についても2000年の23.4％から2008年22.8％（1,197億ドル）へと僅かに下落している。これに対し，中国は2000年の32.7％から2008年の36.8％（1,931億ドル）と増加し，日本に迫る勢いを示している[12]。

---

11) KIEP (2008)，「最近の韓日中3国の域内取引現況と特徴」，『地域経済FOCUS，KIEP』9ページ。
12) 現代経済研究院（2009），『東北アジアにおける域内取引変化の特徴と示唆点』，3ページ。

表 7-7 韓日中における工業構造別の輸出比重の変化

	2000 年			2007 年		
	韓国	中国	日本	韓国	中国	日本
原材料	1.8%	8.7%	0.3%	0.5%	4.0%	0.3%
軽工業製品	17.4%	44.0%	6.6%	5.1%	25.2%	3.2%
重化学工業製品	78.0%	39.6%	88.1%	92.4%	61.9%	86.8%
その他	2.8%	7.7%	4.9%	2.0%	9.0%	9.7%

(出所) 現代経済研究院 (2009),『東北アジアにおける域内取引変化の特徴と示唆点』, 6 ページ。

2-2 韓日中の域内輸出構造変化による機能的経済統合の深化

(1) 軽工業から重化学工業への転換

過去において,域内の取引対象は韓国と日本との間では重化学工業製品,韓国と中国との間では軽工業製品が中心であったが,現在は,3 カ国ともに重化学工業製品が中心になっている。

表 7-7 をみると,重化学工業製品の取引では日本が少々低下したが,韓国と中国は大幅に増加している。このことは,機能的経済統合の深化により,3 カ国間の貿易取引が活発に行われ,互いの競争力が上昇した結果であると思われる。

(2) 産業内貿易の拡大

前述したように韓日中の貿易取引は,軽工業製品から重化学工業へ転換しつ

表 7-8 韓日中における域内貿易の現況

(単位: 100 万ドル, 2007 年)

	韓国・中国		韓国・日本		中国・日本	
	対中輸出	対中輸入	対日輸出	対日輸入	対日輸出	対日輸入
繊維・革製品	3,034.3	6,197.7	653.9	429.3	20,992.5	3,307.5
化学製品	15,739.6	4,000.2	2,016.9	9,326.1	5,932.4	17,740.8
電気電子機械	32,294.5	22,568.4	9,177.0	17,188.3	32,500.3	60,125.1
輸送機械	3,765.7	1,155.6	819.9	6,113.5	3,785.9	9,584.1
その他製造業	12,288.9	3,850.3	3,185.2	7,063.4	10,498.4	18,832.3

(出所) KIEP (2008),『韓日中 3 国の FTA 比較分析と東北アジア域内国間 FTA の推進方案』, 68 ページにより作成。

表7-9 韓日中における域内貿易の比重

(単位: %, 2007年)

	韓国貿易の中の比重			中国貿易の中の比重			日本貿易の中の比重		
	中国	日本	中+日	韓国	日本	韓+日	韓国	中国	韓+中
繊維・革製品	38.7	4.5	43.2	4.2	11.2	15.4	2.5	55.7	58.2
化学製品	29.4	16.9	46.3	11.4	13.7	25.1	10.2	21.3	31.5
電気電子機械	25.8	12.4	38.2	6.5	11.0	17.5	7.6	26.9	34.5
輸送機械	4.9	6.9	11.7	5.4	14.8	20.3	3.2	6.1	9.3
その他の製造業	27.5	17.5	45.0	7.1	12.9	20.0	8.3	23.9	32.2

(出所) KIEP,『韓日中3国のFTA比較分析と東北アジア域内国間FTAの推進方案』,2008年12月24日,69ページより作成.

つあり,韓国および中国の競争力が強化されているが,この背景には3国間における産業内貿易の拡大傾向が示される。韓日中の3カ国,とりわけ韓国と中国の経済的地位が急激に上昇した要因は何であろうか。相互の貿易拡大を通じて経済を発展させる対外志向的な成長戦略が選択され,産業内貿易が活性化され,主要輸出部門の国際競争力が強化されたことが指摘される[13]。

例えば,電気・電子・機械の部門での輸出入の合計額は,韓国と中国との間で547億ドル,韓国と日本との間で262億ドル,中国と日本との間で926億ドルに達している。この部門は,韓国と中国ともに日本との取引で赤字を計上したが,その他の国との取引では韓国が44億ドル,中国が581億ドルの黒字となっている。結果的に,韓日中の3カ国の産業内貿易取引の深化が当該部門における競争力の強化に寄与したといえよう。

さらに,上記の分野における域内貿易の比重も産業内貿易の深化を裏付けている。韓日中間の貿易全体の相互依存度は高いが,表7-9でみるように産業内貿易が活発に行われている分野において相互の貿易依存度がより高い傾向が示される。3カ国のうち,域内貿易に対する韓国の比重がもっとも高く,これに日本と中国が続いている。

---

[13] KIEP (2008),『韓日中3国のFTA比較分析と東北アジア域内国間FTAの推進方案』,67ページ。

従って，政府による制度的な経済統合が進展していない状況で，民間レベルの機能的統合がより進んでいる。すなわち，経済的理由，地理的な近接，文化的な類似などの要因で韓日中の機能的経済統合はすでに進化しているといえよう。

3. 韓日中における制度的経済統合の可能性

3-1 制度的経済統合の経済効果

前述したように，韓日中の3カ国間では域内取引の金額や比率が極めて高く，産業内取引も活発に行われ，機能的経済統合が深化している。しかし，一方では，制度的な経済統合による効果は低いといった主張がある。つまり，既に機能的な経済統合がかなり進んでいるために，制度的な経済統合が実現しても効果が予想より大きくないとの反論である。さらに，農産物を除外した商品分野の関税率が3国ともにそれほど高くないために，FTAの効果が半減される可能性も指摘されている。

このような反論も根拠があると考えるが，地理的な隣接性，3国間の経済と貿易などの密接な関係を考えると，制度的な経済統合による効果は極めて高いと推定される。韓日中の経済統合によるGDP効果については，韓国が5.14%，中国が1.54%，日本が1.21%，それぞれ上昇するという研究結果が出ている[14]。この数値は韓日中間の経済統合の程度によって変わるが，とりわけ，韓国が最も高い恩恵を受けると推測される。韓国の立場からみると，経済統合によって日本との技術協力の促進や日本からの投資の増加などの利得が生じ，中国の巨大市場への接近性がより高まるというメリットも生じるであろう。

韓日中の産業内貿易は，これまで垂直的分業によって活性化されてきた。機械・電子などの製造品について中国の韓国および日本への輸出のうち，部品・素材の占める割合は13%程度に過ぎないが，輸入の場合は30%程度である。

---

14) チェナキュン他2人 (2008),『韓中日3国のFTA比較分析と東北亜域内国間FTA推進方案』, KIEP, 213ページ。

このことは韓日両国が中国と垂直的な分業関係にあることを示している[15]。韓日両国と中国の間に，電気・電子および機械産業を中心に垂直的な分業関係が形成され，部品・素材の取引が急増し，中国は両国の最終生産品の生産基地として活用され，当該分野において産業内貿易が上昇する経過を辿っている。中国で生産された最終生産品は域内で消化されずに，米国やEUへ輸出されており，韓日中の域内取引の欧米への依存構造が示される。

これに比べ，EUでは，産業内取引の比率は66％で，水平的産業内取引の比率が26％に達している。さらに，主要国家間の取引においても水平的産業内取引の比率が30％を超えている。EUは経済統合によって水平的産業内取引が増加し，市場の細分化と拡大に成功したと判断される[16]。

EUの事例と照合すると，韓日中の経済統合も予想より大きな経済的効果が出る可能性が極めて高いといえる。韓日中3国が自由化水準の高い経済統合を実現した場合，産業内における多様な商品が取引されることによって垂直的産業内取引から水平的産業内取引へ変化し，プラスの経済効果が出ると考える。

もっとも，垂直的産業内取引から水平的産業内取引へ変化していくためには，韓日中3国の経済・技術レベルの向上が必要であると考える。EUの場合，主要国間の経済発展段階や技術レベルの差が少ないこともあって，水平的産業内取引が活発に行われた。従来より，韓日中は経済・技術のレベルに格差があったため，中国が安い労働力を利用する生産基地の役割を果たしてきた。しかし，現在は，ある程度の格差は依然として存在するが，中国と韓国のレベルが上昇し，過去のような大きな差が縮まりつつある。特に，中国は目覚ましい発展を続けており，GDPで日本を超える勢いにある。また，技術力も持続的に発展しており，韓日中の域内取引において大きな変化が現れている。

図7-4のように，2007年の韓国と中国の中高レベルの技術製品の輸出は2000年に比べて大きく増加した。3国ともに低技術製品の輸出は低下しているが，高

---

15) ソンウォンクン（2010），『韓中日FTAにおける韓国の役割と重要性』，韓国経済研究院，3ページ。
16) 同上・4ページ。

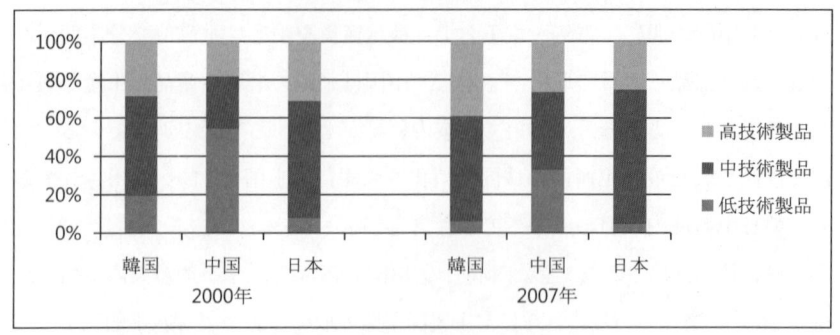

図 7-4　域内輸出における低・中・高技術製品の比重

(注)　高技術製品は，薬品，コンピュータ機器，音響・放送・通信装備，医療・精密・光学機器，飛行機・宇宙技術を含む。
(出所)　現代経済研究院（2009），『東北アジアにおける域内取引変化の特徴と示唆点』，10ページ。

技術製品の場合，日本が少々，30.2％から23.4％へと下落し，韓国が27.9％から38.5％へと，中国が16.5％から25.1％へとそれぞれ上昇し，3国間の技術格差が縮まっている。このことは韓日中の経済統合が実現すれば，垂直的産業内取引から水平的産業内取引へ変わる基盤ができ，経済効果がより大きくなる可能性を示している。

　これまで，韓日中は中国を生産基地とし，取引関係において最終生産品を欧米に輸出する形態をとってきた。1997年のアジア金融危機の際には，欧米の高い需要に頼って経済危機から抜け出すことができた。しかし，世界的な経済危機で欧米先進国の需要が落ちている今日では，これまでのように欧米に頼って経済危機を克服することができない状況にある。何よりも，韓日中の経済統合を通じて市場を拡大させ，東北アジアの需要を促進させることが必要であろう。東アジアの需要の拡大は，アジア経済の安定化にとどまらず，世界経済の安定的な発展を支える重要な要素であると思われる。

3-2　韓日中経済統合に対する韓国の立場

　韓国では，韓日中の経済統合が実現すれば，3国間の取引が増加し，マクロ経済にもプラスの効果を及ぼすという数多くの研究結果が出ている。それ故に，

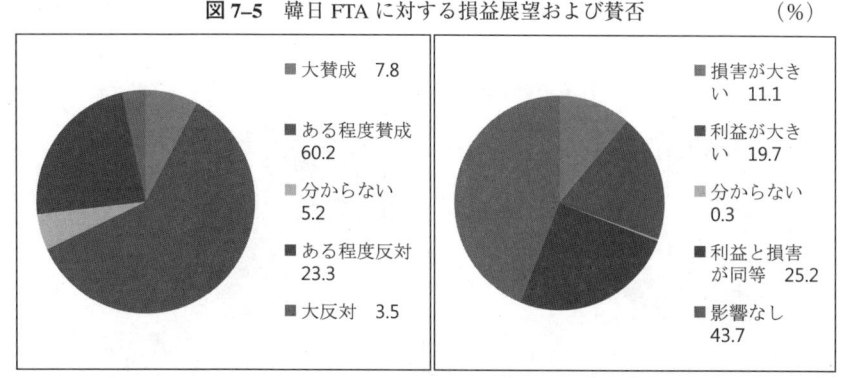

図 7–5　韓日 FTA に対する損益展望および賛否　　　　　　（％）

- 大賛成　7.8
- ある程度賛成　60.2
- 分からない　5.2
- ある程度反対　23.3
- 大反対　3.5

- 損害が大きい　11.1
- 利益が大きい　19.7
- 分からない　0.3
- 利益と損害が同等　25.2
- 影響なし　43.7

（出所）国際貿易研究院（2010），『韓日・韓中 FTA に対する製造企業の意見調査結果』，韓国貿易協会，2 ページ。

　韓国政府，学者および研究機関の多くは基本的に韓日中の経済統合に賛成であり，その必要性にも共感している。しかし，一方では，経済的な要因以外の政治的な問題点が多く，韓日中の経済統合についてのマスタープランがない状況の中で経済統合の実現を疑問視する声も少なからずある。

　経済統合によって直接に影響を受ける産業界は，従来に比べ前向きな姿勢を見せているものの，依然として不安視している。2008 年の韓国貿易協会による調査では，日本と中国を含む 11 カ国を対象に優先的に FTA を推進すべき国をアンケート調査しており，中国が 5 位，日本が 11 位に選定されている。すなわち，市場の規模と成長潜在力，関税レベル，国内産業に対する被害可能性，資源・エナジー保有現況，FTA 推進現況の 5 つの項目を基準に調査の結果，中国については優先順位が中位となっているが，低価格製品による国内産業への被害と悪影響の懸念が指摘されている。日本の場合には，他の地域と比べて，FTA による利益が最も少なく，産業界への影響も懸念されており，産業界との十分な論議が必要であると記述されている[17]。この調査はあくまでも 2 国間 FTA を対象とする調査であったために，韓日中の経済統合を対象とした場合は別の結果が出る可能性がある。いずれにせよ，韓国の産業界は日本と中国との経済統

17）　国際貿易研究院（2009），『今後の FTA 優先推進国家の検討』，韓国貿易協会，16–17 ページ。

242　第2部　経済協力と経済統合

図 7–6　韓中 FTA に対する損益展望および賛否　　　　　(%)

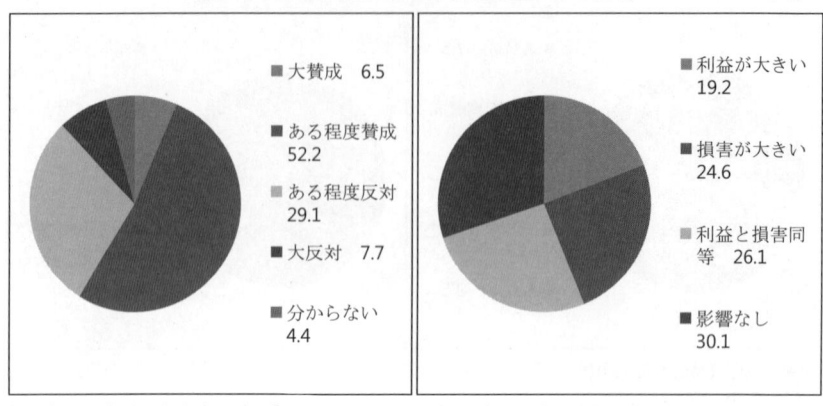

左の円グラフ:
- 大賛成　6.5
- ある程度賛成　52.2
- ある程度反対　29.1
- 大反対　7.7
- 分からない　4.4

右の円グラフ:
- 利益が大きい　19.2
- 損害が大きい　24.6
- 利益と損害同等　26.1
- 影響なし　30.1

(出所) 国際貿易研究院 (2010),『韓日・韓中 FTA に対する製造企業の意見調査結果』, 韓国貿易協会, 7ページ。

合が実現したときの影響を懸念していることは確かである。

　さらに, 2000年に韓国の企業に対するアンケート調査が出されているが, これによると2年前と異なる調査結果が出ている。この調査は3,000の製造企業を対象に行われており, 調査結果では, 図7–5のように韓日 FTA の締結を賛成する回答が68%で, 短期的には損害が出る可能性があるが, 長期的に市場を拡大する機会としてとらえる意向が示されている。しかし, 産業分野によって差異があり, 韓日 FTA における韓国の不利な産業として認識されている機械と鉄鋼の分野ではそれぞれ反対が39.2%, 34.2%となっている。同様に不利な産業とされている精密機械と自動車の部品分野では賛成がそれぞれ68.6%と66.1%であり, ここには新市場開拓に対する潜在的な意向が示されている[18]。

　韓中 FTA については韓日 FTA より損害を懸念する傾向にあり, 特に低価格の中国商品による内需中小企業への影響の懸念が反映されている。韓日 FTA と同様, 短期的には損害が出る可能性があるが, 長期的に13億という巨大市場の開拓の機会をとらえている。自動車・部品, 化学工業の輸出企業と農林水産物, 化学工業, 鉄鋼の輸入企業では賛成比率が高く, その反面, 生活用品, 金属,

---

18)　国際貿易研究院 (2010),『韓日・韓中 FTA に対する製造企業の意識調査結果』, 韓国貿易協会, 2ページ。

電気・電子分野では反対比率が高い[19]。この調査も韓日・韓中のFTAを対象としており，経済統合を対象とした場合には，異なる結果が出るかもしれないが，いずれにせよ，3カ国の経済統合に関する世論が好転していることは確かである。

3-3　韓国の立場から見た韓日中経済統合の可能性

韓国では，韓日中における経済統合をASEANを含む東アジア共同体の形成に先決条件としてとらえる意義を改めて認識している。また，3国の経済統合により3国ともに利得が生じ，とりわけ韓国が最も恩恵をうけるとの研究結果が数多く出ている。さらに，韓日中の経済統合によって潜在的な被害を被る可能性がある産業界も以前より前向きな姿勢を見せている。全体として，短期的に損害が発生しても長期的には競争力の強化および新市場の開拓の機会としてとらえる企業が多くなっている。韓国の産業構造の高度化にもよい影響を及ぼすとの見方もある。日本の鳩山政権が東アジアに友好的な政策を打ち出し，とりわけ東アジア共同体を提案していることもあって，制度的な3国の経済統合に対するムードは好転している。

しかしながら，このような好状況にもかかわらず，一方では韓日中の経済統合の実現を疑問視する声も根強く残っている。この件に関し，日本に関連する韓国側の立場をまとめると以下のとおりになる。

第1に，韓国の国内問題として，韓日中の経済統合に対する否定的な意見が以前より少なくなっているものの，対日貿易赤字が深刻な状況で続いており，経済統合ができた場合，対日貿易赤字がより拡大し，韓国企業，とりわけ中小企業に及ぼす悪影響が懸念されている。

第2に，日本はこれまで韓国や中国よりASEANを経済統合(EPA)のパートナーとして重視してきたために，韓国はこのことを相対的に韓日中の経済統合に関する論議が停滞する要因として認識している。しかし，このことは自民党

---

19)　同書・7ページ。

政権下の政策の影響もあり，政権交代以降は変化してくると思われる。

　第3に，韓国はこれまでの日本政府における経済統合の政策に不信感を持っていることである。日本のEPA (Economic Partnership Agreement) は，2国間または複数の国家間でヒト・モノ・資本の自由な移動と円滑化を実現するための国境および国内規制の撤廃，経済制度の調和など幅広い経済関係の強化を目的とする協定となっている。しかし，韓国側はその中身が十分ではないと認識している。農産物のような日本の比較劣位分野を守るために，EPAの自由度が不十分であり，これにより経済統合による経済的な利益を損なわれると考えている。

　さらに，2005年に採択された"日本21世紀のビジョン"のグローバル分科の報告書では，中国とASEANとのEPAを優先的かつ早急に締結し，韓国との経済統合は時間を要しても質の高い経済統合を目指すことを強調していた。とりわけ，韓国との経済統合は，関税同盟のレベルで推進し通商政策などを協調するなど革新的な内容であったため，かかる日本のそれへの取組みに大きな期待が寄せられていた。しかし，結局，実現には至らず，2004年以後は両国の経済統合に関する論議も中断される経過を辿っている。

　第4に，日本は製造品中心のEPAを推進してきており，農産物分野の競争力の保全を考えつつ不徹底な内容のEPAを締結してきた。日本は農産物分野を保護するために，自由度の低いEPAを推進し，農産物市場の開放と連結された経済統合に関して消極的であった。このため，韓国では経済統合による利益を十分に享有できないとの認識をもっている。この点は韓国にも同様のことが指摘されるが，韓国は韓・米および韓・EUのFTAの経験を踏まえており日本より有利な立場であると思われる。

　次に中国に関連する韓国側の立場は，以下のように示される。

　第1に，韓国の国内問題としては，中国商品の競争力が強化され，これによって韓国の国内市場が中国商品に奪われることの懸念である。とりわけ，韓国の中小企業に悪影響をもたらす可能性が高いため，依然として中国との経済統合に否定的な声が少なくない。

　第2に，中国が経済統合を東アジア，さらにはアジア全体における影響力の

拡大のために政策的に利用している点に憂慮している。2002年に，中国は韓日中FTAを公式に提案した。この提案は韓国と日本が先行して経済統合を締結した場合，東アジアにおける中国の政治経済的なリーダーシップが弱まることを避けるためであったと考えられている。中国が締結したFTAをみると，純粋な経済的な要因より，政治外交，資源の確保，新興市場への進入などのさまざまな要因が作用している。中国は，韓日中の経済統合およびASEANを含む東アジアの経済統合において経済的利益の極大化よりアジアにおける政治経済的なリーダーシップの確保の観点から論議を進めていく傾向が強い[20]。日本と中国の関係では，中国が社会主義であり貿易障壁も高いので経済統合に参画する可能性が低いとみられている。中国に対する不信感とライバル意識から中国が参加する経済統合に対して消極的であったことも，韓日中の経済統合が進展しない要因であるといえよう。

このように韓日中の経済統合を実現するためには，乗り越えなければならない難しい問題が山積している。しかし，従来よりも機能的な経済統合が深化しているし，3国の首脳も3国の友好および経済統合に関する強い関心をもっていることは，韓日中の経済統合の実現に一歩前進しているといえよう。

おわりに

2010年に入って韓日中における経済統合の実現の可能性が高まっており，その環境も整えつつあるように思われる。東アジアをめぐる地域間の協議の機会が多い現在は，1998年以来の好機であると推察される。韓日中の経済統合の実現には解決すべき難しい問題が多いが，現在，3カ国の首脳，とりわけ日本の新政権の韓日中における経済統合に対する積極的な姿勢を考えると，時間をかけて前向きに話合えば条件次第では難題を乗越えられると考えられる。

だが，真の意味での東アジアの経済統合体が形成されるまでの難航は必至であり，そのために時間をじっくりかけて経済統合に関する全体の枠組みを論議

---

20) KIEP (2008)，『韓中日3国のFTA比較分析と東北アジア域内国間FTA推進方案』，196-197ページ。

しなければならない。先行して，細部分野についてできるところから論議を始め，韓日中の経済統合に関する環境整備について議論をつめる必要がある。例えば，原産地規定の合意は最も時間を要する分野であり，利害関係が著しく対立する分野でもある。経済統合の論議に先立って，原産地の判定方法，証明方式，検証などを包括的に決め，EUのように東アジア型ともいえる原産地規定を先に合意しておけば，その後の交渉がよりうまくいくと思われる。また，通関制度を含む貿易手続きの簡素化と調和，関連法規の透明性を高めるための統一化など，貿易円滑化のための措置も同様である。ASEANとのFTAに貿易円滑化の内容が含まれているが，その内容は一般的であり，詳細かつ具体性に欠けている。それ故に，韓日中が貿易円滑化のための論議をまとめ，これをもとに，具体的な案について合意することが重要であろう。この件に関しては，2008年以降，韓日中3国の関税担当のトップが既に話合いを始めており，AEO制度[21]の相互認定などについて近い将来において合意に達すると予想される。

　韓日中における経済統合の論議を推進する過程において日本の役割が最も重要であると考える。これまで東アジア経済統合に消極的であった日本がリーダーシップを発揮して論議を進めていく姿勢が必要であろう。

　本章では言及を避けたが，韓日中の経済統合に関する論議の過程でいつも問題になるのが過去の歴史認識の問題である。1998年に始まった韓日FTAに関する論議が中断したのもこの問題であった。この問題は韓日中の経済統合の際に最も解決し難い問題である。しかしながら，逆説的にとらえると韓日中の経済統合がこの問題解決の契機ともなりうる。東アジア地域の安定のためにも，韓日中における経済統合は必ず実現しなければならない課題である。

　※日本語翻訳は姜鎮旭が担当し，塩見英治が監修した。

---

[21]　AEO（Authorized Economic Operator）制度は，各国の税関当局が保安管理また法律の遵守する体制を整備としている貿易関連事業者を認定し，認定された事業者には迅速かつ簡素な通関手続きができる制度である，国際物流において保安と物の流れの円滑化を両立することを目的としている。

参 考 文 献

韓国貿易協会（2008），『企業のFTA活用現況と活用度提高方案』。
カンムンソン（2009），『韓国のFTA推進現況と推進戦略の残りの課題』，自由企業院CFE Report。
キムハンソン（2009），『韓国FTA特恵関税活用現況および示唆点』，KIEP。
現代経済研究院（2009），『東北アジアにおける域内取引変化の特徴と示唆点』。
国際貿易研究院（2010），『韓日・韓中FTAに対する製造企業の意見調査結果』，韓国貿易協会。
国際貿易研究院（2008），『今後のFTA優先推進国家の検討』，韓国貿易協会。
三星経済研究所（2009），『韓国の既締結FTAの成果と今後の先決課題』。
ソンウォンクン（2010），『韓中日FTAにおける韓国の役割と重要性』，韓国経済研究院。
チェナキュン他2人（2008），『韓中日3国のFTA比較分析と東北亜域内国間FTA推進方案』，KIEP。
新堀聰（1997），『21世紀の貿易政策』，同文舘。
東アジア共同体研究会（2008），『東アジア共同体と韓国の未来』，イメジン。
ホンソクビン（2009），「企業のFTA活用度まだ低い」，『LG Business Insight』。
Ha Young Sun 編（2008），『東アジア共同体―神話と現実』，EAI。
Jung In Kyo·Jo Jung Ran（2008），『わが政府のFTA政策と韓日FTA協商に対する示唆点』，韓国協商学会夏季学術セミナー発表資料。
KIEP（2007），『次期政府における対外経済政策の方向と課題』。
KIEP（2008），「最近の韓日中3国の域内取引現況と特徴」，『地域経済FOCUS』，KIEP。
KIEP（2008），「韓国の対中国および対日本産業別の貿易収支の動向と示唆点」。
KIEP（2008），『韓日中3国のFTA比較分析と東北アジア域内国間FTAの推進方案』。
KIET（2008），「新政府のFTA政策推進方向」，『産業経済情報』，E-KIET。
Kim Deuk Kab（2008），『産業界側面の有望FTA推進対象国』，産業側面のFTA推進戦略セミナー発表資料。
Masahiro Kawai & Ganeshan Wignaraja（2009），*The Asian Noodle Bowl? Is It Serious for Business?*, ADB Institute.
Masahiro Kawai & Ganeshan Wignaraja（2009），*Asian FTAs: Trends and Challenges*, ADB Institute.

第 8 章

東アジアにおける FTA を基軸とする地域主義の進展
──日本の FTA 政策の評価と課題を中心として──

はじめに

　東アジア各国の通商政策は，1997 年の金融危機後，従来の WTO を中心とする伝統的な多国間主義への依存そのものから離れ，自由貿易協定 (FTA) を基軸とする地域主義へと踏み出したといわれる。東アジアは，1980 年代以降，貿易と直接投資の拡大を中心とするユニークな生産・流通ネットワークによって支えられて成長を実現してきた。金融危機以前には，対外投資と域内貿易を媒体に域内での市場連携がはかられ，いわば，デファクト型の市場統合が進展していたものの，制度面での影響は限定的であった。金融危機を契機として，域内での金融協力が急速に強化され，さらには地域主義の方向での経済連携と経済協力が進展するに至っている。東アジアの FTA ブームは，98 年の通貨危機下の韓国による日韓経済協力の共同研究の提案によるものといわれているが，その後の ASEAN＋3 首脳会議での「東アジア協力の共同声明」など，相次ぐ地域間の国際経済提携・協力の動きが，促進の背景になっている。近年では，ASEAN と，それぞれ，中国，韓国，日本との FTA が相次いで締結されるとともに，複合的 FTA が締結され，究極的な最終目標として東アジア FTA (EAFTA) が意識されようとしている。地域主義の高まりは，「東アジア共同体」の形成の

可能性についての論議を生み出している。地域協力についても，危機前の東アジアには，アジア太平洋経済協力（APEC）が存在するだけだった。その協力は，WTO の多国間主義の下での，いわば，開かれた地域主義の原則に沿った緩やかなものであり，拘束力や制度の影響が弱い自発的な市場主導型の自由化に特徴づけられる。

わが国の通商政策も，21 世紀に入ってから，それまでの WTO 重視から FTA へと軸足を移してきた。2002 年のシンガポールから 2009 年のスイスまで，日本版 FTA である「経済連携協定」（EPA）に署名・発効した国は 11 に及ぶ。世界的な FTA 増加の潮流の中で，日本の FTA 政策は着実に進展しているように見える。果たして，理論どおり貿易創造効果を発揮し，日本の経済厚生を高めているだろうか。その評価をするためには，まず，FTA がどの程度活用されているのかを検証する必要がある。しかし，実際には，貿易の当事者である民間企業がどのように反応しているのか，その詳細は明らかにされてはこなかった。民間企業は FTA をどのように受け止め，利用し評価しているかが，推進をはかるうえで問題の焦点となる。大規模なアンケート調査による分析の結果，現段階では FTA の制度そのものについての認知度が低く，FTA の目玉である特恵関税の利用も低調であることが分かった。とりわけ，中小企業において，自由貿易協定についての認知度が低く，特恵関税利用のための原産地証明書を取得した経験のある企業がごく少数であるとの知見も得られた。このことは，制度上，FTA が締結されても，企業にとって実務的に使い勝手が悪く，期待できるような実効的なベネフィットが得られないことを意味している。

本章は，東アジアにおける FTA の特徴とこれによる地域主義を貫徹する上での制約条件を整理したうえで，わが国での取り組みについて，実態面に焦点をあて，運営上の問題点について考察を行う。具体的には，日本企業の FTA 利用の実態をアンケート調査によって明らかにし，次いで，アンケートから得られたデータをもとに簡単な計量的分析を行う。最後に，わが国の今後の課題と東アジアの地域統合に向けての FTA の課題と展望について検討を行うものである。なお，本章では，特に断らない限り EPA と FTA を同義として使用している。

1. 東アジアにおけるFTAによる地域主義の進展と制約

東アジア地域における経済の連関と結びつきは，一貫して市場によって主導されてきた。輸出拠点構築を目指した直接投資の促進と，域内外の貿易拡大とが相俟って，域内での連携を深め全体の経済成長を支えてきた。東アジアのFTAは，金融危機を契機として，1990年代末以降，急速に拡大傾向を辿っている。ただし，東アジアのFTAは，欧米諸国に比べて後発である。また，先行する経済実態への後追いの経過から，事後対応の包摂的な施策パッケージとして展開されている。典型的なFTAよりも直接投資やサービスなどを含む包括的な形態・内容を伴う傾向がある。FTAに求められる拘束的な制度促進が実効性を発揮するためには，直接投資，市場アクセス，知的所有権やサービスなどの面で調整が求められる。農業政策や一部の産業政策にみられるように，多くの国では産業政策への政府介入も根強く，関税率引き下げの効果も充分に作用しない傾向にある。

第2の特徴は，貿易・通商面での地域内での相互依存が全体的に高まっているものの内実では地域内で完結していない点である。FTAや地域協定による制度面でも，ネットワークの求心力について制約を伴っている。

1990年代末以降，域内貿易比率は上昇傾向にあるが，その過程は，域内の貿易構造の変化を伴っている。それは，貿易取引ネットワークの変化と貿易品目構成の高度化に象徴的に示される。

表8–1のように，2001年と2006年とを対比した貿易マトリックスによると，東アジア域内では，次の3つの特徴がある。まず，東アジア域内での貿易量は，この間，約2倍に急増している。この中で，中国は，東アジア域内諸国にとどまらず，欧米諸国に対しても輸出量を著しく拡大している。次に東アジアのほとんどの国が中国を相手国として輸出量を大幅に拡大している。第3は，東アジア諸国とインド，ベトナムなどの中進途上国とのネットワークが拡大していることである。以上のように，中国がプレゼンスを著しく高める一方で，わが国は相対的地位を低下させている。

252 第2部 経済協力と経済統合

表 8-1 貿易マトリックス（上段 2006 年，下段 2001 年）

(単位：10 億ドル)

	タイ	マレーシア	インドネシア	フィリピン	シンガポール	ベトナム	韓国	台湾	香港	中国	日本	東アジア計	インド	米国	EU	全体
タイ		6.7 / 2.7	3.3 / 1.4	2.6 / 1.2	8.4 / 5.3	3.1 / 0.8	2.7 / 1.2	3.0 / 2.0	7.2 / 3.3	11.8 / 2.9	16.5 / 10.0	65.3 / 30.8	1.8 / 0.5	19.6 / 13.2	18.1 / 10.9	130.6 / 65.1
マレーシア	8.5 / 3.4		4.1 / 1.6	2.2 / 1.3	24.7 / 14.9	1.8 / 0.5	5.8 / 3.0	5.4 / 3.8	7.9 / 3.8	11.6 / 4.1	14.2 / 11.8	86.2 / 48.2	5.1 / 0.3	30.2 / 17.8	20.5 / 12.5	160.7 / 86.2
インドネシア	3.2 / 0.3	4.5 / 1.8		0.9 / 0.8	13.4 / 5.4	0.9 / 0.3	7.3 / 3.8	4.7 / 2.3	1.8 / 1.3	8.7 / 2.2	22.0 / 13.0	67.4 / 31.2	2.9 / 1.1	13.0 / 7.8	13.9 / 8.0	113.6 / 56.3
フィリピン	1.3 / 1.4	2.6 / 1.1	0.4 / 0.1		3.4 / 2.3	0.4 / 0.1	1.4 / 1.0	2.5 / 2.0	3.7 / 1.6	4.6 / 0.8	7.7 / 5.1	28.0 / 15.5	0.1 / 0.0	8.6 / 9.0	8.7 / 6.3	47.0 / 32.1
シンガポール	11.3 / 5.3	35.5 / 21.1	24.9 / 2.8	5.1 / 3.1		5.5 / 2.1	8.7 / 4.7	4.6 / 3.1	27.6 / 10.8	26.5 / 5.3	16.3 / 9.3	166.0 / 67.6	7.7 / 2.7	27.6 / 18.8	30.6 / 17.1	272.0 / 121.8
ベトナム	0.8 / 0.3	1.3 / 0.3	0.6 / 0.3	0.6 / 0.4	1.5 / 1.0		0.8 / 0.4	0.8 / 0.4	0.6 / 0.3	2.3 / 1.4	4.9 / 2.5	14.2 / 7.3	0.1 / 0.0	8.4 / 1.1	7.8 / 3.2	39.7 / 15.0
韓国	3.9 / 1.8	4.9 / 2.6	4.5 / 3.3	3.6 / 2.5	8.7 / 4.1	3.6 / 1.7		13.5 / 6.1	17.4 / 9.5	63.3 / 18.2	24.1 / 16.5	147.5 / 66.3	5.1 / 1.4	39.5 / 31.4	45.4 / 21.3	296.7 / 150.4
台湾	4.6 / 2.2	4.2 / 3.1	4.5 / 1.5	4.5 / 2.2	7.6 / 4.2	4.9 / 1.7	7.2 / 3.4		37.4 / 28.7	51.8 / 4.9	16.3 / 13.0	143.0 / 64.9	1.5 / 0.6	32.4 / 28.1	24.6 / 19.2	224.0 / 126.3
香港	3.2 / 1.9	2.8 / 1.6	1.4 / 0.8	2.6 / 1.9	9.3 / 3.8	1.5 / 0.5	6.7 / 3.3	1.7 / 1.8		148.9 / 70.1	15.5 / 11.2	193.6 / 96.9	3.0 / 1.2	47.9 / 42.4	44.4 / 28.3	316.8 / 190.1
中国	9.8 / 2.5	13.6 / 3.2	9.5 / 2.8	5.7 / 1.6	23.2 / 5.8	7.5 / 1.8	44.6 / 12.5	22.3 / 5.3	155.4 / 46.5		91.8 / 45.1	383.4 / 127.1	14.6 / 1.9	203.9 / 54.4	190.0 / 44.6	969.3 / 266.7
日本	22.9 / 11.9	13.2 / 11.0	7.4 / 6.4	9.0 / 8.2	19.5 / 14.7	4.1 / 1.8	50.3 / 25.3	41.7 / 23.3	36.4 / 23.3	92.8 / 30.9		297.3 / 156.8	4.5 / 1.9	147.2 / 122.7	94.1 / 66.7	646.8 / 403.5
東アジア計	69.5 / 31.0	89.3 / 48.5	60.6 / 21.0	36.8 / 23.2	119.7 / 61.5	33.3 / 11.3	135.5 / 58.6	100.2 / 50.1	295.4 / 129.1	422.3 / 140.8	229.3 / 137.5	1,591.9 / 712.6	46.4 / 11.6	578.3 / 346.7	498.1 / 238.1	3,217.2 / 1,515.5
インド	1.5 / 0.6	1.3 / 0.7	1.7 / 0.4	0.4 / 0.2	4.4 / 1.0	0.8 / 0.2	2.9 / 1.0	1.1 / 0.6	4.3 / 2.1	9.5 / 1.5	3.7 / 2.0	27.1 / 10.1		20.9 / 9.4	25.9 / 11.2	122.8 / 45.6
米国	8.2 / 6.0	10.5 / 9.4	3.1 / 2.5	7.6 / 7.7	24.7 / 17.7	1.1 / 0.5	32.5 / 22.2	20.4 / 16.6	17.8 / 14.1	55.2 / 19.2	59.6 / 57.6	239.6 / 173.0	10.1 / 3.8		215.0 / 163.1	1,037.1 / 731.0
EU	9.2 / 6.8	12.9 / 8.5	6.3 / 4.1	4.7 / 4.2	24.9 / 13.6	3.0 / 1.6	28.8 / 14.1	16.0 / 11.9	27.3 / 19.6	80.3 / 27.9	56.1 / 41.0	266.5 / 151.7	30.6 / 11.2	338.6 / 220.8		4,549.8 / 2,452.2
全体	116.6 / 55.5	128.2 / 72.9	84.3 / 31.8	57.3 / 40.0	205.9 / 109.7	41.8 / 14.9	281.3 / 129.9	182.4 / 97.1	359.5 / 171.3	708.2 / 221.0	525.1 / 316.2	2,648.8 / 1,245.4	124.1 / 41.9	1,798.7 / 1,098.7	4,669.6 / 2,417.8	11,946.9 / 6,139.4

(注) シャドーは3倍以上の伸びを示す。
(出所) Hideki Mukoyama [2008]（IMF の *Direction of Trade Statistics Database*，中華民国『進出口貿易統計月報』等），p. 4 による。

域内の貿易取引品目構成では，一般機械，電気機械，輸送機械，精密機械の4品目のすべてが世界全体の中で輸出・輸入のシェアを上昇させている。中でも，電気機械のシェアの伸びが著しく高く，輸出では2007年に46％に達している。2000年から14ポイントの増加を示し，東アジアは世界最大の輸出地域となっている。さらに，IT関連財を電気機械のみならず，一般機械，精密機械の大部分と考えた場合，世界に占める輸出入のシェアはそれぞれ57％，40％である。域内全体の貿易比率は，2007年に輸出で47.5％，輸入で58.1％となっている[1]。域内貿易比率が高く，それに相応して域外との貿易依存度が低いことは，域外で発生したショックやリスクを軽減する可能性がある。

　しかし，東アジアの域内貿易構造，域内経済依存関係は，地域統合の深化の側面からは，問題点が指摘される。域内貿易比率は，一貫して輸出より輸入の方が高い。域内輸入比率の高さは，地域内の中間財・部品の取引による域内での国際分業・工程間分業の進展を反映している。輸出では，付加価値が高い製品，最終財の比率の多くを域外の欧米市場に依存している。IT関連の最終財を2007年についてみると，域外への依存度は61％を占めている。全商品でも5割を占めている[2]。これに対して，EUでは，域内向けの輸出比率が高く，しかも，中間財と最終財の比率に差がない。東アジアは，貿易自体が域内で完結せず，相対的に域内の消費規模が小さい。今後，東アジアが自立した経済圏を形成するためには，経済格差を是正しつつ，域内消費市場の拡大をはかりバランスのとれた需要構造への転換が求められる。

　FTAなど制度面でも，統合市場のASEANを中心として，地域内での一定の連関・求心力の強まりが示される一方，分散的な多極化傾向もある。安全保障面で戦略性をもつ米韓FTAのように，地域外との強い連携ネットワーク形成も始まっている。APECやその他の地域協定でも米国の影響力の高まりの可能性は否定できない。東アジア共同体構想についても，核となるASEAN＋3（日韓中）の枠組みも不安定である。日韓中ではFTA相互の締結が実現しておらず，

---

1) 平川均・小林尚朗・森元晶文編（2009），36-46ページを参照。
2) 経済産業省『2010　通商白書』，171ページを参照。

わが国のようにASEAN＋6のスタンスをとる国もあり，同一歩調がとれているわけではない。

2. 日本のFTA政策とアジア

2–1 政策転換

日本のFTA政策が大きく転換したのは，21世紀への変わり目の時期である。世界の潮流の中で，21世紀は，空前の大FTA時代を迎えている。自由貿易地域とは，FTAの加盟国の間では関税を撤廃または大幅に軽減するが，加盟国以外からの輸入に対しては独自の関税を適用する制度である。自由貿易地域の数は，1980年代後半から急速に増加し，2008年12月現在では230の地域貿易協定が発効している[3]。20世紀末までの日本は，GATT／WTOを基本とする多国間協議による自由貿易推進の旗を掲げてきた。そもそもFTAには，非加盟国に対する差別の可能性とブロック経済化のおそれがあるため，日本の方針は原則論としては正当であった。当時の外務省では，GATTからWTOに至る多角的貿易体制を守り，発展させることが伝統的な考え方であり，WTOを差し置いて2国間の自由貿易協定でマルチの枠組みを追い抜いてはいけないとされていた[4]。

それが方向転換したのはなぜか。背景にあるのはWTO交渉の停滞や行き詰まりの結果として生じた世界的なFTAブームである。さらにFTAを結んでいないことによる不利益が日本の産業界に認識され，市場アクセスを求める声が高まってきた。例えば，メキシコ市場では，日墨FTA締結前には，日本の輸出品に対して平均16％の関税が課されていた。このため，日本企業は，NAFTAやEU・メキシコFTAを利用できる欧米企業に対して競争上不利になっていた

---

[3] これまでの締結国・地域は，シンガポール（2002年11月発効）をスタートとし，次いで，メキシコ（2005年4月発効）と単発的であったが，2006年以降は急増し，マレーシア（2006年7月発効），チリ（2007年9月発効），タイ（2007年11月発効），インドネシア（2008年7月），ブルネイ（2008年7月発効），ASEAN全体（2008年4月署名，2009年2月までに発効），フィリピン（2008年12月発効），ベトナム（2008年12月署名），スイス（2009年2月署名），と相次いでいる。

[4] 田中均（2009），154–156ページ。

のである[5]。

　経済思潮も大きく変化した。FTA の弊害とされる非加盟国に対する差別を問題にするよりも，加盟国間の自由化による貿易や投資の増大など，目に見える成果を重視する現実主義がトレンドとなってきた。FTA は多国間協定よりも締結が容易であることから，多国間主義の土台となる「積み木」の役割を果たし，グローバルな貿易自由化を促進する要因となる，という評価も高まってきた[6]。このように FTA はスパゲティ・ボウルではなく，むしろビルディング・ブロックであるとの考え方が浸透するようになり，日本も原則論に固執することは得策ではないと考えたのである。また，21 世紀に入って中国と韓国が積極的にFTA 外交を推進するようになったことも日本にとって大きな刺激となっている。

2–2　日本の FTA 交渉

　日本の初めての具体的成果は，シンガポールとの EPA であった。対象は，関税撤廃に加え，金融を含むサービスの自由化，通関手続きの電子化，人材移動面での協力など多岐にわたっている。両国が EPA を推進した背景には，多角的貿易交渉の行き詰まりがあった。1999 年にシアトルで開かれた WTO 閣僚会議が決裂した後，世界各地で 2 国間協定や地域貿易協定締結の動きが加速した。シンガポールは「アジア地域が世界から取り残されかねない」（ゴー・チョクトン前首相）との危機感から，日本に協定締結を持ちかけた。

　日本にすれば，シンガポールは農産品輸出が小さいため，日本国内の農業保護勢力の批判をかわすことができる。シンガポールの提案は渡りに船だった。

---

[5]　Solis, Mireya and Shujiro Urata（2007），pp. 227–245.
[6]　小室程夫著（2003 年）は，国際経済法の立場から，「自由貿易協定は，域内の自由化を推進する反面，域外に対する差別を残す点で無差別原則と真正面から衝突する。しかし，現在では，自由貿易協定を増やすことで，地域レベルの自由化の輪を広げていき，WTO レベルの世界的自由化を容易にするとの考え方が定着している。また，新時代の自由貿易協定は商品・サービス・知的所有権・電子商取引・投資・環境・労働といった広範な国際経済の課題を扱うため，第二次大戦を招いた古いブロックとは異なる」と指摘している。

しかし，日本とシンガポール間の自由貿易協定は象徴としての意味は大きいものの，実際のメリットはそれほど大きくはなかった。両国間の貿易額の84%がすでにゼロ関税になっていたからである。

　農産物を含む本格的なFTA交渉として注目されていたメキシコとのFTAは紆余曲折を経て2005年4月に発効した。交渉はメキシコが日本に輸出する豚肉，野菜，果物など農産物の関税引き下げを強く求めたため難航した。2003年秋には豚肉で日本が譲歩を示し，一時は交渉成立かと思われたが，土壇場でメキシコがオレンジ果汁の輸入枠拡大を求めたため，一度は物別れに終わった。しかし，日本の産業界はメキシコとのFTAの早期締結を望んでいた。NAFTAで域内関税が撤廃された結果，米国企業がメキシコ向け輸出を急拡大させていたからだ。FTAの外にあって高い関税を負担している日本企業は，競争上不利になっていた。

　日本とメキシコとの交渉は，ASEANも中国も注目していた。この交渉で日本が農産物問題で柔軟な姿勢を見せることができるかどうか，が焦点であった。手ごわい交渉相手として知られているメキシコとの合意にこぎつけたことで，ASEAN各国との交渉に弾みをつけることができた。

2–3　東アジアにおけるFTA

　2002年の日本・シンガポールFTAによって東アジアでも本格的なFTA時代の幕が開いた。日本，中国，韓国がFTAに乗り出した共通の要因は，地域経済統合の空白地帯である東アジアが，EUやNAFTAに比べて決定的に遅れをとるのではないか，という危機感であった。アジアにおいては経済の相互依存が強まり，域内貿易比率が着実に上昇していたが，21世紀初頭には制度的なFTAは東アジアでは一本も締結されていなかった。

　中国は，20世紀中はWTO加盟を最優先していたが，日本の政策転換に触発されるかたちで近隣諸国とのFTAを重視するようになった。中国の経済外交が活発になったのは，中国が世界経済のグローバル化を富強の千載一遇の好機と考え，このチャンスを逃してはならないと意識したからである。この時期の日本

の長期経済停滞は，中国がアジアの経済秩序を再編成する絶好の機会と映った。

　FTA は，経済的効果だけでなく，外交上の意味を持つ。日本にとって FTA に参加することはアジアにおけるプレゼンスを確保し，世界の潮流から取り残されないために重要である。同時に，関税撤廃を迫る FTA は，農業など国内問題改革の突破口となる可能性があり，閉鎖的な日本市場というイメージを緩和するためにも必須である。外交戦略上は，中国との対抗軸としての役割をもつ。アジアにおいて中国主導の巨大な自由貿易地域ができれば，中国は政治経済両面でアジアの盟主としての外観を備える可能性があるからだ。

　21 世紀に入ってから中国の FTA 外交の進展は急ピッチである。2001 年には ASEAN との間で十年以内の自由貿易地域形成を目指しての交渉開始を宣言した。これは日本を強く刺激した。さらに中国は，2002 年に，ASEAN と包括的経済協力枠組みで合意し，2003 年には ASEAN の基本条約である東南アジア友好協力条約に加盟し，香港とは CEPA（経済貿易緊密化協定）を結んだ。2005 年，中国と ASEAN との FTA が発効した。さらに，2009 年 8 月には中国と ASEAN は投資協定に署名し，19 億人の自由貿易地域が誕生した。2011 年には台湾との ECFA（経済協力枠組協定）が発効する。

　この間，韓国は日本と中国を上回る積極的な FTA 政策を推進し，米国，EU，インドと FTA 締結で合意し，東アジアにおける FTA 締結競争で先頭を走っている。

3. FTA 利用の実態

3–1　低い認知度（2005 年調査）

　前節で見たように，FTA は日本の貿易政策および外交上大きな意味を有している。それでは，日本企業は FTA を実際にどの程度活用し，どのように評価しているのだろうか。

　FTA があまり利用されていないという声が，全国の商工会議所の間で高まったのは 2005 年の夏であった。商工会議所は特定原産地証明書の発給手続き業務を行っている。特定原産地証明書は，輸出される物品が特恵関税の適用を受け

る際に必要となる。

　2005年4月にメキシコとのFTAが発効したが，特恵関税を利用するための原産地証明の申請数は事前の予想を下回った。発給は月平均でおよそ400件であったが，当初見込みでは，この数倍の件数が想定されていた。

　原因を探るため大阪・神戸・京都の三商工会議所の協力によって，2005年8月から9月にかけて緊急アンケートを実施した。回答社数は576社であった（表8–2）。

　その結果，実際にメキシコ向け特定原産地証明書を取得したことが「ある」は10.9％しかなかった。証明書の取得のために「企業登録したが取得はない」とする潜在的利用層の9.4％を加えても利用率は20.3％であった。

　FTA特恵関税は予想外に活用されていなかった。最大の原因は，この制度の認知度自体が低かったことである。特定原産地証明書を「知っている」と答えた企業は全体の27.3％であった。一方，「聞いたこともない」は，27.6％に達していた。「聞いたことはあるが，詳細は知らない」が43.9％と多数派であった。

　特定原産地証明書に関心がない企業に理由を聞くと（複数回答），「メキシコとの取引がない」からが71.0％と圧倒的で，「どのような証明書なのか知らない」も17.3％あった。

3–2　企業ニーズとのずれ（2006年調査）

　前回調査から約1年後の2006年10月に同様の調査を行った。メキシコに加えてシンガポール，マレーシアとのFTA利用率も調査した。回答社数は469社であった（表8–2）。

　日墨FTAの利用状況は「輸出と輸入の両方に利用している」が8社，「輸出に利用している」が45社，「輸入に利用している」が1社，「その他の利用」が5社と何らかの形で利用している企業は59社であった。利用率は12.5％である。輸出にはある程度活用されていることがわかる。

　日本・マレーシアFTAの場合は「輸出と輸入の両方に利用している」が8社，「輸出に利用している」が10社，「輸入に利用している」が7社，「その他の利

表 8–2　日本が締結した FTA 利用率に関する調査

	対象 FTA	時期	調査対象企業	調査票送付数	回答社数	回答率
05 年調査	メキシコ	2005 年 8 月	大阪・神戸・京都商工会議所の貿易部会登録企業	2,647	576	21.76%
06 年調査	シンガポール メキシコ マレーシア	2006 年 11 月	大阪・神戸・京都商工会議所の貿易部会登録企業およびジェトロ関西地区会員企業	4,204	469	11.15%
08 年調査	メキシコ マレーシア チリ タイ	2008 年 2 月	東京・名古屋・大阪・神戸・京都商工会議所の貿易部会登録企業	10,953	1,684	15.41%

用」が 1 社と何らかの形で利用している企業は 26 社である。利用率は 5.5% とやはり低調であった。

　なお，日本・シンガポール FTA の利用率は 3.8% と極端に低かったが，これは特殊ケースである。そもそも両国間の関税率が非常に低く，対象品目もビールなどに限定されていたため FTA を利用する余地がなかったからである（石川 2007）。

　2006 年調査でも FTA 利用率は全般に低かった。FTA 締結国と取引が大きくないため FTA を利用するまでもないとする企業が多い。それでは，実際に FTA を利用している企業にとってメリットは発生しているのだろうか。収益が増加したと答えた企業は，メキシコ，マレーシアともに約 12% であった。今のところ何ともいえないとする企業の割合はともに 5 割程度であった。

4. 大規模アンケート調査

4–1　アンケート方式（2008 年）

　この節では，2008 年 2 月に全国の商工会議所と経済産業研究所の協力を得て実施した大規模アンケート調査（2008 年調査）の結果をやや詳しく述べる。従来の関西の商工会議所に加えて，東京と名古屋も含めて全国規模で行われた初の

FTA 利用実態調査である。これまでの約 3 倍のサンプル数を確保することができた。アンケートはインターネットと郵送を併用した。表 8-2 は，すでに述べた 2005 年調査・2006 年調査とこれから述べる 2008 年調査の実施方式である。

4-2 利用率は 1～3 割

　関税の減免が適用され，企業にメリットが大きいと考えられる FTA 特恵関税の利用率は 2008 年調査ではどの程度であろうか。表 8-3 は，日本企業の輸出に関して，FTA を利用しているかどうかを国別・品目別に集計したものである。国別に全体の利用率を見ると，メキシコは 32.9％ と比較的高いが，チリは 23.7％，マレーシアは 12.2％，タイは 10.8％ と低調である[7]。この数字をどのように評価すべきだろうか。

　メキシコ向け輸出をしているのは 286 社でそのうち 94 社 (32.9%) が FTA を利用している。2005 年調査における利用率は 10.9％ であったので 2 年間でかなり上昇した。品目別にみると輸送機械，鉄鋼で高い利用率を示している。日墨 FTA が結ばれた背景には，市場アクセスを求める日本の自動車・鉄鋼業界などの強い後押しがあった。試算によれば，メキシコと FTA を結んでいないことによる機会損失は年間 4,000 億円に達していた[8]。このように産業界のニーズが高かった日墨 FTA には利用率が高まる素地があったといえるだろう。

　チリ向け輸出をしているのは 232 社。そのうち 55 社が FTA を利用している。利用率は 23.7％ である。ここでも，輸送機械と鉄鋼が比較的高い利用率を示している。

　マレーシア向け輸出をしているのは 695 社とメキシコ向けよりもかなり多い。そのうち FTA を利用しているのは 85 社 (12.2%) である。利用率は 2006 年調査の 5.5％ からわずかに上昇している。ここでも輸送機械が比較的高い利用率になっている。

---

[7] 国ごとの利用率の差は，1 つには，メキシコ，チリに比べてマレーシア，タイでは日本企業（特に中小企業）の大量進出を反映して母数が多いことによるものである。

[8] Solis, Mireya and Shujiro Urata (2007), pp. 228.

表8-3 輸出におけるFTA利用率（国別・取扱品目別）

メキシコ				マレーシア			
品目分類	企業数	FTA利用	利用率	品目分類	企業数	FTA利用	利用率
鉄鋼	19	9	47.4%	鉄鋼	50	9	18.0%
産業機械	72	19	26.4%	産業機械	170	17	10.0%
輸送機械	43	22	51.2%	輸送機械	88	23	26.1%
電気・電子	40	9	22.5%	電気・電子	86	9	10.5%
繊維	13	5	38.5%	繊維	46	6	13.0%
化学	36	9	25.0%	化学	103	7	6.8%
日用品	17	4	23.5%	日用品	41	4	9.8%
食品	11	4	36.4%	食品	26	4	15.4%
その他	35	13	37.1%	その他	85	6	7.1%
合計	286	94	32.9%	合計	695	85	12.2%

チリ				タイ			
品目分類	企業数	FTA利用	利用率	品目分類	企業数	FTA利用	利用率
鉄鋼	18	6	33.3%	鉄鋼	68	11	16.2%
産業機械	43	9	20.9%	産業機械	212	15	7.1%
輸送機械	42	14	33.3%	輸送機械	86	12	14.0%
電気・電子	28	4	14.3%	電気・電子	106	7	6.6%
繊維	10	1	10.0%	繊維	67	13	19.4%
化学	30	6	20.0%	化学	128	13	10.2%
日用品	17	3	17.6%	日用品	55	3	5.5%
食品	13	3	23.1%	食品	51	13	25.5%
その他	31	9	29.0%	その他	137	11	8.0%
合計	232	55	23.7%	合計	910	98	10.8%

タイ向け輸出をしている910社のうちFTAを利用しているのは98社でしかなく，利用率は10.8％と低水準である。ここでは食品が比較的高い利用率を示している。

4-3 FTAを使わない理由

FTA利用率が全般に低いのはなぜか。FTA特恵関税を利用すれば得られるで

あろう利益をなぜ享受しようとしないのか。2008年調査でもFTA締結国と取引が大きくないためFTAを利用するまでもない，と考える企業が多い（表8-4）。

日本企業がFTA利用に消極的なのは，日本企業の海外取引先および海外進出状況とFTA締結国がうまくかみ合っていないからである。2006年調査にこれを裏付けるデータがある。調査対象企業の海外取引の上位5カ国を質問したところ，第1位にあがったのは中国，次いで米国，韓国，台湾である。また，FTA締結希望国として上位にあがったのは，ASEAN全体，インドネシア，韓国，中国であった[9]。

これまで日本は11本のFTAを締結・署名したが，それらがカバーする貿易額はまだ小さい。FTA相手国への輸出は，日本の輸出総額の15％台にとどまっている。またFTAの内容や利用方法が良く分からないために二の足を踏んでいる企業も少なくない。原産地証明書の取得にかかる手間も企業にFTA利用をためらわせる要因になっている[10]。表8-4は，FTAを利用しない理由を集計したものである。

この回答と個別企業へのヒアリングの結果，日本企業のFTAを利用しない「本音」が次のように浮かび上がってきた。

①FTA締結国との貿易が少なくFTAを利用するまでもない。これらの4か国はいずれも日本にとって重要な貿易相手国ではあるが，貿易のボリュームという点では中国，米国，EU，韓国などと比べるとウェイトは小さい。個別の企業は，輸出のロットが小さい場合は，手間をかけて原産地証明を取得するまでもないと考えている。②FTAの存在を知らないか，知識がない企業も多い。FTAが本格化してから10年近く経つが，いまだにFTAに関する基本的知識がない企業が二割程度存在する。③FTA特恵関税利用の前提となる原産地証明の取得が難しいと感じる企業が多い。FTAにおける域内産品のうち，特恵関税を適用されるのはFTA原産地規則を満たす産品に限定される。このため証明は一般に

---

9) 高橋克秀（2007），177ページを参照。
10) 石川幸一著（2007）は，FTAを使う必要のないケースや使いたくても使えないケースを例示している。

表 8–4　FTA を利用しない理由

理由	メキシコ	マレーシア	チリ	タイ
FTA 締結国との貿易量が少ない	25.8%	20.5%	13.4%	18.7%
FTA を知らない／よくわからない	22.6%	20.5%	14.9%	18.5%
原産地証明書の取得が難しい	16.1%	13.8%	28.4%	17.6%
原産地証明基準を満たすのが難しい	3.2%	2.2%	4.5%	9.8%
FTA による関税引き下げ幅が小さい	4.8%	7.1%	1.5%	1.6%
FTA 関税の方が MFN 関税よりも高い	0.0%	1.3%	0.0%	3.0%
検討中	3.2%	8.0%	10.4%	9.8%
その他	12.9%	10.7%	19.4%	12.2%
無回答	11.3%	15.6%	7.5%	8.7%

厳格である[11]企業にとっての原産地証明書の取得コストは，手続きにかかわる直接コストよりも情報収集コストの占める割合が大きく，人的・組織的に限界がある中小企業にとって大きな負担になっている（IDE 2007）。④ FTA による関税引下げ幅が小さいとする企業も存在する。⑤ 場合によっては FTA 税率の方が MFN（最恵国）税率よりも高くなってしまう「逆転現象」が発生する（表 8–6 のタイのケース）。MFN 税率の引き下げテンポが速い場合は FTA 税率の引き下げスケジュールを追い越してしまうケースがまれに発生するのである。

次に，企業規模と FTA 利用率には明確な相関がある。表 8–5 に見るように，資本金 100 億円以上の大企業の FTA 利用率が 19% であるのに対し，資本金が小さい中小企業の利用率はかなり低い。

4–4　FTA の効果

表 8–6 は，FTA を利用している企業がその効果をどのように評価しているか

---

11) この規則を満たさない産品は域外産品国品と同様，通常関税率に従う。これは第 3 国企業による FTA 特恵関税のただ乗りの防止や域内産業保護のための産業政策などが理由である。特に先進国は FTA 締結によって，開発途上国の安価な製品が締結国を経由して大量に流入することを警戒している。

表 8-5 企業の資本金別 FTA 利用率

資本金		企業数	FTA 利用企業	利用率（%）
I	100 億円以上	79	15	19
II	10 億円以上 100 億円未満	128	19	14.8
III	1 億円以上 10 億円未満	285	24	8.4
IV	5000 万円以上 1 億円未満	226	13	5.8
V	1000 万円以上 5000 万円未満	751	58	7.7
VI	1000 万円未満	144	12	8.3
	回答なし	71	9	12.7
	合計	1684	150	8.9

をまとめたものである。メキシコで輸出の増加，マレーシアで利益の増加などが見られるものの，「はっきりとした影響なし」と「無回答」が多数派をしめている。全般的には明確な貿易創造効果は表れていない。一方，コストの増加という回答が1割程度ある点に注意が必要である。この点，若杉隆平教授（京都大学）は「地域貿易協定のもとで原産地を証明することは貿易費用を増加させる可能性がある。こうした貿易コストの増加は市場アクセス改善の便益を相殺することになりかねない」と指摘している。

5. FTA 利用の決定要因

5-1 計量的分析

この節では，アンケート調査から得られたデータをもとに企業が FTA を利用する決め手となる要因を探った。企業のどのような属性が FTA の利用に影響を与えているかを計量的に分析する。推計方法は Probit Model である[12]。

ここでは次のような仮説を設定した。

① これまでに見たように，FTA 特恵関税を利用するには，貿易実務と国際法務に関する専門的な知識が必要となる。このため，企業内部に専門的な人材を抱え，組織的に対応できる大企業の FTA 利用率が高くなる傾向があると考えられる。

---

12) 推計結果の詳細は，Takahashi and Urata（2009）を参照。

表 8-6 FTA の効果　　　　　　（複数回答，%）

	メキシコ	マレーシア	チリ	タイ
輸出の増加	12.5	9.9	5.9	6.2
輸出に変化なし	34.7	20.9	19.6	25.7
利益の増加	4.2	14.4	2.0	7.1
利益に変化なし	9.7	8.8	3.9	8.0
コストの増加	12.5	11.0	5.9	10.6
コストに変化なし	4.2	6.6	3.9	7.1
はっきりとした影響なし	27.8	24.2	35.3	37.2
無回答	20.8	34.1	35.3	22.1

②直接投資などを通じて FTA 締結国との結びつきが強い企業ほど，日本と現地の拠点との間の企業内貿易を通じて FTA を利用する傾向があると考えられる。

③企業にとって，FTA 締結国が取引額の大きな重要な貿易相手国であれば FTA を使う傾向があると考えられる。

④輸送機器など特定の取扱品目が FTA 利用を促進する傾向があるのではないかと考えられる。

この推計における被説明変数は，企業が FTA を利用しているか否かである。FTA を利用していれば＝1，利用していなければ＝0 とおいた。

FTA を利用しているか否かに影響を与えている要因として使用した説明変数は，企業規模の代理変数としての ① 従業員数（100 人以上＝1，それ以下は 0），② 資本金（10 億円以上＝1，それ以下は 0），③ 売上高（100 億円以上＝1，それ以下は 0），④ 相手国への進出状況（当該国に生産・販売拠点などを持っている＝1，そうでなければ 0），⑤ 相手国の貿易上の重要度（当該国がその企業にとって上位 3 位以内の輸出相手国である＝1，そうでなければ 0），⑥ および当該企業の取り扱い品目ごとに変数（その品目を扱っていれば＝1，扱っていなければ 0）をおいた[13]。

---

13) なお，企業規模を示す従業員数，資本金，売上の間には強い相関がある。これらの変数を同時に推計式に入れるとマルチコリニアリティ（多重共線性）が発生する。このため別々の推計式を用いた。

5-2 推計結果

表8-7は推計結果を整理したものである。***は1％，**は5％，*は10％水準で統計的に有意であることを示す。推計の結果，次のような傾向が明らかになった[14]。

FTA利用の決定要因としては，以下のことが明らかになった。

① 企業規模が大きいほどFTAを利用する傾向がある。② 企業規模の指標としては，資本金がどの国でも有意である。同様に売上高も有意であるが，従業員数はさほど有意ではない。③ 相手国に何らかの形で進出している企業はFTAを利用する傾向がある。④ 相手国が当該企業の主要貿易相手である場合はFTAを利用する傾向がある。⑤ 取扱品目では輸送機械を扱う企業がFTAを利用する傾向がある。

このように先に述べた仮説は，おおむね統計的に支持されたといえるだろう。

おわりに——課題と展望

日本はFTA政策を積極的に推進しており，すでに11本のFTAを締結している。これは中国の8本，韓国の5本を上回っている。この面では，日本のFTA政策は前進していると評価される。日本の特徴はASEANを中心にFTA締結を進めてきたことである。これは，日本企業がASEANに張りめぐらした生産ネットワークとサプライ・チェーンの活用を意識したものであった。また，農産品分野の交渉が決定的な亀裂を生まないという意味でASEANとの交渉は比較的順調に進んできた。

ASEAN以外ではメキシコとの交渉で豚肉とオレンジをめぐって難航したが，コメが主要テーマになることはなかった。チリ，スイスも同様である。

一方，日本のFTA締結国への輸出額は日本の輸出総額の15％台であり，韓国の40％，中国の24％と比べて低い。FTAを利用する立場の企業からは，日本のFTAが小粒であるとの印象は免れない。例えば，韓国は米国とのFTAに

---

14) 推計結果の詳細は，Takahashi and Urata（2009）を参照。

表8-7　企業がFTAを利用する決め手となる要因

	メキシコ	マレーシア	チリ	タイ
従業員数が100人以上であること	**			
資本金が10億円以上であること	***	**	***	***
売上高が100億円以上であること	**	**	**	*
相手国に事業拠点を持っていること	***	***	***	***
相手国が主要な貿易先であること	***	***	***	
鉄鋼を扱っていること				*
産業機械を扱っていること				
輸送機械を扱っていること	***	***	***	*
電子・電気器機を扱っていること				
繊維を扱っていること			*	*
化学品を扱っていること				
雑貨を扱っていること				*
食料品を扱っていること				*
その他製品を扱っていること		**		

署名したあと，EU，インドとも署名し，グローバルなFTA戦略を推進している[15]。日本製品は今後，欧米とインド市場で韓国製品との競争上，不利になる可能性がある。同時に，韓国市場において欧米製品との競争上，不利になることも考えられる。日本も中国，米国，EUを視野に入れた交渉を進めるべき時期が来ている。経済界はそれを強く望んでいる[16]。この際，従来の農業保護政策をそのまま続ければ，交渉は難航するだろう。日本は大きな戦略転換を迫られている。

---

15) 米韓FTAは2011年に発効する見込みである。
16) 関西経済連合会など五団体がまとめた「経済連携協定の推進と利用促進に関する要望」(2008年7月7日)は「わが国の交渉リストには，EU，米国や中国などの大市場国・地域が含まれていない。一方，韓国は米国とのFTAを昨年合意し，さらにEUとの協定へと自由貿易の枠組みの拡大を目論んでいる。こうした他国の動向が，わが国の国際競争力の阻害要因となる危惧は大きく，大市場国を含む新たなEPA戦略を構築し推進するように強く求める」としている。

アジア全体のFTAの動向をみると,現状ではASEANをハブとして,日・中・韓・インド・オーストラリア,ニュージーランドが個別のスポークのようにFTAで結ばれることになった。将来像としての東アジア広域FTA実現に向けての下地はできつつある。現状では日本と中国あるいは日本と韓国が2国間FTAを結ぶためにはさまざまな障害がある。しかし,東アジア広域FTAという新しい大きな枠組みで考えることによって,実質的な日中,日韓FTAを模索していく時機が来ている。また,TPP（環太平洋経済連携協定）も近い未来の課題である。それは,日本企業のニーズにも合致している[17]。

3回のアンケート調査の結果,日本企業はFTAによる利益を十分に享受していないことが分かった。

この理由として①FTAがよく知られていない,②FTAの相手国との貿易額が大きくない,③FTA特恵関税を利用するときに必要な原産地証明書の取得コストが大きい,④FTA税率とMFN（最恵国）税率の差が小さい,などが浮き彫りになった。企業の属性からFTA利用率を分析すると,大企業やFTA締結国に拠点を持っている企業はFTAを利用する傾向にあることがわかった。また,輸送機械と鉄鋼を扱う企業で利用率が高い。

中小企業の間では自由貿易協定の認知度が低く,特恵関税利用のための原産地証明書を取得した経験のある企業はごく少数である。中小企業の場合は,原産地証明書の取得のための情報も人材も組織も十分ではない。この点は,経済産業省,日本商工会議所,日本貿易機構などが行っている支援をさらに強化していく必要がある。

せっかくFTAが締結されても,実務的に使い勝手が悪く,企業にとって利用しにくいのであればベネフィットは期待できない。企業ニーズに合致した制度設計が企業のFTA利用意欲を引き出し,貿易創造効果を生んで日本の経済厚生

---

[17] 民主党の政策はマニュフェストに次のように明記されている。「米国との間で自由貿易協定（FTA）の交渉を促進し,貿易・投資の自由化を進める。その際,食の安全・安定供給,食料自給率の向上,国内農業・農村の振興などを損なうことは行わない」。なお,民主党は2011年にTPPに参加するかどうかの決定を行うとしている。

水準を高めることになるだろう。

　最後に，FTA の東アジアにおける地域統合，共同体形成に関わる関係について述べておきたい。経済統合・市場統合へのコースについては，評価が分かれる。市場統合を肯定的にとらえる見方では，東アジアは，事実上の経済統合の強みがあり，今後の生産・流通ネットワークの再編により，経済依存が一層高まり，欧州の EU のような関税同盟の結成を経過せずに市場統合の条件が形成されるとしている。これとて，FTA による制度面での支援作用を大きく重視している。東アジアでは，2 国間・複合国間 FTA が締結され，統合市場の ASEAN が存在しているものの，単一市場統合に向けての具体的・実効的な行動はとられていない現状にある。先に述べたように，ASEAN＋3（日中韓）枠組も不安定である。市場統合のための条件構築のためには，今後，自己完結的な方向での経済圏の確立が必要であり，そのためには，FTA など制度面での地域間連携の強化と政府政策面での保護政策の後退と総合的施策の調整などが求められる。なにより，肝要なのは，日韓中，3 カ国間での FTA の締結の実現である。日韓中の FTA 締結の障害になっているのは，非整合的なセンシティブセクターの存在である。センシティブセクターは，さまざまな条件により国際競争力が弱く輸入自由化の一律的な適用によって経済的影響が大きな産業部門を意味するが，3 カ国では，このセクターに属する品目は，農産物品など第 1 次産品を中心に，石油化学製品や輸出機器などの一部工業品目が含まれる。このうち，日本でのセンシティブセクター品目の大部分は，農林水産物である。農産物については，関税措置の価格政策によるのではなく，農業政策の構造転換の推進が求められる。さらに，第 1 次産業に比較優位をもつ ASEAN を含む東アジア自由貿易協定が拡大し，このもとで農業保護が正当化されない傾向が加速すると，インセンティブを固定化させない国内政策が求められる。農産物貿易がいわば産業内貿易の時代になると，農産物の差別化戦略が必要でこれに沿った柔軟な政策対応も必要とされるところである。運輸・物流などサービス部門，インフラの整備についても発展段階が異なることから，一部にセンシティブ部門が含まれている。センシティブ部門について，取り扱いに整合性をもたせ，いかに削減を

はかるかが，日中韓 FTA 実現，ひいては東アジアの地域統合のための重要な課題となる。

※本章 2～5 は高橋（2009）の成果を利用している。利用を認めていただいた日本関税協会にお礼申し上げる。

参考文献

阿部一知・浦田秀次郎・NIRA 編（2008）『日中韓 FTA―その意義と課題』日本評論社。
石川幸一著（2007）「FTA は使われていないのか」『季刊　国際投資と貿易』1-69，8月。
浦田秀次郎（2009）『国際経済学入門　第 2 版』日本経済新聞出版社。
小室程夫（2003）『国際経済法入門』日本経済新聞出版社。
柴田洋二（2009）「JTEPA（日タイ経済連携協定）発効後 1 年を振り返る・1」『貿易と関税』2009 年 3 月。
高橋克秀（2007）『アジア経済動態論』勁草書房。
高橋克秀（2009）「日本の FTA 政策の評価と課題」『貿易と関税』2009 年 12 月。
田中均（2009）『外交の力』日本経済新聞出版社。
畠山襄（2009）「大型 FTA で海外市場の拡大を目指せ」『中央公論』7 月。
平川均・小林尚朗・森本晶文編（2009）『東アジア地域協力の共同設計』西田書店。
若杉隆平（2009）『国際経済学　第 3 版』岩波書店。
Greene, William H.（2007），*Econometric Analysis*, 6th edition, Prentice Hall, NJ, USA.
Institute of Developing Economies（2007），"Economics of East Asian Economic Integration, Midterm Report" Koji Nishikimi ed.
http://www.ide.go.jp/Japanese/Publish/Report/pdf/Ch9_Hiratsuka.pdf
Institute of Developing Economies（2009），"Who Uses FTAs?" IDE Discussion Paper No. 207.
Japan External Trade Organization（2008），*White Paper on International Trade and Foreign Direct Investment*.
Mukoyama Hideo（2008），"Emerging Economics and Changing Trade and Investment Patterns in Asia", *Economic and Monetary Cooperation in East Asia*, Institute of Economic Research, Chuo University.
Munakata, Naoko:（2006），*Transforming East Asia — The evolution of regional economic integration*, Brookings Institute Press.
Solis, Mireya and Shujiro Urata（2007），"Japan's New Foreign Economic Policy: A Shift towarda Strategic and Activist Model?" *Asian Economic Policy Review*, Vol. 2, Issue 2, December, pp. 227–245.
Takahashi, Katsuhide and Shujiro Urata（2008），"On the Use of FTAs by Japanese Firms," RIETI Discussion Paper Series 08–E–002.
Takahashi, Katsuhide and Shujiro Urata（2009），"On the Use of FTAs by Japanese Firms: Further Evidence," RIETI Discussion Paper Series 09–E–028.

第 9 章

ASEANの経済統合と東アジア経済連携

はじめに

　2010年は東アジアの地域統合にとり画期的な年となった。まず，ASEAN自由貿易地域（AFTA）がASEAN6で，ASEANと中国のFTA，ASEANと韓国のFTAが，ASEAN6と相手国との間で関税を撤廃し，FTAがほぼ実現した。次に，ASEANと豪州，ニュージーランドとのFTA，ASEANとインドのFTAが発効した。日本とのEPAは2008年に発効しており，ASEANをハブとする主要国とのFTAネットワークが完成したのである。

　ASEANは，FTAから統合の次の段階である経済共同体の2015年創設に向けて行動計画を実行している。ASEAN経済共同体では，物品，サービス，投資，熟練労働者，資本の自由な移動が実現される。

　ASEANと主要国とのFTAは，自由化レベル，原産地規則，関税削減・撤廃スケジュールが一様ではない。企業は，東アジアのFTAを比較検討し，調達，販売，生産をどこで行うかという東アジアの事業戦略を再構築する必要に迫られている。一方，政府レベルでは，東アジア全域をカバーするFTAの創設が課題となっている。現在，EAFTA（東アジアFTA），CEPEA（東アジア包括的経済連携），FTAAP（APEC・FTA）という3つの構想が検討されているが，TPP（環太平洋

経済連携協定）が 2009 年以降急速に注目を集めている。

本章では，ASEAN をハブとする東アジアの FTA の現状と課題を取り扱っている。第 1 節では，AFTA の現状と評価を行い，第 2 節では，ASEAN 経済共同体の進展状況と課題を論じている。第 3 節では，ASEAN と中国，韓国，日本，インド，豪州・ニュージーランドとの FTA の内容を概観し，FTA ネットワークの形成に対応して東アジアで事業を展開する企業が戦略を再構築する必要を指摘している。第 4 節では，ASEAN が東アジアの経済連携をどう位置づけているのかを検討すると共に質の高いアジア太平洋 FTA として注目されている TPP について論じている。

1. 完成した ASEAN とその評価

1-1 AFTA の創設とその背景

ASEAN 自由貿易地域（AFTA）は，2010 年 1 月 1 日に域内貿易の約 9 割を占める ASEAN6（ブルネイ，インドネシア，マレーシア，フィリピン，シンガポール，タイ）が域内関税を撤廃したことによりほぼ完成した。CLMV（カンボジア，ラオス，ミャンマー，ベトナム）と呼ばれる新規加盟 4 カ国の関税撤廃は 2015 年 1 月である。最初に AFTA 創設とその後の経緯および制度の概要をみておこう。

AFTA は，タイのアナン首相が 1991 年 6 月に提案した ASEAN 自由貿易地域構想に起源が遡れる。同構想は，7 月の ASEAN 外相会議と 10 月の経済閣僚会議で承認され，構想を具体化した ASEAN 経済協力強化のための枠組み協定（The Framework Agreement on Enhancing ASEAN Economic Cooperation，以下，枠組み協定）が 1992 年の第 4 回会議で調印された。枠組み協定は第 2 条で，① 全加盟国が ASEAN 自由貿易地域（AFTA）に 15 年以内に加わることに合意，② 共通効果特恵関税制度（Common Effective Preferential Tariff，CEPT）が AFTA のメカニズムとなること，③ 非関税障壁の削減・撤廃を行うこと，を規定している。共通効果特恵関税制度については，CEPT 協定（Agreement on the Common Effective Preferential Tariff Scheme for The ASEAN Free Trade Area）が調印された。

AFTA 創設の理由は，タイ政府がアナン首相提案に関連して経済大臣会議に

提出したディスカッション・ペーパーに説明されている[1]。同ペーパーには，①ウルグアイ・ラウンドにより実現するより自由な貿易体制に備え ASEAN の産業を域内の競争に晒すこと，② ASEAN 域内の貿易自由化による対内外国投資と輸出の促進，③欧州単一市場と NAFTA の登場により ASEAN の国際経済交渉における重要性低下への懸念，④ ASEAN がより強力な経済統一体となることにより APEC と EAEG（東アジア経済グループ）により効果的に参加できる，の4点である。②については，中国が外国投資誘致の競合国として急速に台頭してきたことが背景として指摘できる。

1–2 制度の概要

AFTA の当初の目標は関税撤廃ではなく関税率の 0–5％ への削減であった。1992 年に発効したときは 6 カ国だったが，ASEAN 加盟国は全て参加することになっており，ASEAN 新規加盟 4 カ国は加盟の翌年に AFTA に参加している[2]。

対象品目は，資本財，加工農産品を含む全ての製造業品であり，当初対象外だった未加工農産品は 1994 年に関税削減の対象に含まれすべての品目が対象になった。AFTA は互恵主義を採用しており，相手国が関税削減の対象としていない品目については関税削減をしなくてもよい。原産地規則は 40％ 累積付加価値基準であった。当初は ASEAN 域内から輸入される中間財の原産割合が 40％ を満たさないと累積の対象とならなかったが，2005 年 4 月の改正により中間財の価額が最終製品の価額の 20％ を満たせば累積を認められるようになった[3]。さらに，2008 年には関税番号変更基準（HS4 桁）も導入された。

貿易品目は，IL（Inclusion List），TEL（Temporary Exclusion List），GEL（General Ex-

---

1) Rudolfo C. Severino (2007), Southeast Asia In Search of ASEAN Community, ISEAS p. 223.
2) AFTA の制度の概要については，Paul Davidson (2002), ASEAN The Evolving Legal Framework for Economic Cooperation, Time Academic Press, pp. 68–124.
3) 原産地規則の改定については，国際経済交流財団 (2006)『EAFTA 原産地規則の構想』20–21 ページ。

clusion List), Sensitive List に分類されている。IL は 0–5% への関税削減を行う品目のリストである。TEL は一時的に関税削減の対象外とする品目であるが，順次 IL に移され，0–5% への関税削減を行う。GEL は，安全保障，公徳，人間と動物の衛生・健康，芸術的あるいは歴史的・考古学的価値の保護などの目的で例外とする品目である。Sensitive List は未加工農産物を対象としている。

1-3 自由化の加速と AFTA の実現

AFTA は，当初は 2008 年に関税を 0–5% に削減する計画だったが，1994 年と 1998 年の 2 回にわたりスケジュールが前倒しされ，ASEAN6 の関税の 0–5% への削減は 2002 年となった。関税撤廃は，1999 年の首脳会議で，ASEAN6 は 2010 年，新規加盟国は 2015 年（センシティブ品目の一部は 2018 年）との約束が行われた。

2004 年には，11 優先統合分野について，ASEAN6 は 2007 年 1 月 1 日，CLMV は 2012 年 1 月 1 日までに CEPT 関税を撤廃するとした[4]。11 優先統合分野は，① 農産物加工，② 自動車，③ エレクトロニクス，④ 漁業，⑤ ゴム製品，⑥ 繊維・衣類，⑦ 木製品，⑧ 航空，⑨ e-ASEAN，⑩ ヘルスケア，⑪ 観光，であり，航空と観光を除く 9 分野が関税削減の対象分野である。優先統合分野は品目数で 40%，2003 年の域内貿易額の 50% 超を占める。ただし，品目数の 15% はネガティブ・リストとして除外できる。

2009 年 8 月の AFTA の自由化率（IL 品目の比率）は 99.2%，ASEAN5 については 99.4% と 100% に近い（表 9-1）。例外品目だった TEL は，全て IL に移行されており，GEL と米などセンシティブ品目および高度センシティブ品目が一部に残っているだけである。関税撤廃品目の比率は ASEAN5 では 84.8 %，ASEAN 全体では 69.3% である[5]。

---

[4] 優先分野の先行統合は，マッキンゼー・レポート（Mckinsey & Company. ASEAN Competitive Study）の提言である。
[5] 助川成也（2009）「ASEAN を中心とした FTA をいかに活用するか」（ジェトロ・セミナー配布資料）。

表 9–1　AFTA の自由化状況（2009 年 8 月）　　（単位：％）

	自由化率	関税撤廃率
インドネシア	98.8	79.0
マレーシア	99.2	82.3
フィリピン	99.5	81.9
シンガポール	100.0	100.0
タイ	100.0	80.0
ブルネイ	99.1	87.2
ASEAN6	99.4	84.8
ベトナム	98.3	55.1
新規加盟国	98.8	45.4
ASEAN 全体	99.2	69.3

（注）新規加盟国は，ベトナム，ラオス，ミャンマー，カンボジアの 4 カ国。
（出所）ジェトロアジア大洋州課，原資料は ASEAN 事務局。

　2010 年 1 月 1 日に ASEAN6 の域内関税が撤廃され，7,881 品目（タリフライン）がゼロ関税となり，99.11％ の品目が AFTA の対象となった[6]。ASEAN6 の AFTA 平均関税率は 2009 年の 0.75％ から 0.05％ に低下し，新規加盟 4 カ国の AFTA 平均税率も 2009 年の 3％ から 2.61％ に低下した。ブループリントでは，SL，HSL の自由化対象品目（IL）への移行と 0–5％ への関税削減は，2010 年 1 月（ASEAN6），2013 年 1 月（ベトナム），2015 年 1 月（ラオス，ミャンマー），2017 年 1 月（カンボジア）である。

1–4　高まる AFTA 利用率

　FTA を利用するためには，FTA 利用による恩恵がコストを上回る必要がある。すなわち，MFN 税率と FTA 特恵税率の差（FTA 特恵マージン）が原産地証明書取得に伴うコストを上回れば FTA は利用するメリットが出てくる。ジェトロの調査によると，ASEAN の日系企業の FTA マージンは平均 5.2％ であり，FTA 利

6）　ASEAN 事務局 HP（2010 年 1 月 3 日）。

用のメドは MFN 税率と FTA 特恵税率との差が 5-6% である[7]。

　ASEAN 各国政府は AFTA の利用率を発表していないが，原産地証明書発行額をベースにジェトロが推計を行っている。ジェトロ推計によると AFTA 利用率は 2003 年以降急速に高まっている[8]。AFTA を利用したタイの域内貿易比率は，1998 年は 4.0% だったが，2009 年上期は 28.9% に高まった。関税率が 6 品目を除いて 0% のシンガポールへの輸出は CEPT を使う必要がないため CEPT 利用率は極めて低い。シンガポールを除いた域内貿易に占める CEPT を使った輸出比率は，2009 年上期は 36.7% である。2009 年上期を国別にみると，対インドネシア輸出は 54.0%，対フィリピン輸出は 55.7% に達するなど高い比率となっている。

　AFTA が利用されない理由として複雑で時間がかかる手続き上の問題が指摘されていた。しかし，国際貿易投資研究所の ASEAN 6 カ国での調査によると，一部に問題は残っているものの全体として AFTA の利用はスムーズとの結果となっている[9]。

1-5　CEPT から ATIGA へ

　ASEAN 物品貿易協定（ASEAN Trade in Goods Agreement: ATIGA）が 1992 年に調印された CEPT 協定に代わる協定として 2009 年 2 月に締結されている。

　CEPT 協定は，全体で 10 条の極めて短い協定であり，不十分で曖昧な点が多かったが，ATIGA 協定は全体で 11 章 98 条の包括的な協定である（表 9-2）。

　ATIGA の意義は，① CEPT 協定が極めて短く曖昧だったためその後多くの補完する協定や議定書が出され極めて複雑となっていた AFTA 関連の法制を整理・

---

[7]　日本貿易振興機構（2009）「在アジア・オセアニア日系企業活動実態調査（2008 年度調査）」28 ページ。
[8]　タイの AFTA の利用率はタイ政府商務省の公表する原産地証明の発給額を輸出額で割り算出している。
[9]　国際貿易投資研究所が機械振興協会経済研究所からの委託により行った 2007 年度と 2008 年度に ASEAN6 を対象に行った調査研究であり，「AFTA の進展がもたらす貿易拡大の評価」（2008 年 3 月），「ASEAN の FTA による域内及び対日貿易への影響」（2009 年 3 月）の 2 冊の報告書が刊行されている。

表9-2 ATIGAの構成

	ATIGA	第6章	税関
第1章	総則	第7章	任意規格，強制規格及び適合性評価手続き
第2章	関税自由化	第8章	衛生植物検疫
第3章	原産地規則	第9章	貿易救済措置
第4章	非関税措置	第10章	制度に関する規定
第5章	貿易円滑化	第11章	最終規定

(出所) ATIGA協定。

総合した，②ASEAN経済共同体創設を目標とし関税撤廃以外の分野を含む包括的な行動計画，スケジュールなどを盛り込んでいる，③明確かつ透明性を強調したルールをベースとした規定となっている，ことである。

ATIGAの特徴は次のように整理できる。第1は，新しい分野が加えられたことである。新分野は，①貿易円滑化，②税関，③任意規格，強制規格および適合性評価措置，④衛生植物検疫，⑤貿易救済措置，である。次に，記述が格段に詳細，明確かつ具体的になったことである。例えば，非関税障壁についてCEPT協定では，第5条（その他の規定）で，譲許の対象となる品目について数量制限を撤廃することと5年以内に非関税障壁を撤廃するという規定のみだけだったが，ATIGAでは，1章5条を当てて撤廃スケジュールを提示している。

第3にFTAのベスト・プラクティスを参考に国際基準に沿った規定になっていることである。APECのFTAベスト・プラクティスには，WTO整合性，WTOを超えた取り組み，透明性，包括性，協議と紛争解決メカニズム，協力，定期的見直しなどの原則があげられているが，ATIGAではこれらの規定が各章に含まれている。

第4に最恵国待遇が新たに規定されている。あるASEAN加盟国が域外国と2国間FTAを締結しATIGAより有利な待遇を約束した場合，他のASEAN加盟国はその協定での待遇より不利でない待遇をそのASEAN加盟国に要求することが出来る。その特恵関税は一方的に全てのASEAN加盟国に対して適用される。第5に内国民待遇の規定が新しく導入された。第6に政府調達についての

規定がない。政府調達は，マレーシアを除く日本の ASEAN との EPA, NAFTA などに含まれており，無差別，透明性などを原則とする政府調達規定は最近の FTA では重要な分野となっている。WTO では政府調達協定は一括受諾の対象外である複数国協定となっており，ASEAN ではシンガポールのみが調印している。ATIGA は，2010 年 4 月にタイが批准し，全 10 カ国の批准が終了，発効している。

1–6 評価すべき AFTA

AFTA に対する評価は従来低かった。関税削減の遅れ，利用率が低いことなどがその理由である。しかし，AFTA は，次の理由から東アジアの FTA の中では質の高い FTA と評価できる協定である。① 農産品を含むほぼすべての品目を対象とし，② 当初の目標 (0–5% への関税削減) を予定より早く実現し，③ 自由化対象品目が ASEAN6 では全関税品目の 99%，関税撤廃品目が 7 割に達し，④ 2010 年 (新規加盟国は 2015 年) にほぼ全品目で関税が撤廃され，⑤ 利用率は 2002–03 年以降高まっている。ASEAN は開発途上国の集まりであり，かつ域内に極めて大きな経済格差がある中で，柔軟な漸進主義を採用し FTA の実現を推進してきたことも評価すべきであり，東アジアの経済統合のモデルとなりうる。

2. 経済共同体を目指す ASEAN

2–1 2015 年に経済共同体を創設

ASEAN は 2015 年に ASEAN 共同体創設を目指している。ASEAN 共同体構想は，1997 年の「ASEAN ビジョン 2020」の「外向きで，平和と安定，繁栄のうちに生存し，ダイナミックな発展における連携と思いやりのある社会の共同体に結合された東南アジアの国々の協調」という構想に萌芽が示されている[10]。

経済については，「物，サービス，投資の自由な移動，資本のより自由な移動，平等な経済発展，貧困と社会経済的不均衡の削減が実現した，安定・繁栄・

---

10) ASEAN 経済共同体については，石川幸一・清水一史・助川成也 (2009)「ASEAN 経済共同体形成」日本貿易振興機構，を参照。

表9-3 ビエンチャン行動計画におけるASEAN共同体の戦略目標

1	安全保障共同体	2.7	通信とIT
1.1	政治的発展	2.8	科学技術
1.2	規範の形成と共有	2.9	エネルギー
1.3	紛争防止	2.10	食糧・農業・林業
1.4	紛争解決	2.11	制度強化
1.5	紛争後の平和構築	2.12	対外関係
2	経済共同体	3	社会・文化共同体
2.1	11優先分野	3.1	思いやりのある社会の建設
2.2	ASEAN投資地域（AIA）	3.2	経済統合の社会的影響の管理
2.3	物品の貿易	3.3	環境の保全
2.4	サービス貿易	3.4	ASEANのアイデンティティの推進
2.5	金融協力	4	開発の格差の縮小
2.6	輸送	5	実施メカニズム

（出所）Vientiane Action Programme.

強い競争力のあるASEAN経済地域の創造」を目標としている。

ASEAN共同体の創設が目標となったのは，2003年に採択された「第二ASEAN協和宣言」である。第二ASEAN協和宣言は，安全保障共同体（ASEAN Security Community: ASC），経済共同体（ASEAN Economic Community: AEC），社会・文化共同体（ASEAN Socio-Cultural Community: ASCC）より構成されるASEAN共同体を創設することを明らかにした。ASEAN共同体は2020年に創設することになっていたが，2007年1月の首脳会議で2015年に前倒しされた。また，安全保障共同体は政治安全保障共同体（ASEAN Political-Security Community）に改称された。

2004年には，ビエンチャン行動計画（Vientiane Action Programme: VAP）が採択された。VAPは，ASEAN共同体に向けての中期行動計画であり，2004年から2010年までを対象としている。VAPは，安全保障共同体は5，経済共同体は12，社会・文化共同体は4の戦略目標を提示しており，それぞれの戦略目標はさらに詳しい行動計画を含んでいる（表9-3）。

2–2 ASEAN 経済共同体ブループリント

2007 年 11 月の第 13 回首脳会議で「ASEAN 経済共同体（AEC）ブループリント宣言」が採択された[11]。AEC ブループリントは，2008 年から 2015 年までの経済共同体実現のための行動計画である。

ブループリントは，ASEAN 経済共同体の 4 つの特徴として，① 単一の市場と生産基地，② 競争力のある地域，③ 公平な経済発展，④ グローバルな経済への統合，をあげている。中核となっているのは，「単一の市場と生産基地」であり，全体の 6 割を占めている。また，コア・エレメントとして物品の自由な移動からグローバル・サプライ・ネットワークへの参加まで 17 項目をあげている。ブループリントの構成は，4 つの特徴の各コア・エレメントに措置とスケジュールを提示し，実施メカニズムと戦略スケジュールを加えたものである（表 9–4）。戦略スケジュールは，2008–2009 年のフェーズ 1 から 2014–15 年のフェーズ 4 まで 4 段階となっている[12]。

1) 物品貿易の自由化

物品貿易の自由化は，ASEAN 経済共同体の最優先課題であり，ブループリントには関税撤廃スケジュール，CEPT 協定の改定，非関税障壁，原産地規則，貿易円滑化，基準認証などの行動計画とスケジュールが提示されている。関税撤廃および ATIGA については，前節で触れたのでその他の事項をみておきたい[13]。

① 非関税障壁の撤廃

CEPT 協定では，非関税障壁を特恵享受後 5 年以内に段階的に撤廃することのみが規定されているが，実効はあがらなかった。2004 年の優先分野の統合のための枠組み協定では，① 非関税措置（NTM）のデータベースを 2004 年 6 月ま

---

11) AEC ブループリント共同宣言については，http//www.aseansec.org/21082.htm，ブループリントについては，http//www.aseansec.org/21083.htm
12) 戦略スケジュールについては，http//www.aseansec.org/21161
13) ASEAN Secretariat (2010), 'ASEAN Economic Community Scorecard Charting Progress towards Regional Economic Integration' http://www.aseansec.org/publication/AEC%20scorecard/pdf

表 9-4　経済共同体ブループリントの構成

1. 序文	（コア・エレメント）
2. 経済共同体の特徴と構成要素	
A. 単一の市場と生産基地	① 物品の自由な移動，② サービスの自由な移動，③ 投資の自由な移動，④ 資本のより自由な移動，⑤ 熟練労働者の自由な移動，⑥ 優先統合分野，⑦ 食料・農業・林業
B. 競争力のある経済地域	① 競争政策，② 消費者保護，③ 知的所有権，④ インフラ開発，⑤ 税制，⑥ 電子商取引
C. 公平な経済発展	① 中小企業，② ASEAN 統合イニシアチブ
D. グローバル経済への統合	① 対外経済関係，② グローバル・サプライ・ネットワークへの参加
3. 実施	実施メカニズム，資源，コミュニケーション，見直し
戦略的スケジュール	

（出所）ASEAN 事務局，ASEAN Economic Blueprint により作成。

でに作成，② 貿易障壁となっている非関税措置を明示，③ 撤廃プログラムを 2005 年 12 月末までの策定，などが決められている。NTM データベースはすでに作成されている。2007 年の各国の NTM を単純に合計すると 5,872 品目（HS4 桁）となる。ただし，これら全てが不合理なものではないし，国により分類や計算方法が異なっており単純に比較はできない。

　ASEAN 経済共同体ブループリントでは，非関税障壁の撤廃について，ASEAN5 は 2010 年，フィリピンは 2012 年，CLMV は 2015 年（一部 2018 年）に撤廃するとしており，ATIGA では第 42 条で撤廃期限が規定されている。2010 年 1 月時点でブルネイ，インドネシア，マレーシア，シンガポール，タイの NTM は撤廃されることになっているが，確認はできていない。なお，通関・貿易手続き，規格と適合性評価，衛生植物検疫など幅広い非関税措置について取組むために，ASEAN 貿易円滑化枠組みおよび作業プログラムが採用されている。

　② 原産地規則

　ATIGA 協定第 3 章は，原産地規則に関する改定を総まとめした詳細なものとなっている。原産地規則は，累積 40% ASEAN 付加価値（あるいは地域付加価値：RVC）基準に加え，HS4 桁の関税番号変更（CTC）基準であり輸出者が選択でき

る。ただし，加工工程基準が採用されている品目もある。

原産地証明は第 38 条に規定されており輸出国の指定政府機関が発行する。自己証明制度については，2009 年 12 月に作業プログラムが採用され，2010 年にスキームを策定し，2012 年の運用を目指している[14]。

③　シングル・ウィンドウ

シングル・ウィンドウは，複数の行政機関にまたがる貿易に関する手続きを 1 つの窓口に統一し書類の電子化を行って処理を迅速効率的かつ低コストで行うことを目的にしている。現在は，各国でナショナル・シングル・ウィンドウを実現し，それを統合する段階である。ASEAN6 では，2008 年までに自国のシングル・ウィンドウを実施し，CLMV では遅くもとも 2012 年には開始する。申告書類，その処理を共通化し電子化を進めることが必要であり，データ処理を国際モデルに従い標準化し，ICT の導入を加速するとしている。

2009 年 10 月の第 2 回 ASEAN 経済共同体評議会によると，ASEAN シングル・ウィンドウの創設が 2 年遅れている。その原因は，各国のナショナル・シングル・ウィンドウと ASEAN シングル・ウィンドウの接続の遅れと電子文書の承認についての各国の法的な枠組みの整備の遅れである。ナショナル・シングル・ウィンドウについては，シンガポールが 2008 年以前に創設しており，インドネシアは 2009 年 2 月時点で第 3 フェーズに入っている。ブルネイ，マレーシア，フィリピン，タイは 2009 年中に開始が予定されていたが，遅れている模様である。CLMV は 2012 年までにナショナル・シングル・ウインドウを設立する。

2)　サービス貿易の自由化

サービス貿易の自由化は，サービス調整委員会による交渉（ラウンド）を通じて実施される。1996 年に始まった第 1 ラウンド以降，2009 年までに 5 つのラウンドが行われ第 7 パッケージ議定書が最新である。第 7 パッケージまでに対象となったのは，ビジネスサービス，専門サービス，建設，流通，教育，環境サー

---

[14]　White & Case ASEAN and FTA Developments in Asia（日本機械輸出組合でのセミナー配布資料，2009 年 11 月 18 日）。

ビス，ヘルスケア，海運，電気通信，観光である。

　サービス貿易の全ての分野について次のスケジュールで実質的に制限を撤廃する。① 空運，e-ASEAN，ヘルスケア，観光の 4 優先分野は 2010 年まで，ロジスティクスは 2013 年まで，② その他の全分野は 2015 年まで，③ 2008 年，2010 年，2012 年，2014 年，2015 年にサービス交渉を実施する，④ 各ラウンドでは，最低，次のサブセクター（GATS の W/120 サービス分類による）の自由化を目標とする。2008 年（10），2010 年（15），2012 年（20），2014 年（20），2015 年（7）で合計 72 サブセクターである。

　モード別では，モード 1（サービスの越境）とモード 2（国外消費）は例外を除き制限を撤廃する。モード 3（業務拠点）では，外資出資比率制限を緩和し，2015 年に 70% とし，その他の市場アクセス制限を除去する。第 7 パッケージは，フィリピンとベトナムを除く 7 カ国が約束を実施している。

　サービス貿易の自由化は，全体でスタートするが遅れて参加することを認める「ASEAN–X 方式」，代替分野の自由化，次の交渉への自由化持越しなどにより柔軟に進める。資格の相互承認（MRA）交渉（建築，会計，調査，医療）を 2008 年，歯科診療サービスの MRA を 2009 年までに完了する。2012 年までにその他の専門分野の MRA を確定し，2015 年までに協定を作る。最も新しい第 7 パッケージ議定書は，2009 年 2 月に調印され，シンガポールが 4 月，マレーシアが 6 月に批准している。

　資格の相互承認（MRA）については，エンジニアリング・サービス（2005 年 12 月），看護師（2006 年 12 月），建築サービス（2007 年 11 月），測量サービス（2007 年 11 月），会計サービス（2009 年 2 月），開業医（2009 年 2 月），歯科医（2009 年 2 月）の 7 分野で締結されている。測量サービスと会計サービスは協定の前の段階の枠組み協定であり，正式な MRA は他の 5 分野での協定である[15]。看護師，開業医，歯科医は，「ASEAN–X」方式，エンジニアリング・サービスと建築サー

15）　MRA については，朝倉啓介，助川成也（2009）「ASEAN のサービス，投資，熟練労働者の自由な移動と相互承認」（石川幸一，清水一史，助川成也『ASEAN 経済共同体』ジェトロ）を参照。

ビスは，参加できる国から参加する「2 プラス X」方式である。

MRA の批准状況は，エンジニアリング・サービスは，2005 年にマレーシア，2007 年にラオス，2008 年にインドネシアとラオス，2009 年にタイが批准している。建築サービスは，2008 年にラオスとマレーシア，2009 年にフィリピンが批准，看護師は，2007 年にラオスとフィリピンが批准している。測量サービスは，2008 年 6 月にラオスが批准した。

3) 投資の自由化

2015 年までに域内投資の自由化を行うことが目標である。そのために，全産業（製造業，農業，水産業，林業，鉱業とこれら 5 産業に付随するサービス業）を域内投資に開放し，設立前と設立後の内国民待遇が投資家に与えられる。一時的除外リスト（TEL）は，合意された予定表に従い段階的に廃止され，センシティブ・リスト（SL）は，廃止予定表はないが見直しを定期的に行うとしている。

ASEAN の投資協力は 1988 年の ASEAN 投資地域（ASEAN Investment Area, AIA）枠組み協定により実施され，投資保護は 1987 年の ASEAN 投資促進保護協定（ASEAN 投資保証協定，AIGA）により行われてきた。ブループリントでは，この 2 つの協定の見直しと統合を行い，ASEAN 包括的投資協定（ACIA）を策定するとしている。

ASEAN 包括的投資協定（ACIA）は 2009 年 2 月の首脳会議で署名された[16]。ACIA 特徴は次のような特徴を持っている。① 他の投資協定あるいは FTA の投資規定と比べて遜色のない包括的な内容になっている。日本マレーシア EPA の投資に関する規定（投資章）は 21 条，NAFTA の投資についての規定は 39 条あるのに対し ACIA は 49 条あり，投資協定に通常盛り込まれる規定はほぼ全て含まれている。② 投資家対国の紛争解決についての詳細な規定が置かれた。AIGA は 1 条の規定しかなかったが，ACIA では他の投資協定とほぼ同等の内容の詳細な規定となっている。③ AIGA, AIA になかったパフォーマンス要求の禁止が

---

16) ACIA については，石川幸一（2009）「ASEAN 包括的投資協定の概要と意義」『国際貿易と投資』No. 79，国際貿易投資研究所，を参照。

規定された。内容は TRIMs 協定で禁止されている措置に加え，取締役の国籍要求の禁止であり，日本の EPA の規定よりは狭い範囲となっている[17]。雇用要求，技術移転要求，拠点設置要求，開発研究要求などの禁止は含まれていない。④ AIGA, AIA になかった新たな規定として利益の否認，投資家の移動が含まれたこと。⑤ サービス分野については，製造業に付随するサービス業とサービス貿易の第 3 モードが対象となったこと。サービス分野の投資については，FTA では，投資章で規定する場合とサービス章で規定する場合，およびその双方の規定が適用される場合（重畳適用）があるが，ACIA はサービス分野の投資を対象としている。⑥ 証券投資を対象としていること。⑦ 新規加盟国の特別待遇を明記していること。⑧ NAFTA および日本の EPA の投資規定に含まれている環境に関する措置は規定されていない。これは，自国の環境に関する措置を緩和してまで他の締約国の投資を誘致してはならないという規定である。

ACIA は 2009 年 2 月に調印され，2009 年中に批准，発効が予定されていたが，2010 年 8 月時点で批准したのは 8 カ国であり，タイ，インドネシアが批准をしていない。また，留保リストはインドネシア，タイ，フィリピン，ベトナムが提出をしていない。

2–3　経済共同体実現への課題

最大の課題はブループリントが実行できるかどうかである。ASEAN は，共同体創設に向けての意思決定の迅速化と決定事項の確実な実施，事務局機能の強化を目的に 2007 年の首脳会議で ASEAN 憲章を採択した[18]。ASEAN 憲章は，ASEAN に法的な基盤を与えるものであり，共同体を構築するための法的・制度的な枠組みとなる。バンコク宣言を基盤としており法的基盤が弱かった ASEAN は，ASEAN 憲章により制度的に強化され，決定が法的拘束力を持つようになる。

---

17)　ただし，日本マレーシア EPA は，TRIMs 協定を組み込む規定となっており，ACIA とほぼ同じである。

18)　http//www.aseansec.org/21069.pdf

ASEAN憲章の意義は、①国際機関として法人格を付与、②ASEAN首脳会議が最高意思決定機関で年2度開催、③ASEAN調整委員会（従来の外相会議）と共同体委員会を設置、④人権機関の設置、⑤協議と全会一致（consensus）による意思決定を行い、全会一致ができない場合は首脳会議が決定、⑥深刻な憲章の侵害行為・不履行は首脳会議が決定、⑦紛争解決を規定、である。

2007年1月の首脳会議に提出されたASEAN憲章制定に関する賢人会議の報告書は、①ASEANの目的、原則、合意への重大な違反や不履行に対しては、除名を含む、権利、特権の停止などの措置をとること、③コンセンサス方式を原則とし、安全保障と外交政策以外の分野では、コンセンサス方式で決定が出来ない場合は多数決によること、を提案していた。採択された憲章は、首脳会議での多数決による決定の余地が残されているが、報告書で示された抜本的な提案からは後退した内容となっている[19]。

現行の実施メカニズムでは、ASEAN経済大臣会合がブループリントの全体的な実施に責任を持ち、高級レベルタスクフォース（HLTF）がブループリントの迅速な実行のために戦略的な提言や勧告を行う。ASEAN事務局長が関連大臣会合と首脳会議にASEAN経済共同体の進展について報告する。

ASEAN事務局がブループリントの実施の見直しと監視を行い、実施状況についてはスコア・カードが作成されている。2010年4月に開催されたASEAN首脳会議の際に発表された報告によると、2008年初めから2009年12月までに、ブループリントの103の行動計画のうち76が実施され、実行率は73.6%だった[20]。4つのエレメントの実行率は、A. 単一の市場と生産基地が82%、B. 競争力のある経済地域が50%、C. 公平な経済発展が100%、D. グローバル経済への統合が100%となっている。また、2010年12月末時点で、124の経済共同体関連法的文書のうち91が批准されており73%となる。

---

[19] http//aseansec.org/19247.pdf。ASEAN憲章の内容と評価については、清水一史「ASEAN憲章の制定とAEC」、石川・清水・助川（2009）所収。

[20] ASEAN Secretariat（2010）。

2–4 EPA に類似する ASEAN 経済共同体

　ブループリントで描かれた ASEAN 経済共同体は，「FTA プラス」である。「物品，サービス，投資，資本，熟練労働者の自由な移動」が実現した地域となるが，多くの制限が残っている。

　物品の移動では関税はほぼ撤廃されているし，非関税障壁も撤廃することになっている。その意味では2015年に質の高い FTA が実現している。ただし，関税同盟ではないため自由に移動できるのは原産地規則を満たした物品のみである。また，政府調達の開放は全く対象となっていない。規格の相互承認の対象品目はまだ範囲が狭い。

　サービス貿易は全分野が開放されるとなっている。モード別にみると第1モード（サービスの越境）と第2モード（国外消費）は自由化が進むだろうが，第3モード（業務拠点）は外資出資比率が70％であり，第4モード（サービス供給者の越境）はどの程度開放されるのか明確でない。

　熟練労働者の移動は，貿易，投資に従事する熟練労働者，専門家が対象であり，資格の相互承認は自由職業サービス（専門サービス）が対象である。投資は，投資前と後の内国民待遇を認め自由化が進むだろうが，最小限の制限は残るとしている。

　物品，サービス，資本，人の自由な移動が実現した地域統合は「共同市場」であるが，ASEAN 経済共同体では物品，サービスと生産要素の自由な移動の実現は不十分であり，共同市場ではない。日本政府が進めている EPA とも自由化などの対象範囲は重なっており，東アジア経済連携のベースとなることが可能である（表9–5）。

3．実現した「ASEAN プラス1」FTA ネットワーク

　2010年1月に ASEAN と中国の FTA（ACFTA），ASEAN と韓国の FTA が，ASEAN6と相手国との間で関税撤廃を実現した。また，ASEAN とインドの FTA（AIFTA）と ASEAN と豪州・ニュージーランドの FTA（AANZFTA）が発効した。ASEAN と日本の EPA（AJCEP）は2008年12月に発効しており，ASEAN を中核とする東アジアの FTA ネットワークが完成したことになる。

表 9-5 AEC, EC, EPA, FTA（狭義）の対象範囲の比較

	EC	AEC	EPA	FTA（狭義）
関税撤廃	○	○	○	○
共通対外関税	○	×	×	×
非関税障壁撤廃	○	○	△	△
サービス貿易自由化	○	△	△	×
規格・標準の統一，相互承認	○	△	△	×
人の移動	○	△	△	×
貿易円滑化	○	○	○	△
投資自由化	○	○	△	×
政府調達	○	×	△	×
知的所有権保護	○	○	○	×
競争政策	○	△	△	×
税制（付加価値税）調和	△	×	×	×
域内協力	○	○	○	×
共通通貨	○	×	×	×
主権制限（市場統合における）	△	×	×	×

（注）○は実現している（あるいは目指している），△は対象としているが実現は不十分，×は実現していない，あるいは，対象としていないことを示している。ただし，厳密なものではない。FTA でも米国の締結する FTA は，広範囲のサービス貿易自由化，知的所有権保護などを規定している。AEC は目標に向けての措置が実施できるかが大きな課題であるがここでは実現できると仮定している。

（出所）執筆者が作成。

3-1　ASEAN と中国の FTA

1）物品貿易協定

ASEAN と中国は，2001 年の首脳会議で 10 年以内の FTA 創設に合意した。2002 年には包括的経済協力に関する枠組み協定（枠組み協定）に調印し，一部品目を先行して自由化するアーリーハーベスト，物品貿易，サービス貿易，投資の自由化とともに経済協力を含む文字通り包括的な経済協力を行うことに合意した。アーリーハーベストは HS1 類から 8 類までの農産品を対象に 2003 年から 2006 年の期間（ASEAN6 と中国，CLMV は 2010 年まで）で関税撤廃を行うスキー

ムである。

　ACFTAは，物品貿易，サービス貿易，投資，基準・認証など分野ごとに交渉し，別個に協定を締結している。包括的経済協力協定を締結し，分野別に順次交渉を行う方式はASEANの方式に倣ったものであり，AKFTA，AIFTAでも踏襲されている。

　物品貿易協定は2005年7月に発効，関税削減が開始され，ノーマル・トラック品目については2010年1月1日にASEAN6と中国が関税を撤廃した。CLMVのノーマル・トラック品目の関税撤廃は2015年1月である。

　2010年1月時点では，例外品目の関税は撤廃されていない。例外品目は，センシティブ・トラック品目と高度センシティブ・リスト品目に分けられる。センシティブ・トラック品目は，2012年（CLMVは2015年）までに関税率を20%，2018年（CLMVは2020年）までに0–5%に引き下げる。HS6桁で400品目かつ2001年の輸入の10%以下（CLMVは500品目）の範囲で各国が指定できる。高度センシティブ・リスト品目はセンシティブ・トラックの40%あるいは100品目（CLMVは150品目）を上限とし，2015年（CLMVは2018年）までに関税率を50%以下に引き下げる。

　センシティブ・トラック品目は，中国が161品目，ASEAN6が1197品目を指定している。ASEAN6では，プラスチック・ゴム製品，衣類，鉄鋼・鉄鋼製品が3大指定品目であり，家電製品など電気機械と輸送機械が続いている。高度センシティブ・リスト品目は，中国が100品目，ASEAN6が合計で358品目を指定している。現在でも，自動車，2輪車，家電製品，農産品・食品などについては，関税障壁が維持されている。

　ACFTAの利用率は低かったが上昇傾向にある。タイの対中輸出におけACFTAの利用率は，2005年の6.7%から，12.3%，11.1%，10.4%で推移した後，2009年第1四半期には20.7%に上昇した[21]。タイでACFTAが利用される上位品目は，ゴム，キャッサバ，ポリアセタール，生鮮野菜，石油であり，機械製品は

---

21) 助川成也（2009）「ASEANを中心としたFTAをいかに活用するか」，ジェトロ・セミナー配布資料。

少ない。その理由は，上述のように主要機械類が例外品目になっていることと第3国経由の仲介貿易に利用できないことがあげられる。そのため，原産地規則の見直し交渉が行われ，2010年11月に議定書が署名された。

2) サービス貿易協定

ASEANと中国のサービス貿易協定（サービス貿易協定）は，2007年1月に調印された。協定の正式名称は「ASEANと中国の包括的経済協力に関する枠組み協定のサービス貿易協定」である。

サービス貿易協定の構成と内容は，GATSに極めて類似しており，規定もGATSと同一の章が多い。市場アクセスにおける自由化および内国民待遇を約束する分野を約束表に記載するポジティブ・リスト方式となっており，GATSタイプの協定である。漸進的な自由化方式を採用しており，パッケージ方式で自由化を進める。第1パッケージは本協定の付属書となっており，施行後1年以内に第2パッケージを締結するとなっている。パッケージ方式はASEANのサービス貿易協定（ASEANサービス枠組み協定：AFAS）と同様である。

自由化の範囲と程度は，相当な範囲の分野を対象とし，WTOで約束した自由化を超えるとしている。新規加盟国（カンボジア，ラオス，ミャンマー，ベトナム）は，AFTA同様に特別扱いとなっている。2010年1月時点で，中国，ブルネイ，インドネシア，マレーシア，フィリピン，ベトナム，ミャンマー，ラオス，カンボジアが批准している。

3) 投資協定

ASEAN中国投資協定は，2009年8月15日にバンコクのASEAN中国経済貿易大臣会合で署名された。正式名称は，「ASEANと中国の包括的経済協力枠組み協定の投資協定」である。

ASEAN中国投資協定の特徴は，投資保護と紛争解決については国際的に一般に採用されている規定と同様な規定となっているが，投資自由化の規定はレベルが低いことである。投資前の内国民待遇は認められていないし，パフォー

マンス要求の禁止は全く規定されていない。投資家の移動，知的財産権，環境に関する措置などの規定も置かれていない。

また，自由化の約束分野を示す約束表あるいは自由化を留保する分野を示す留保リストについての言及がなく，付属書も添付されていない。第6条の非適合措置が，内国民待遇と最恵国待遇の適用除外措置となっており，現在採用されている措置および新たに採用される措置が非適合措置となると規定されているため，現在の外国投資に対する制限はそのまま維持されると解釈できる。ただし，締結国は非適合措置の削減に努めると規定されており，見直しのための協議に入るとの規定があるため，今後交渉により自由化分野を拡大して行く余地はある。

3-2 ASEANと韓国のFTA（AKFTA）

ASEANと韓国は，中国と同様に枠組み協定を締結し，その後，物品貿易協定，サービス貿易協定，投資協定を締結している。

1) 物品貿易協定

物品貿易協定は，2005年2月に交渉が開始され，2006年8月に合意，2007年6月に発効した。タイは，コメが除外品目となっていることに反発し，2006年には署名を行わなかった。その後，2国間協議が続けられ，2007年12月に合意した。協定の構成と内容はACFTAに類似しており，ノーマル・トラックとセンシティブ・トラックに分けて段階的に関税削減を行うものである[22]。韓国とASEAN6は，輸入額（2004年基準）の90%に相当するノーマル・トラック品目の関税を2010年1月までに撤廃する。輸入額の10%以下で総品目数の10%以内で指定できるセンシティブ・トラックのうち7%は，2012年1月に関税率

---

[22] AKFTAの詳細については，深川由紀子（2008）「韓国の東アジア地域主義回帰：ポストASEAN，米国交渉の展望」，日本機械輸出組合『我が国の東アジアFTA/EPA形成の在り方』所収および浦田秀次郎ほか編（2007）『FTAガイドブック2007』ジェトロ，を参照。

を20%以下に削減し，2016年1月までに5%以下に削減する。輸入額の3%かつ総品目の3%以内あるいは200品目以内で指定できる高度センシティブ品目は，グループAからEまで5グループに分けられ，20106年1月までに関税削減の目標が設定されている。ただし，グループE（40品目）は除外されている。新規加盟国のノーマル・トラックの関税撤廃期限は，ベトナムが2016年，ラオス，ミャンマー，カンボジアが2018年である。

センシティブ・トラック品目をみるとシンガポールはゼロであるが，他の締約国はブルネイが40品目と少ないものの韓国を含め，400〜500品目を指定している。高度センシティブ・品目は全般に農産品，食品・飲料が多いが，ベトナムはスクーターと平板圧延品，フィリピンは始動電動機，ブルネイはタイヤを除外品目に指定している[23]。

AKFTAの大きな特徴は，北朝鮮の開城工業団地産品を韓国製と認めたことである。付属書3原産地規則の第6規則で，締約国の領域外の地域で締約国から輸出された原料を加工し締約国に再輸出される場合，特定品目を原産品とする規定が設けられている。交換覚書により開城工業団地で生産（予定を含む）される232品目のうち100品目を選定し韓国産と認定している。

2) サービス貿易協定

ASEANと韓国のサービス貿易協定は，2007年11月に調印された。ただし，タイは調印せず，2009年に議定書に調印して参加している。現在，インドネシアを除き批准をしている。

サービス貿易協定の構成と内容はASEAN中国のサービス貿易協定とほぼ同じである。すなわち，GATSタイプの協定であり，ポジティブ・リスト方式を採用し，ラウンドを重ね段階的な自由化を目指している。深川（2008）によると，大半の締約国が通信，海運，金融，建設などで追加約束を行い，GATSプラスの水準になったとされる[24]。

---

23) 深川（2008）143–144ページ。
24) 深川（2008）150–152ページ。

表 9-6　ASEAN と日本の EPA

ASEAN 側	交渉開始	署名	発効	
シンガポール	2001年1月	2002年1月	2002年11月	2006年4月改正交渉，2007年7月署名，9月発効
マレーシア	2004年1月	2005年12月	2006年7月	
フィリピン	2004年2月	2006年9月	2008年12月	
タイ	2004年2月	2007年4月	2007年11月	
ブルネイ	2006年6月	2007年6月	2008年7月	
インドネシア	2005年7月	2007年8月	2008年7月	
ASEAN 全体	2007年1月	2008年3月4月	2008年12月	日本，シンガポール，ラオス，ミャンマー，ベトナム 2008年12月発効，ブルネイ 2009年1月マレーシア2月タイ6月発効
ベトナム	2007年1月	2008年12月		

（出所）外務省資料により作成。

3）投資協定

ASEAN 韓国投資協定は 2009 年 6 月に調印されており，2010 年 1 月時点でフィリピン，インドネシア，ベトナム，カンボジアを除く 7 カ国が批准をしている。

投資協定は自由化・円滑化，投資保護，紛争解決手続きに関する規定を含む包括的な協定である。ASEAN 中国の投資協定に比べると，投資自由化の規定がより明確になっている。非適合措置については第 9 条留保で言及されているが，ASEAN 中国の協定のように独立した条文はない。また，パフォーマンス要求の禁止と経営幹部と取締役の国籍要求の禁止が規定されている。

3-3　ASEAN と日本の EPA

1）2種類の協定が並存

ASEAN と日本との間には，2 国間協定と ASEAN 全体と日本の協定（AJCEP）の 2 種類の協定が締結されている（表 9-6）。2 国間協定は，2002 年に発効したシンガポールとの EPA（JSEPA）以降，ベトナムまで 7 カ国と締結されている。

表 9-7 ASEAN と日本の EPA における自由化率

日本シンガポール	日本 95%	シンガポール 100%
日本マレーシア	日本 94%	マレーシア 99%
日本タイ	日本 92%	タイ 97%
日本フィリピン	日本 92%	フィリピン 97%
日本ブルネイ	日本 99.99%	ブルネイ 99.94%
日本インドネシア	日本 93%	インドネシア 90%（96%）
日本ベトナム	日本 95%	ベトナム 88%
AJCEP	日本 93%	ASEAN6 90%，ベトナム 90%（15年），CLM 85%（18年）

（注）自由化率は輸入額ベースである。インドネシアの96%は鉄鋼の特定用途免税を含めた場合の数値。
（出所）外務省（2009）「日本の経済連携協定（EPA）交渉―現状と課題―」。

　ASEAN全体と日本の間では，AJCEPが2008年4月に調印され8月に発効している。AJCEPは初の複数国間のEPAであり，2国間EPAが締結されていなかったカンボジア，ラオス，ミャンマー，ベトナム（CLMV）の4カ国ともEPAが締結されることになった。また，2国間EPAでは，日本からASEANに輸出し加工後に他のASEANに輸出する場合，AFTAの40%付加価値基準という原産地規則を満たさないケースがあったが，AJCEPの累積原産地規則導入により解決した[25]。

　ASEANと日本の2国間EPAは，物品の貿易，サービス貿易，投資，税関手続き，貿易円滑化，衛生植物検疫，強制規格・任意規格・適合性評価手続き，貿易取引文書の電子化，政府調達，知的財産権の保護，競争，自然人の移動（人的交流の拡大），エネルギー，ビジネス環境整備，多様な協力，紛争解決まで極めて広範な分野を対象とする包括的な協定である。ベトナムとは投資協定が締結されており，投資の規定は含まれていない。

　2国間EPAは10年間で関税撤廃を行うが，JSEPAのように発効と同時に100%（シンガポール）の関税撤廃を実現する協定から10年間で88%（ベトナム）の関税撤廃を行う協定まで一様ではない。日本側は発効と同時に鉱工業品については

---

[25] ただし，AFTAの原産地規則に完全番号変更基準が加えられたことによりAJCEPを利用する必要はなくなった。

ほぼすべての品目の関税を撤廃している。自由化率はベトナムとの協定を除き日本側が低くなっている。

 2国間協定と AJCEP の 2 種類の協定が並存しており，ベトナムを除き 2 国間協定の自由化率のほうが高い。ただし，どちらが有利かは品目により異なっており，2 国間協定，AJCEP，MFN 税率を比較する必要がある。これは，2 国間協定と AJCEP の発効時期が異なり，関税削減のベースとなる MFN 税率が異なることと，国によっては MFN 税率が削減され FTA 税率より低くなっていることがあるためである。

 2) 日本の EPA 特有の分野

 ASEAN と日本の EPA は，特定分野での人の移動（日本での就労）と日本からの産業分野への協力，エネルギー資源の安定供給，ビジネス環境整備など他の「ASEAN＋1」FTA にない分野を含んでいる。特定分野での人の移動が規定されたのはフィリピンとの EPA（JPEPA）であった。JPEPA では，フィリピンの看護師，介護士が日本の国家資格を取得するため就労（看護師 3 年，介護士 4 年）することが出来，日本の国家資格を取得後は新たな在留資格で就労が認められ，在留期間の更新も可能である。インドネシアとの EPA（JIEPA）でも看護師，介護士の就労が認められ，協定の発効が JPEPA より早くなったためインドネシアの介護士は 2008 年に来日，すでに就労している[26]。タイとの EPA（JTEPA）ではタイ料理調理人などの入国・就労条件が緩和された。

 2 国間協力は JSEPA から実施されているが，マレーシアとの EPA（JMEPA），インドネシアとの EPA（JIEPA）では日本側が産業協力を行うことに合意している。これは，関税削減に対する見返りとして ASEAN 側が要求したものであり，JMEPA では自動車産業への協力（MAJAICO）が実施されており，JIEPA では工業

---

26) 候補者は日本の国家試験を日本語で受験し合格すれば働き続けることが出来るが，不合格なら帰国しなければばらない。2009 年 2 月の国家試験は 82 名が受験し合格者はゼロだった。そのため，政府は制度の改善を検討している（日本経済新聞 2010 年 3 月 7 日付け）。

省の製造業協力センター（MIDEC）を通じた金型産業と自動車部品産業への協力が行われることになっている。

エネルギー資源の安定供給は，ブルネイとのEPAで独立のエネルギー章が設けられ，輸出入規制導入時に契約関係を考慮する義務などの規律の導入，環境配慮，エネルギー分野での協力，エネルギー小委員会など対話の枠組みなどが盛り込まれた。インドネシアとのEPAでも，安定供給，投資環境整備，協力，政策対話が規定されている。

ビジネス環境整備は，自国において事業活動を行う他の締約国の企業の利益のためのビジネス環境を整備するために締約国政府が適当な措置をとるという規定である。ASEANの日系企業は個別企業ベースでは改善が難しいビジネス上の問題や障害をこの規定を利用することにより解決することが期待できる。

3-4 ASEANとインドのFTA（AIFTA）

ASEANとインドは，2003年10月の首脳会議でASEANとインドの包括的経済協力枠組み協定（枠組み協定）に調印した。

物品貿易協定は2004年に交渉が開始されたものの合意は2008年8月，調印は2009年8月となった。アーリーハーベストは2005年4月に開始予定だったがタイとの間を除き中止となった。交渉が難航し，アーリーハーベストが中止された原因は原産地規則についての交渉だった[27]。サービス協定と投資協定は交渉中である。

物品貿易協定は，2010年1月1日に発効している。関税削減・撤廃スキームは複雑であり，ノーマル・トラック1，ノーマル・トラック2，センシティブ・トラック，特殊品目，高度センシティブ・リスト，除外品目に分けられ，国別には，インドとASEAN5（ブルネイ，インドネシア，マレーシア，シンガポール，タ

---

27) 2004年9月に開始されたタイとのアーリーハーベスト（82品目を対象）によりタイ製品の輸入が急増しインドのタイとの貿易は前年の貿易黒字が大幅赤字に一変し，産業界から強い反発と批判が起きたことが背景にある。浦田秀次郎ほか（2007）『FTAガイドブック2007』ジェトロ，174-175ページ。

表 9-8　ASEAN インド FTA の関税撤廃時期

	ASEAN5 とインド	フィリピンとインド	インド → CLMV	CLMV → インド
ノーマル・トラック 1	2013 年	2018 年	2013 年	2018 年
ノーマル・トラック 2	2016 年	2019 年	2016 年	2021 年

(出所) ASEAN インド FTA。

イ),インドとフィリピン,インドと新規加盟国に分けられている。

　ノーマル・トラックは品目数で 80％,輸入額で 75％ を占めており,ノーマル・トラックは 1 と 2 に分けられている（表 9-8）。ノーマル・トラック 1 は,品目数で 71％,輸入額で 72％ を占めており,2013 年から 2018 年までに関税が撤廃される。ノーマル・トラック 2 は,品目数で 9％,輸入額で 8％ を占め,2016 年から 2021 年までに関税が撤廃される。

　センシティブ・トラックは品目数で 10％ であり,2016 年から 2021 年までに 5％ に関税を削減する。そのほかに,インドは原油（CPO）,精製パーム油（PRO）,コーヒー,紅茶,胡椒が特殊品目として 2019 年までに 37.5％〜50％ に削減することが認められている。高度センシティブ・リストは,MFN 税率を 50％ に削減するカテゴリー 1 とカテゴリー 2,MFN 税率を 25％ 削減するカテゴリー 3 に分けられている。

　原産地規則は ASEAN プラス 1 の FTA の中で最も厳格である。原産品と認められるのは,①完全に取得され生産された産品（規則 3）であり,②完全に取得され生産された産品でない産品は,(i) AIFTA コンテントが FOB 価額の 35％ 以上かつ (ii) CTSH（HS6 桁）で関税番号が変更されている場合原産品とみなされる規定である。

　AIFTA は,日本企業の期待の高い FTA であり,日本機械輸出組合の調査では,ASEAN―インドの FTA は,日本企業が活用を考えている FTA の筆頭にあがっている[28]。

---

28) 日本機械輸出組合（2009）「日本の次世代 FTA 戦略策定のための企業実態調査結果」16 ページ。

3-5 ASEANと豪州・ニュージーランドのFTA (AANZFTA)

ASEANと豪州，ニュージーランド (NZ) とのFTA (AANZFTA) は，2005年2月に交渉が始まり2008年8月の経済大臣会合で合意，2009年2月に調印され，2010年1月1日に発効した。豪州，NZとブルネイ，マレーシア，ミャンマー，フィリピン，シンガポール，ベトナムが批准している。

AANZFTAは極めて包括的な協定であり，自然人の移動，電子商取引，協力などを含み，対象分野は日本のEPAに匹敵する。ただし，政府調達の規定はない。締約国の中でWTOの政府調達協定に調印している国がシンガポールだけであるためである。

AANZFTAは自由化率の高いFTAである。品目数 (タリフライン) ベースで，豪州，NZ，シンガポールは100%自由化 (関税撤廃) を実現し，ASEAN6は90%以上の自由化率を達成する。中でもブルネイ，タイは100%近い自由化率である。新規加盟国は85%から89%となっている。豪州，ニュージーランドとASEAN6は2013年には，インドネシアが85%，タイが87.2%と若干低いものの，他の国は90%以上の自由化を達成する。

原産地規則は，40%付加価値基準あるいは関税番号変更基準を満たしている産品 (原則，選択方式) である。選択方式が適用される産品は，全産品の83%を占める。原産地規則は累積が認められ，第3国経由の仲介貿易にも適用される。

サービス貿易自由化では，内国民待遇および市場アクセスについてポジティブ・リスト方式を採用している。4つのモードのうちモード4 (サービス供給者の越境) については，第9章の自然人の移動で規定されている。ASEANは，10カ国中8カ国がWTOでの約束を超える自由化約束 (WTOプラス) している。

投資の規定では，投資前の内国民待遇が認められている。パフォーマンス要求の禁止については，WTOのTRIMs協定に整合的でない措置が禁止されている。投資の自由化はネガティブ・リスト方式が採用され，投資家対国の紛争解決手続きについて詳細な規定が置かれている。

3–6　アジア事業戦略の再構築の必要性

　ASEAN をハブとする東アジアの FTA ネットワークは完成したが，その対象範囲，自由化レベルやルールは一様ではない。AFTA, ACFTA, AKFTA, AIFTA は物品貿易，サービス貿易，投資の自由化を別個の協定で規定している。AJCEP, 日本と ASEAN の 2 国間 EPA および ASEAN と AANZFTA は広範な分野を包括する協定である。

　自由化のレベルは，AFTA, AANZFTA が最も高く，AIFTA が最も低い。AJCEP, AKFTA, ACFTA はその中間に位置する。原産地規則は 40％ 付加価値基準あるいは 4 桁の関税番号変更基準の選択方式が広く採用されているが，AIFTA は 35％ 付加価値基準と関税番号変更基準の双方を満たす必要があり最も厳しい。

　関税削減スケジュールも異なっている。日本と ASEAN 主要国は AJSEP と 2 国間 FTA を締結しているが，前述のように関税削減スケジュールが異なっている。例えば，カラーテレビの 2010 年の税率は，インドネシアの場合 AJCEP が 10％ に対し，2 国間協定（JIEPA）は 8％ となっているが，ベトナムの場合は AJCEP が 27％ に対し 2 国間協定（JVEPA）は 31％ である。

　FTA 利用企業の観点からみた問題は，「ASEAN プラス 1」FTA の関税撤廃・削減のスケジュール（ステージング表）が異なることである。マレーシアのカラーテレビのステージング表を例示したが，この表からは AFTA の利用が最もメリットがあり，次に日本マレーシアの 2 国間協定が有利であることが示されている。ただし，これは FTA 税率の比較のみであり，原産地規則や輸送費など他のファクターを考慮する必要があることはいうまでもない。

　「ASEAN プラス 1」FTA の電気電子製品のステージング表を詳細に検討した飯塚（2010）によると，同じ国でも品目によりスケジュールが全く異なり，同じ品目でも国により全く異なっている[29]。インドを含めたアジア域内，ASEAN 域内の，どこで生産し，どこから調達するのか，というアジア生産体制の構築を ASEAN をハブとした FTA ネットワークを重要なファクターとして行うことが

29）　飯塚博（2010）「電子・電機業界での EPA 利用の実態」（『アジア太平洋地域における FTA の在り方』日本機械輸出組合，所収）。

表9-9 マレーシアのカラーテレビのステージング表　　（単位：％）

協定／年	09	10	11	12	13	14	15	16	17	18
MFN	30	30	30	30	30	30	30	30	30	30
AFTA	0	0	0	0	0	0	0	0	0	0
AJCEP	25	22	19	16	14	11	8	6	3	0
JMEPA	19	16	14	11	8	6	3	0	0	0
AKFTA	30	30	30	20	20	20	20	5	5	5
ACFTA	30	30	30	30	30	30	30	30	30	30

（注）MFNは最恵国待遇税率，AJCEPは日ASEAN包括的経済連携協定，JMEPAは日本マレーシアEPA。
（出所）飯塚博（2010）「電子・電機業界でのEPA利用の実態」（『アジア太平洋地域におけるFTAの在り方』日本機械輸出組合，所収）。

必要となっている。

　ASEANで事業を行う企業はより複雑な事態に直面している。AFTAと「ASEANプラス1」FTAおよび2国間FTAを利用できるため，部品の調達をどこから行い，生産をどこで行うのか，製品をどこに輸出するのかというアジアでの事業戦略を「ASEANプラス1」FTAの関税削減スケジュール，原産地規則を比較検討し再構築する必要がある。タイとインドのアーリーハーベストが発効してからインドでの製造を止めてタイからの輸出に切り替えた事例は家電では多いし，ベトナムがASEAN域内関税を削減した後で現地生産をASEAN域内からの輸入に切り替えた事例もみられる[30]。従来は，AFTAの進展に伴いASEAN域内の事業再構築が検討されていたが，「ASEANプラス1」FTAネットワークの形成に伴い中国，インド，豪州などを含めた事業体制の再構築が課題となる。

4. 東アジアの経済連携とASEAN

4-1　ASEANのFTA戦略と東アジア経済連携

　ASEANのFTA戦略は，①対話国とのFTAを推進する，②ASEANが中心的な位置を占める（ASEAN Centrality），③ASEANとして共通のアプローチを行う，

---

30) 日本企業のアジア事業再構築の事例については，国際貿易投資研究所（2008）および（2009）を参照。

というものである。①の対話国は，ASEANの主要な貿易相手国と投資国である。ビエンチャン行動計画では，具体的な国名として，中国，日本，韓国，米国，豪州，ニュージーランド，EU，インドをあげている。②は，東アジアの地域統合でASEANが主導的な地位を維持することを意味する。③は，2国間中心の交渉では新規加盟国が関与できないことを避けることを含めASEANの求心力を維持する狙いがあると思われる。

中国，日本，韓国，インド，豪州・ニュージーランドとのFTAは発効しており，今後はその他諸国とのFTA交渉を進めていくことになる。ただし，米国とは2006年に貿易投資枠組み協定（TIFA）が締結されているが，ASEANとしてのFTA交渉は行われていない。EUとの交渉は2007年5月に開始されたが，2009年3月に中断，2国間交渉に転換した。2010年3月にシンガポールがEUとの交渉を開始し，ベトナムが交渉開始に合意している。

東アジア全体のFTAについては，東アジアFTA（EAFTA），東アジア包括的経済連携（CEPEA），太平洋地域を含むAPEC・FTA（FTAAP）の3つの構想が研究されている。2009年10月のASEANプラス3首脳会議にEAFTAについての報告書，東アジアサミットにCEPEAについての報告書が提出され，首脳間で議論をして行くことが合意された。ASEANは，いうまでもなく3つの構想のメンバーである。各国の取り組み姿勢には温度差があり，マレーシアはEAFTA，シンガポールとインドネシアはCEPEA寄りといわれる。

ASEANが最も優先しているのは，ASEANの統合であり，ASEAN経済共同体の創設である。次に重視しているのは主要国とのFTAである。ASEANの観点からは，ASEANプラス1のFTAが主要国と出来れば市場アクセス，外国投資の誘致などの面では十分であり，東アジア全体のFTAを自ら積極的に進める誘因はない。前述のように，東アジア全体の統合が進展する際にASEANの求心力が失われ，あるいは不利益が生じないようにASEAN Centralityを維持することを重視している。

EAFTAは中国，CEPEAは中国とインドがメンバーとなっている。前節でみたように，ASEANと中国の物品貿易協定は自動車や電気機械を例外としてお

り，投資協定も制限が多い。ASEAN とインドの物品貿易協定は自由化度が低く，原産地規則も最も厳格である。この2カ国が参加する FTA は質の高いものになると期待できない。

4-2　アジア太平洋 FTA として注目される TPP

TPP（環太平洋経済連携協定：TransPacific Partnership）はアジア太平洋地域の広域経済連携を目指す FTA 協定であり，ベースとなっているのは，TPSEP（環太平洋戦略的経済連携協定：Trans-Pacific Strategic Economic Partnership Agreement）である。TPSEP は，2002 年にチリ，ニュージーランド，シンガポール 3 国間で交渉開始が合意され，2005 年 4 月の最終交渉にブルネイが加わり，2006 年 5 月に発効した。

TPSEP は，「包括的で原則として全ての品目の関税を撤廃する」自由化レベルの極めて高い FTA である。したがって，TPP も包括的で原則として全品目を自由化する協定である。TPP がカバーする分野は，物品の貿易，貿易円滑化，サービス貿易，電子商取引，投資，知的財産権，政府調達，人の移動，競争政策，環境，労働など包括的である。

米国は，2008 年 9 月に TPSEP の交渉に参加を表明し，豪州，ペルー，ベトナムも 11 月に参加を表明した。2010 年 3 月から，米国，豪州，ペルー，ベトナムの 4 か国を加えた 8 か国で TPP の交渉が始まり，10 月の第 3 回交渉からマレーシアが交渉に参加し交渉参加国は 9 カ国となった。

TPP が注目されるのは，アジア太平洋の広域 FTA として最も実現可能性が高いためである。その契機となったのは，2009 年 11 月にオバマ大統領が太平洋経済連携に関与すると表明したことである。米国は TPP 参加により，世界経済をけん引する成長センターとなっているアジア太平洋地域の経済連携からの排除をまぬがれ，包括的で自由化レベルが高い FTA を実現することができるからである。

アジア太平洋地域では，EAFTA，CEPEA，FTAAP の 3 つの広域 FTA 構想があった。これらの 3 構想はすべて研究段階である。一方，TPP はすでに発効している TPSEP をベースに交渉しており，実現可能性が極めて高い。TPP はアジ

ア太平洋の広域 FTA を創設し，さらには FTAAP を実現するために最も現実的な道筋である。TPP 交渉は，2011 年の 10 月までに 6 回の交渉を行うことが決まっている。米国は自国が開催国となる 2011 年 11 月の APEC で締結したい意向である。

　TPP 交渉に参加した国は，高い関税率（ベトナム，ペルー）やマレー人優遇政策（マレーシア），ニュージーランドからの酪農品輸入増懸念（米国），知的財産権の不十分な保護（ペルー，ベトナム）など課題が多い。TPSEP は，段階的な関税の撤廃，ブルネイの酒・タバコの除外，チリの砂糖・同調整品の一部の除外，サービス章のブルネイへの一時的な非適用など柔軟な対応も行っている。TPP は交渉参加国の増加に伴い，さらに柔軟な対応が必要となり，一部に除外品目を認める可能性が強い。また，TPP がアジア太平洋の経済連携のルールが実質的に決める場になると予想される。日本は，2010 年 11 月の APEC 横浜会議での交渉参加表明を見送り，「関係国と協議する」ことを決定した。しかし，交渉に早期に参加し，国益を主張するとともにルール作りに参加するほうが有利である。

執筆者紹介（執筆順）

田中　素香 (たなか そこう)	研究員　中央大学経済学部教授　※〔序文〕・編者
中條　誠一 (なかじょう せいいち)	研究員　中央大学経済学部教授　※〔序文〕〔第1章〕・編者
村瀬　哲司 (むらせ てつじ)	龍谷大学経済学部教授　※〔第2章〕
小川　英治 (おがわ えいじ)	一橋大学大学院商学研究科教授　※〔第3章〕
清水　順子 (しみず じゅんこ)	専修大学商学部准教授　※〔第3章〕
李　　暁 (り ぎょう)	中国・吉林大学経済学院教授　※〔第4章〕
宋　熹永 (そん ひよん)	韓国・建国大学校商経大学経商学部教授　※〔第5章〕
柳　在元 (りゅう ぜうぉん)	韓国・建国大学校商経大学経商学部教授　※〔第5章〕
浦田秀次郎 (うらた しゅうじろう)	早稲田大学大学院アジア太平洋研究科教授〔第6章〕
李　良燮 (り やんそっぷ)	韓国・建国大学校商経大学経商学部教授　※〔第7章〕
姜　鎮旭 (かん じんうっく)	韓国・慶星大学校商経大学国際貿易通商学科教授　※〔第7章〕
高橋　克秀 (たかはし かつひで)	國學院大學経済学部教授　※〔第8章〕
塩見　英治 (しおみ えいじ)	研究員　中央大学経済学部教授　※〔序文〕〔第8章〕・編者
石川　幸一 (いしかわ こういち)	亜細亜大学アジア研究所教授　※〔第9章〕

※学術研究振興資金による学術研究課題「東アジアの市場・通貨統合連携モデルの研究」の研究分担者

【日本語への翻訳者・監修者】

張　　虎 (ちょう こ)	中央大学大学院経済学研究科博士後期課程　〔第4章の翻訳〕
田中　素香 (たなか そこう)	〔第4章の監修〕
姜　鎮旭 (かん じんうっく)	〔第5・7章の翻訳〕
塩見　英治 (しおみ えいじ)	〔第5・7章の監修〕

東アジアの地域協力と経済・通貨統合
中央大学経済研究所研究叢書　52

2011年3月30日　発行

編著者　塩見　英治
　　　　中條　誠一
　　　　田中　素香
発行者　中央大学出版部
代表者　玉造　竹彦

東京都八王子市東中野742-1
発行所　中央大学出版部
電話 042(674)2351　FAX 042(674)2354

© 2011　　　　　　　　　　研究社印刷

ISBN 978-4-8057-2246-6

＝＝＝＝＝ 中央大学経済研究所研究叢書 ＝＝＝＝＝

6. 歴史研究と国際的契機　中央大学経済研究所編　A5判　定価1470円

7. 戦後の日本経済――高度成長とその評価――　中央大学経済研究所編　A5判　定価3150円

8. 中小企業の階層構造　中央大学経済研究所編　A5判　定価3360円
――日立製作所下請企業構造の実態分析――

9. 農業の構造変化と労働市場　中央大学経済研究所編　A5判　定価3360円

10. 歴史研究と階級的契機　中央大学経済研究所編　A5判　定価2100円

11. 構造変動下の日本経済　中央大学経済研究所編　A5判　定価2520円
――産業構造の実態と政策――

12. 兼業農家の労働と生活・社会保障　中央大学経済研究所編　A5判　定価4725円
――伊那地域の農業と電子機器工業実態分析――　〈品切〉

13. アジアの経済成長と構造変動　中央大学経済研究所編　A5判　定価3150円

14. 日本経済と福祉の計量的分析　中央大学経済研究所編　A5判　定価2730円

15. 社会主義経済の現状分析　中央大学経済研究所編　A5判　定価3150円

16. 低成長・構造変動下の日本経済　中央大学経済研究所編　A5判　定価3150円

17. ME技術革新下の下請工業と農村変貌　中央大学経済研究所編　A5判　定価3675円

18. 日本資本主義の歴史と現状　中央大学経済研究所編　A5判　定価2940円

19. 歴史における文化と社会　中央大学経済研究所編　A5判　定価2100円

20. 地方中核都市の産業活性化――八戸　中央大学経済研究所編　A5判　定価3150円

中央大学経済研究所研究叢書

21. 自動車産業の国際化と生産システム　　中央大学経済研究所編　A5判　定価2625円
22. ケインズ経済学の再検討　　中央大学経済研究所編　A5判　定価2730円
23. AGING of THE JAPANESE ECONOMY　　中央大学経済研究所編　菊判　定価2940円
24. 日本の国際経済政策　　中央大学経済研究所編　A5判　定価2625円
25. 体制転換──市場経済への道──　　中央大学経済研究所編　A5判　定価2625円
26. 「地域労働市場」の変容と農家生活保障　　中央大学経済研究所編　A5判　定価3780円
    ──伊那農家10年の軌跡から──
27. 構造転換下のフランス自動車産業　　中央大学経済研究所編　A5判　定価3045円
    ──管理方式の「ジャパナイゼーション」──
28. 環境の変化と会計情報　　中央大学経済研究所編　A5判　定価2940円
    ──ミクロ会計とマクロ会計の連環──
29. アジアの台頭と日本の役割　　中央大学経済研究所編　A5判　定価2835円
30. 社会保障と生活最低限　　中央大学経済研究所編　A5判　定価3045円〈品切〉
    ──国際動向を踏まえて──
31. 市場経済移行政策と経済発展　　中央大学経済研究所編　A5判　定価2940円
    ──現状と課題──
32. 戦後日本資本主義　　中央大学経済研究所編　A5判　定価4725円
    ──展開過程と現況──
33. 現代財政危機と公信用　　中央大学経済研究所編　A5判　定価3675円
34. 現代資本主義と労働価値論　　中央大学経済研究所編　A5判　定価2730円
35. APEC地域主義と世界経済　　今川・坂本・長谷川編著　A5判　定価3255円

中央大学経済研究所研究叢書

36. ミクロ環境会計とマクロ環境会計　A5判　小口好昭編著　定価3360円
37. 現代経営戦略の潮流と課題　A5判　林昇一・高橋宏幸編著　定価3675円
38. 環境激変に立ち向かう日本自動車産業　A5判　池田・中川編著　定価3360円
　　──グローバリゼーションさなかのカスタマー・サプライヤー関係──
39. フランス──経済・社会・文化の位相　A5判　佐藤　清編著　定価3675円
40. アジア経済のゆくえ　A5判　井村・深町・田村編　定価3570円
41. 現代経済システムと公共政策　A5判　中野　守編　定価4725円
42. 現代日本資本主義　A5判　一井・鳥居編著　定価4200円
43. 功利主義と社会改革の諸思想　A5判　音無通宏編著　定価6825円
44. 分権化財政の新展開　A5判　片桐・御船・横山編著　定価4095円
45. 非典型労働と社会保障　A5判　古郡鞆子著　定価2730円
46. 制度改革と経済政策　A5判　飯島・谷口・中野編著　定価4725円
47. 会計領域の拡大と会計概念フレームワーク　A5判　河野・小口編著　定価3570円
48. グローバル財政の新展開　A5判　片桐・御船・横山編著　定価4935円
49. グローバル資本主義の構造分析　A5判　一井　昭編　定価3780円
50. フランス──経済・社会・文化の諸相　A5判　佐藤　清編著　定価3990円
51. 功利主義と政策思想の展開　A5判　音無通宏編著　定価7245円

＊定価は消費税5％を含みます．